Ingeborg Bauer

VON BÄUMEN, MENSCHEN UND DER ZEIT

Für Siegfried
und
meine Familie

*… dass ich dir werd' ein
guter Baum,
und lass mich Wurzel treiben …*

Ingeborg Bauer

VON BÄUMEN, MENSCHEN UND DER ZEIT

Essays und Lyrik

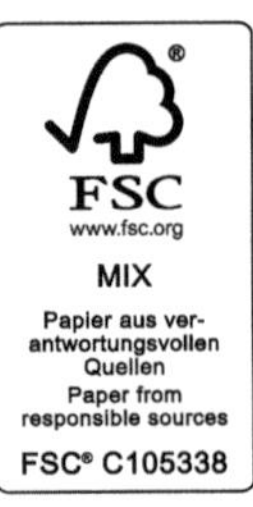

Fotos: Ingeborg und Siegfried Bauer

Layout: Ingeborg Bauer

Bibliografische Information der Deutschen Nationalbibliothek:
Die Deutsche Nationalbibliothek verzeichnet diese Publikation in der Deutschen Nationalbibliografie; detaillierte bibliografische Daten sind im Internet über http://dnb.dnb.de abrufbar.

© 2024 Ingeborg Bauer

Verlag: BoD · Books on Demand GmbH, In de Tarpen 42,

22848 Norderstedt

Druck: Libri Plureos GmbH, Friedensallee 273, 22763 Hamburg

ISBN: 978-3-7693-1106-8

Von Bäumen, Menschen und der Zeit
Essays und Lyrik

INHALT

Der Baum in der Genesis, im Gilgamesch-Epos,
in Dantes „Göttlicher Komödie", in den Märchen

Ingeborg Bauer
Von Bäumen, Menschen und der Zeit

Der Baum in der Genesis, im Gilgamesch-Epos, in Dantes „Göttlicher Komödie", in den Märchen

Der Mensch am Anfang ist Teil der Natur. Im ersten Kapitel der Genesis leben die ersten beiden Menschen, Adam und Eva, in einem Garten Eden, in dem als erstes der Baum erwähnt wird. „ Und Gott der Herr ließ aufwachsen aus der Erde allerlei Bäume, lustig anzusehen und gut zu essen, und den Baum des Lebens mitten im Garten und den Baum der Erkenntnis des Guten und Bösen." 1. Mose 2. 8-9

„Und Gott der Herr nahm den Menschen und setzte ihn in den Garten Eden, dass er ihn baute und bewahrte. / Und Gott der Herr gebot dem Menschen und sprach: Du sollst essen von allerlei Bäumen im Garten; / aber von dem Baum der Erkenntnis des Guten und Bösen sollst du nicht essen; denn welches Tages du davon issest, wirst du des Todes sterben." [1. Mose 2.15-17]

Der Garten Eden, das Paradies, wird man sich als friedliches Miteinander vorstellen dürfen. Aber „die Schlange sprach zum Weibe: „Ihr werdet mitnichten des Todes sterben; / sondern Gott weiß, dass, welches Tages ihr davon esset, so werden eure Augen aufgetan, und werdet sein wie Gott und wissen, was gut und böse ist." [Mose 3.4-5]. So ist der Mensch schon zu Beginn konfrontiert mit einem Baum. Die Geschichte der Menschheit nach der jüdisch-christlichen Erzählung startet mit einem Baum. Und da findet sich auch der verhängnisvolle Satz: „Seid fruchtbar und mehret euch und füllet die Erde und machet sie euch untertan und herrschet [über die Natur]. (2. Mose.28). Der Baum der Erkenntnis geht mit dem Wachsen eines menschlichen Bewusstseins einher. Der Mensch wird sich seiner Nacktheit bewusst und erkennt zugleich seine Sterblichkeit. Vielleicht ist es dieses Wissen, das ihn von anderen Lebewesen unterscheidet. Und damit beginnt die Geschichte der Menschheit mit einer Abgrenzung des Menschen von anderen Lebewesen und mit der Eroberung und Unterwerfung der Erde. [1]

Der Baum spielt auch in anderen Narrativen vom Ursprung des Menschen eine Rolle. So wird im nordischen Heldenepos der *Edda* das erste Menschenpaar Ask und Embla von den Göttern aus Bäumen erschaffen, der Mann aus einer Esche, die Frau aus einer Ulme. In Bäumen scheinen wir uns wiederzuerkennen. Dazu trägt bei, dass wir im Wechsel der Jahreszeiten wie er sich an den Bäumen unserer Umgebung zeigt, den eigenen Lebenszyklus wahrnehmen.

Es geht in den frühen, zunächst schriftlosen Kulturen um ein polytheistisches Weltbild, ein Geflecht von Ahnen, Göttern und Göttinnen. Diese sind fast ausnahmslos Repräsentanten der Natur, eines Berges, eines Flusses, oder von Naturphänomenen wie Sonne und Mond, Regen und Sturm. Der Mensch steht der Natur gegenüber, die durch Götter verkörpert wird, die er zu respektieren hat.

Im „Gilgamesch" – Epos, dem ältesten schriftlich fixierten Epos (man könnte auch in einem weiten Sinne von Roman

---

[1] Bibelstellen zitiert nach der Übersetzung von Dr. Martin Luther

sprechen), steckt schon der Grund für die Klimakrise, die wir heute beklagen. Mit der Erfindung der Schrift vor 4 000 Jahren beginnt die Ausbeutung der Natur. Ein Drache, ein Monster mit Namen Humbaba, ist der Schutzherr des Waldes. Der Kampf mit Humbaba wird systematisch vorbereitet und endet im Triumph des Gilgamesch. Er und sein Freund Enkidu zerstören den Wald, um menschliche Behausungen entstehen zu lassen. Die Zerstörung des Waldes ist also eng mit der Siedlungsgeschichte verflochten. Siedeln bedeutet Zurückdrängung, ja Ausbeutung der Natur. So wird Gilgamesch zur ökokritischen Lektüre, ein Dokument des menschlichen Denkens. Um zu bauen, wurden Bäume gefällt. Nun musste man die guten und bösen Geister des Waldes wieder besänftigen.

Die Entstehung der Bibel, die nun den Monotheismus einführt, ist zwar beeinflusst von diesen Kulturen, allerdings enthält die Bibel die Aufforderung: „Machet Euch die Erde untertan". Damit wird der Mensch über die Natur gestellt, Kultur und Natur rücken in einen Gegensatz zueinander.

Zurück zu Gilgamesch. Er verfolgt den Gedanken der Unsterblichkeit und macht sich auf die Suche nach Utanapischti, der am Ende der Welt wohnt. Er und seine Frau sollen den Göttern gleich und damit unsterblich sein. Schließlich kommt Gilgamesch dort an und bedrängt den alten Mann, ihn an dem Geheimnis teilhaben zu lassen. Der gibt ihm schließlich eine Pflanze, die Herzschlagpflanze, die er nun bewachen muss. Sieben Tage und sieben Nächte soll Gilgamesch nicht schlafen. Aber, so heißt es, *der Schlaf hauchte ihn an wie ein Nebel.* Er kann dem Schlaf nicht widerstehen. Wie sollte er da dem Tode trotzen? Eine Schlange frisst die Pflanze unbemerkt von dem schlafenden Gilgamesch und häutet sich. Die Häutung der Schlange steht für die Unsterblichkeit, die Gilgamesch nicht gewinnen konnte. Hier ist die Natur die Gewinnerin, nicht der Mensch.

Vom Wald als besonderem Lebensraum

In der Karwoche des Jahres 1300 gerät Dante in einen düsteren Wald, aus dem ihn eine Vision entrückt: ins Jenseits, wo er den großen Toten der Geschichte und der Gegenwart, entstellt oder verklärt, begegnet. Von seinem Aufstieg durch die Hölle und das Fegefeuer in den Himmel erzählt seine Dichtung in Versen, „Die Göttliche Komödie". Und so beginnt das berühmte Epos am Ende des Mittelalters in einem Wald, in den sich der Erzähler verirrt hat.

Inferno, Erster Gesang
Grad in der Mitte unsrer Lebensreise
  Befand ich mich in einem dunklen Walde,
  Weil ich den rechten Weg verloren hatte.
Wie er gewesen, wäre schwer zu sagen,
  Der wilde Wald, der harte und gedrängte,
  Der in Gedanken noch die Angst erneuert.
Fast gleichet seine Bitternis dem Tode,
  Doch um des Guten, das ich dort gefunden,
  Sag ich die andern Dinge, die ich schaute.
Wie ich hineinkam, kann ich kaum berichten,
  So war ich schwer vom Schlaf zu jener Stunde,
  Da ich den wahren Weg verlassen hatte.
Doch als ich dort zum Fuße eines Hügels
  Gekommen war am Ende jenes Tales,
  Das mir das Herz so sehr mit Angst gepeinigt
Blickt' ich nach oben und sah seine Schultern
  [die des Vergil]
  Schon von den Strahlen des Gestirns bekleidet
  Das uns auf jedem Pfade richtig führet.

Das Verirren im Wald ist ein bekannter Topos. Er taucht auch in den Ritterromanen des Mittelalters auf. Wir alle kennen ihn aus den Märchen. Um nur einige Beispiele zu nennen: „Rotkäppchen" trifft dort auf den Wolf. Die Zwerge in „Schneewittchen" sind Waldbewohner. „Hänsel und Gretel" verirren sich im Wald, finden nicht mehr heraus, als Hänsel Brotkrumen streut, die aufgefressen werden. Der Wald ist für den Menschen damals beängstigend und stellt eine andersartige Welt dar, die Übernatürliches zulässt.

In Shakespeares „Sommernachtstraum ist der Wald ein magischer Ort, der die Liebenden in einen verwirrten Zustand versetzt. Die Dunkelheit schafft Verwirrung, enthält aber auch den Zauber, die Träume und die Albträume. Mit dem Morgen erscheint das Licht, im Wald öffnet sich eine Lichtung, die Vernunft führt zur Klärung. In der Romantik benutzen Dichter wie Novalis und Eichendorff die Waldeinsamkeit in vergleichbarer Weise als magischen Ort. Sie werden inspiriert von der Philosophie Schellings.

Dem Protagonisten in Joseph von Eichendorffs (1788-1857) „Taugenichts" („Aus dem Leben eines Taugenichts"- 1822/23 fertiggestellt, 1826 veröffentlicht) erschließen die schattigen Wälder ihre Magie. Das geheimnisvolle Rauschen der Wälder ist ein wiederkehrendes Motiv. Und es sind gerade die märchenhaften Züge, die den Zauber der Novelle ausmachen.

Eine Briefmarke der Deutschen Bundespost von 1988 zeigt das Detail eines Holzschnitts von Ludwig Richter zu dem Gedicht „Waldeinsamkeit, du grünes Revier" von Joseph von Eichendorff: ein alter kraftvoll gewachsener Baum füllt fast die gesamte Fläche. Tief unten erstreckt sich zwischen Bergen ein Tal mit See und einer Burg oder einer

Stadt. Rechts erhebt sich ein grün bewachsener Hang. Der Baum wird als Einzelner aus einem Wald hervorgehoben. Mit der Romantik verliert der Wald seine eindeutig bedrohliche Wirkung und wird zum magischen Ort wie schon bei Shakespeare. Doch bleibt die Ambivalenz erhalten.

Im „Waldgespräch" (1815) befasst sich Eichendorff mit dem Mythos der Loreley. Diese Verführerin bringt ihrem Gegenüber den Tod: „Es ist schon spät, es wird schon kalt, / Kommst nimmermehr aus diesem Wald!" Hier ist es wieder das Bedrohliche, das der Wald in seiner Undurchdringlichkeit impliziert.

Eichendorffs Sprache mit ihren eingängigen Symbolen und Metaphern bietet gute Vorlagen für Vertonungen. Es sind Motive wie sie auch im sogenannten Volkslied gängig sind und Baum und Mensch in Bezug zueinander setzen.

Von den Bäumen

Sämlinge

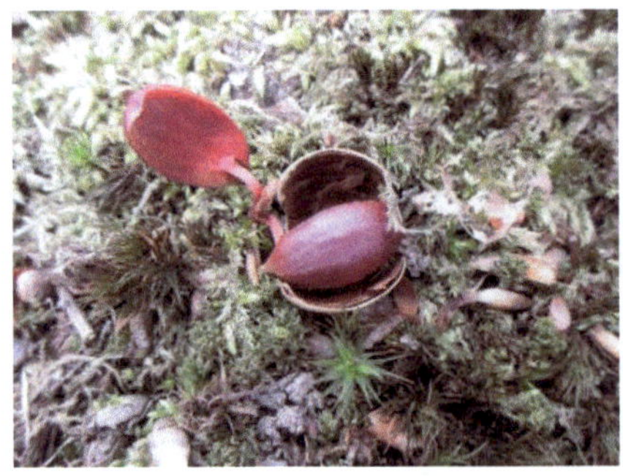 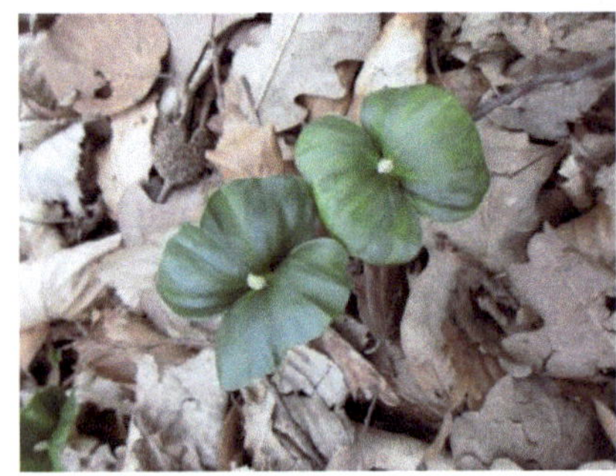

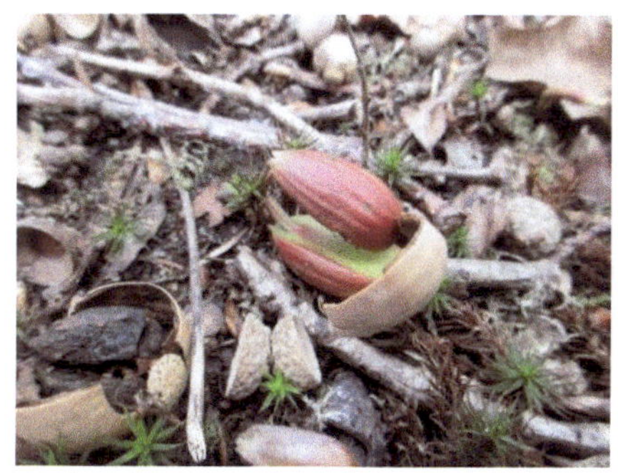 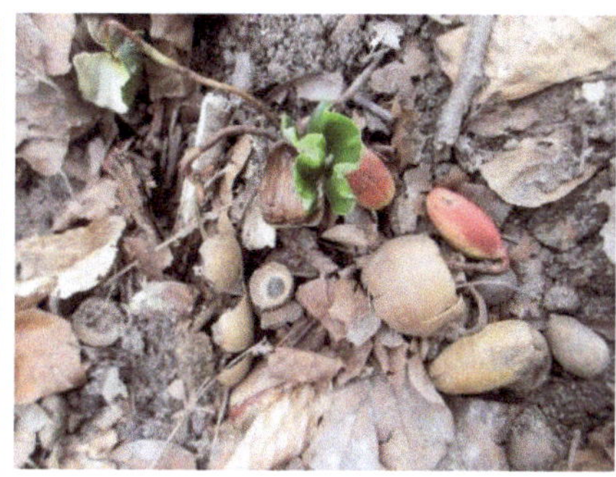

Ganz klein beginnt
was einmal
ein Baum werden könnte
groß und stattlich
und Teil eines Waldes.
Es wird dauern.
Er braucht Licht
und Raum und
Luft zum Atmen.

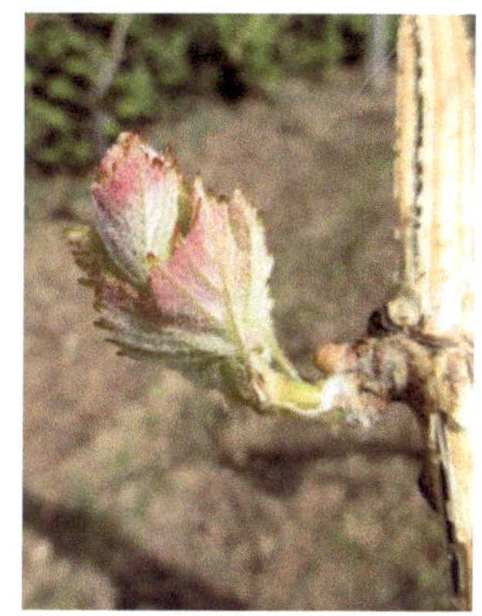

Wie Blumen zu Blüten
so wächst aus dem Samen
der Keim, den Keimblätter
bergend umschließen –
so warten in den winzigen
Trieben im Herbst
die Blätter und Blüten
der Bäume
bis die Sonne hoch
und warm genug
sie aus ihrer Hülle befreit
und sie wie Aschenbrödel
zu Prinzessinnen macht.

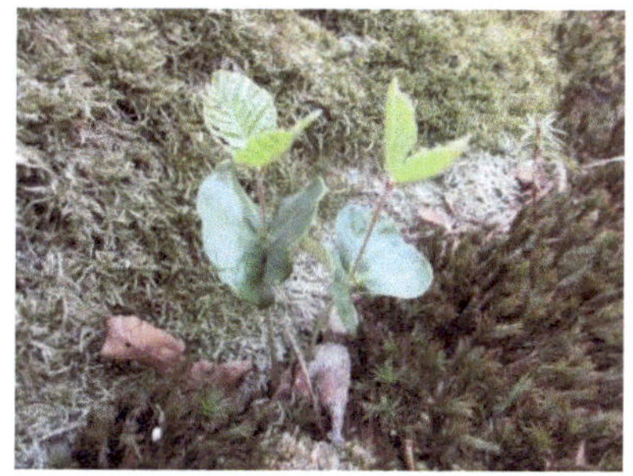

Im Geologischen Park
von Marienbad

Die kahlen Stämme der Buchen,
sonnenbeschienen,
von Schatten gestreift,
werfen ihrerseits Schatten
auf den von Buchenblättern
des vergangenen Jahres
bedeckten Waldboden,
in die der Fuß einsinkt.
Schattenfiguren tummeln sich
auf dem Waldboden.
Filigran und sich zum Netz
verdichtend steigt das Geäst

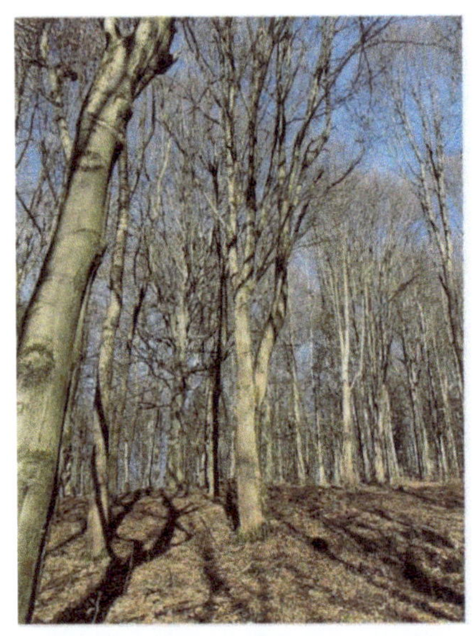

nach oben. Immer wieder
eine Bank als Ruhepol, der
Mensch
auf dem Weg zwischen
Bäumen und Stein, als ginge er
durch die Erdgeschichte
in seine eigene Zeit.

Schattenschraffuren –
der Mensch und der Baum
und die Verquickung
von beiden mit dem Urgestein,
dem erhärteten Magma
aus dem Erdinnern:
Ursprung unserer Erde,
Beginn der „chain of being"
der Verkettung des Seins.

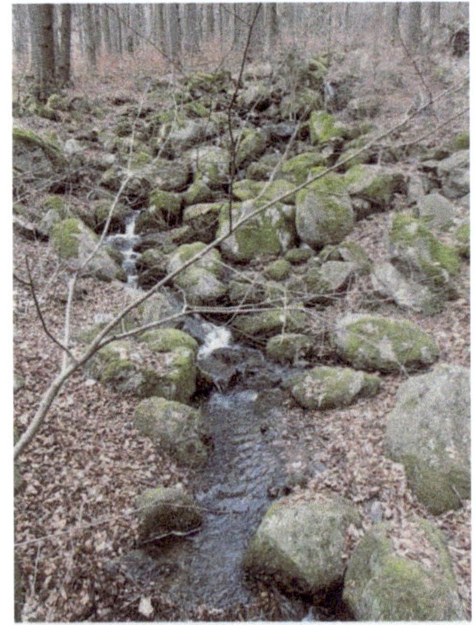

Der Bach löste die Steinbrocken,
rollte sie den Hang hinunter,
Moos bedeckt sie nun, bringt Farbe
ins monochrome Winterbild.
Grüne Frösche hocken so
zwischen den sprudelnden
kleinen Wasserfällen.
Die kahlen Stämme der Buchen
schicken ihre Kronen ins Himmelsblau
des Vorfrühlingstags. Sie werfen
ihre Schattenschraffur wie einen
Lattenzaun über die Wege, nicht
wirkliche Hindernisse. Der Mensch
auf dem Weg zwischen Bäumen
und Stein, als ginge er
durch die Erdgeschichte und doch
wieder hinein in die eigene Zeit.

Die Buchen und andere Bäume
der Schwäbischen Alb

Baumskulpturen vor
verblauendem
Albtrauf und
März-weißem
Himmel – jeder
Baum verströmt
seine eigene
Physiognomie.

Hier dominieren die Buchenwälder wie auf Jasmund / Rügen, nur ohne Meeresrauschen. Buchen „bauen" Laubdächer, wo Sonnenstrahlen sie erreichen. Die Hänge

von der Traufkante abwärts sind bewaldete Blockschutt-
halden. In dem hier wachsenden Kalkbuchenwald stehen
neben vielen Rotbuchen auch Stieleichen, Hainbuchen
und Bergahorn.

Weißer Jura, von
lichten Buchen beschattet – steinig
die Wurzelpfade.

Zwischen Kiefern und
Buchen freier Raum – Schreiten
auf weichem Boden.

Grüne Schleier aus
Laub filtern Luft und Licht und
vermitteln Freiheit.

Ausgreifend die
Gestik der Kiefern – leiser
tönen die Buchen.

Gehen am Albtrauf –
von Wurzeln durchzogene
Pfade – sonnensatt.

Durchsonntes Buchen-
Laub legt seine Schleier auf
drohende Tiefe.

Weicher Waldboden
vibriert unter unseren
Schritten – durchzogen
von Wurzeln und dem Spiel des
Lichts mit dem Laub der Buchen.

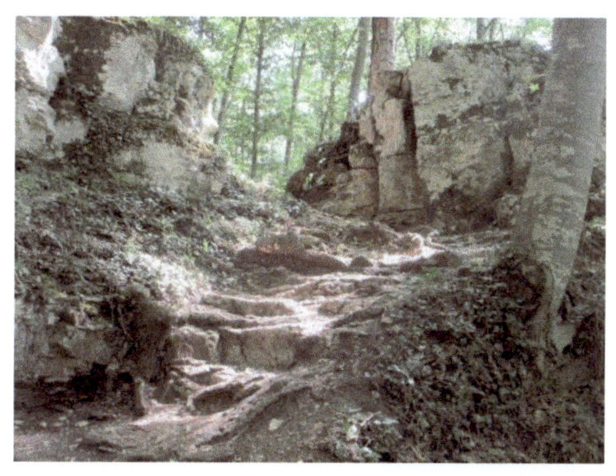

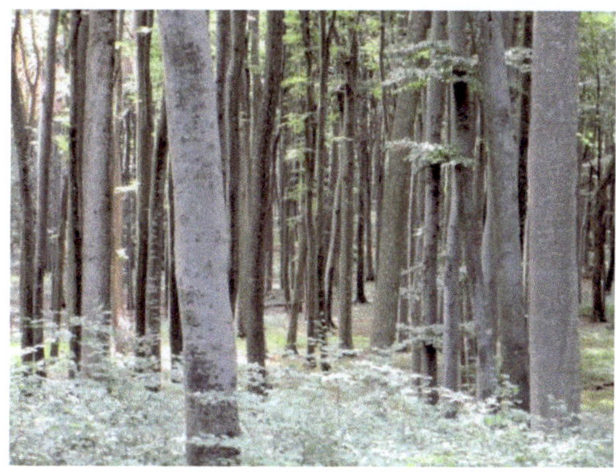

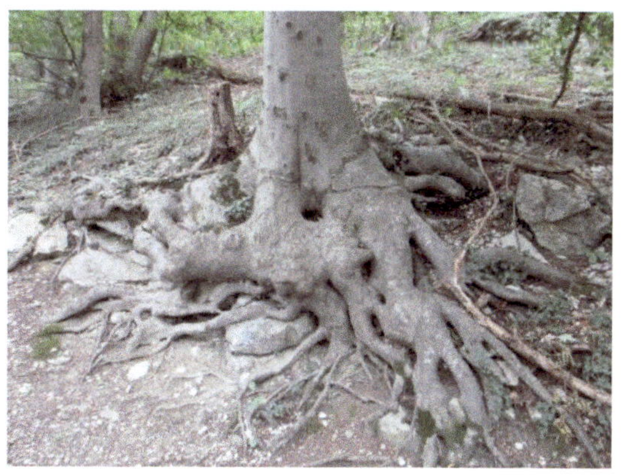

Zarte Schleier aus
Buchenlaub verhüllen den
drohenden Abgrund.

Stämme von Narben
gezeichnet, die der Wunden
gewärtig, während
beschattendes Blätterdach
Pflaster auf die Wunden legt.

Baumwurzelwerk, gleich
den Leibern urzeitlicher
Reptilien, die zahm
geworden, einer Wandlung
unterzogen, verstummt sind.

Baumwurzeln, geballt
ist die Kraft, die sich hält am
Stein dieser Erde.

(Haikus und Tankas)

Baumwurzelwerk erstreckt sich über die Fläche. Geballte Kraft hält sich zwischen spärlichem Humus und uraltem Stein (den Gebeinen der Mutter Erde!). Auch diese Bäume sind Spätgeborene, Nachfahren einer uralten Art. Sie werden uns überleben.

Zerborstener Stamm, sich auflösend, bloßlegend sein Innerstes, begleitet von noch sehr jungen grünen Nachkommenden, die sich um ihn scharen, sich nähren von seinem Verfall.

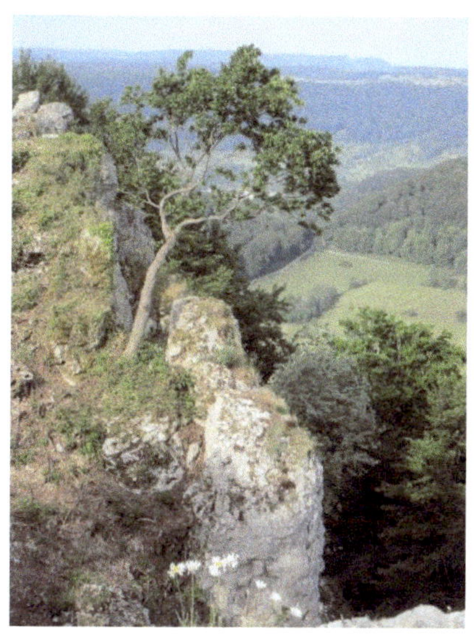

Der Albtrauf
im Sommer –
Blick vom
Breitenstein
ins Tal –
Erosion nagt
am Fels

Der Albtrauf mit seinen
senkrecht empor-
strebenden Stämmen
am steilen Hang
wirkt in seiner
Schraffierung
wie ein Kunstwerk.

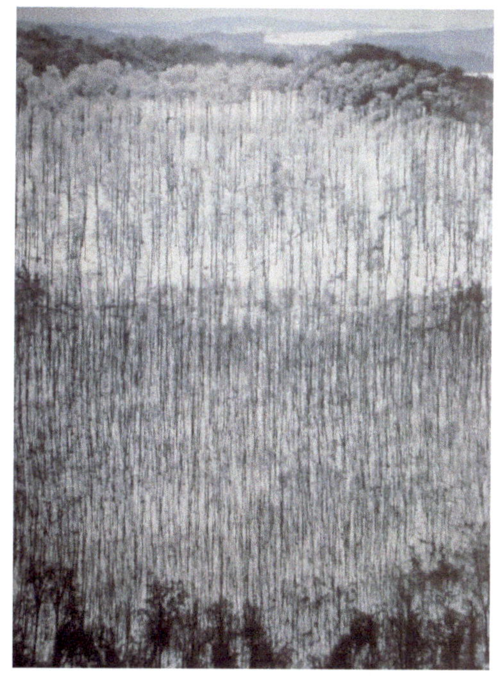

Bäume des Nordens

Birken

Ein Liedtext, der sich erhalten hat: Wuchsen einst fünf junge Birken, grün und frisch an Baches Rand. / Sing, sing, was geschah? / Keine in Blüte stand." Der Text entstand aus mündlicher Überlieferung in Westpreußen und wurde 1906 von Johannes Patock zum ersten Mal aufgezeichnet. Der Ursprung des Liedes liegt wahrscheinlich im Bereich der Danziger Bucht, wo der Verfasser lebte. Dafür spricht auch, dass der Memelstrand früher Ostseestrand hieß. Das Lied zieht eine Parallele zwischen Baum und Mensch, den Burschen, die nicht (aus dem Krieg) zurückkamen und den Mädchen, die wuchsen wie die Birken und ohne einen Brautkranz, also unverheiratet blieben. Es muss sich um einen Krieg vor dem Ersten Weltkrieg handeln und entstand wohl aus einer mündlich überlieferten Version. Bäume werden parallel zum Leiden der Menschen durch Kriege gesehen.

Birken gehören zu den ersten Bäumen, die im Frühjahr frisches Grün über das Land streuen, zarte Tupfer stehen für einen Neubeginn. Der Baum hat seit jeher künstlerisches Schaffen inspiriert. Im europäischen Norden, etwa in Russland gilt die Birke als nationales Wahrzeichen. Die Birke hält zweistellige Minusgrade aus, mag aber keine große Hitze, darum gehören Birkenwälder in den Norden. Wassily Kandinsky hat in seiner frühen folkloristischen Phase ein „Reitendes Paar", zwei sich eng umschlungen haltende Liebende auf einem Pferd von Birken umgeben dargestellt, Birken, deren Blätter zu funkeln scheinen. Gustav Klimt malt in „Seeufer mit Birken" zwei Bäume an einem magisch schimmernden Gewässer.

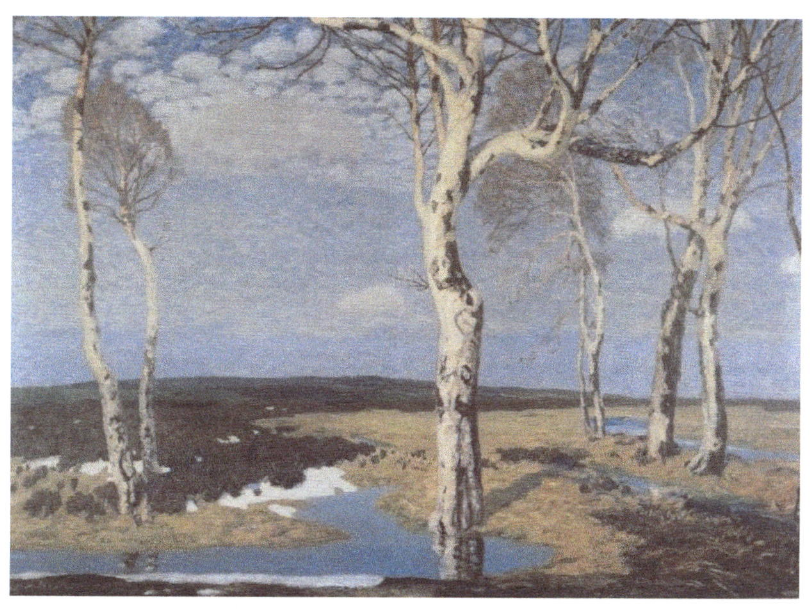

Fritz Overbeck (1869-1909): März (Vorfrühling), 1908

Vor dem weiten, moorigen Land, dunkelbraun und ocker mit Resten von Schnee, erheben sich Moorbirken mit ihrer hellen Rinde, noch unbelaubt an diesem Vorfrühlingstag. In blauen Pfützen spiegeln sich der gedämpfte Himmel des Nordens und eigenwillig verformte Stämme der Birken. Leichte Melancholie liegt über dieser Worpsweder Landschaft.

Im Frühjahr produzieren Birken literweise farblosen, leicht süßlichen Saft, der reich ist an Vitaminen, Mineralstoffen und Aminosäuren, den schon die Germanen und die Wikinger nutzten. Um die Flüssigkeit zu gewinnen, bohrt man ein Loch in die Rinde und leitet den Saft über einen Schlauch in ein Gefäß.

Die Birke, mit dem lateinischen Namen Betula, kann innerhalb von drei Jahrzehnten mehr als 30 Meter Höhe erreichen und bleibt bei einer Lebensdauer von bis zu 130 Jahren unter Bäumen eine ewig Jugendliche.

Birkenholz ist vergleichsweise hart und eignet sich für den Bau von Möbeln, auch wegen seines geringen Harzgehalts. Besonders die Weißbirke besticht durch ihre leuchtend weiße Rinde, die sich durch eine große Vielfalt an Musterung auszeichnet, die sich abrollt zu papierartigen Streifen und so skulpturalen Charakter annimmt. Diese Rinde ist biegsam und zugleich stabil. Der Mensch hat in diese Rinde schon vor 1000 Jahren kurze Botschaften eingeritzt, was sich durch archäologische Funde in Nowgorod nachweisen lässt. Es gibt auch die Tradition des Birkenbuschen, der vor der Tür der Angebeteten angebracht wird. Auch das anfangs zitierte Lied stellt sich in eine solche Tradition, die die Schicksale von Mensch und Baum verbindet.

Birken im Februar

Birkenstämme
drücken ihr Weiß
ins Himmelsblau –
das Aufbrechen der Rinde
die berstenden Ringe
öffnen verdeckte Strukturen –
Lebenszeichen
unblutig
vernarbt
nach außen gekehrt

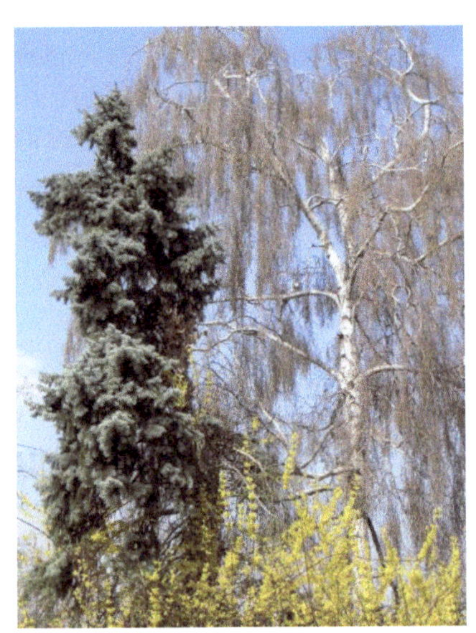

und Kirschbäume

die Botschaft
der Kirschbaumrinde
aufgebrochen zu
bizarren Mustern
gelebter Jahre

Flechten und Moose
haben sich ausgebreitet –
Äußeres hat sich
auf Inneres gelegt
ach, legte sich Sinn
wie Schorf über die
offenen Wunden!

Das Moos schon grün –
auf der schneewasser-
trunkenen Wiese
hinterlassen meine Schritte
Spuren.

Im Skulpturenpark der Villa Domnick

Birken auf durchlichtetem
Rasen erweitern den Raum
geben den Skulpturen
die Luft zum Atmen
so dass sie beflügelt
ihre Botschaft
im Schleier des Geheimen
verhüllend verbreiten
Begegnung schaffen.

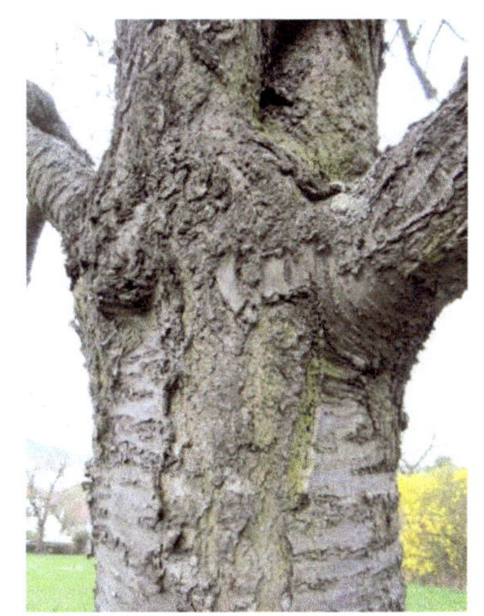

Zwischen Birken
noch kahl, so dass
die weißen Stämme
ihren vollen
Glanz verbreiten
im frischen Grün
mit Schneeglöckchen-
und Anemonenweiß
komplementieren sie
die Patina der rostbraun
verwitterten Skulpturen.

Auf den weißen Stämmen
der Birken Wachstums-
Spuren, die sie zu Stelen
erhöhen, mit dem
gelbgrünen Weiden-
Vorhang zu einer Kulisse
erweitern – Natur wird zum Rahmen
für abstrakte Formen der Kunst
zu Gedanken
über Aspekte des Lebens.

Auch Birkenstämme
mit ihren Rissen und Wunden
ihren Häutungen erzählen
Geschichten, die Biografien
der Menschen gleichen
und zu Metaphern werden
für Erfahrungen und
Begebenheiten des
Einzelnen und der Vielen.

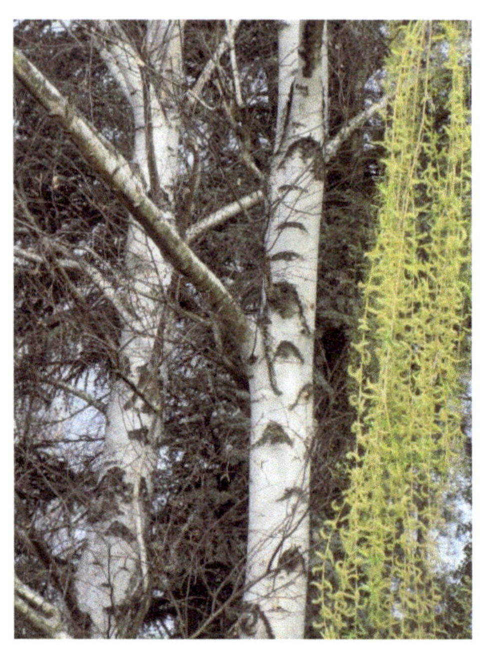

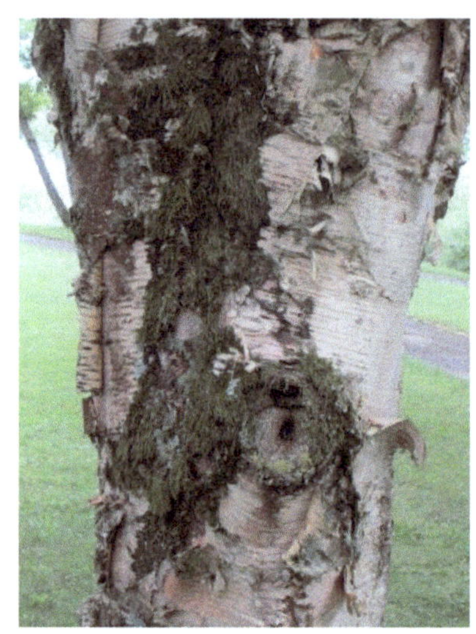

… im Park begleiten

die Bäume
die Werke
der Künstler –
abstrakte
Lebens-
Entwürfe
inmitten
der Bäume
mit ihnen
verbunden …

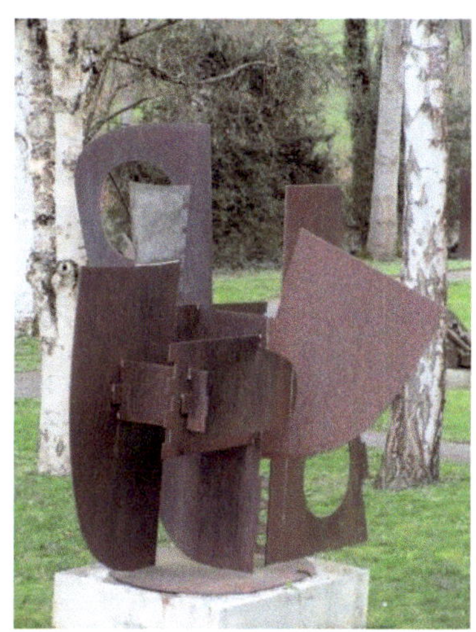

Berto Lardera (1911-1989),
Étreintes [Umarmungen],
1968

Zehn Jahre nach Eröffnung der Villa Domnick, die von Anfang an Wohnung und Sammlung verbinden sollte und heute der Staatsgalerie Stuttgart als Museum angegliedert ist, beginnt das Psychiaterehepaar Greta und Ottomar Domnick mit der Anlage eines Skulpturengartens. Ottomar Domnick hatte als junger Mann eine Lehre bei einem Schmied absolviert, so dass ihm Metall als Werkstoff vertraut war. Dies mag der Grund sein, warum er sich für Skulpturen aus Metall entschieden hat: Cortenstahl, Eisen, Edelstahl und Bronze. Allein Franz Bernhards „Dynamische Figur" stellt in dieser Hinsicht eine auch nur teilweise Ausnahme dar.

Joannis Avramidis (1922-2016), Große Figur I, 1963

Der griechisch-stämmige Künstler presst die menschliche Figur abstrahiert in eine Abfolge entsprechender Körperteile in die Vertikale, so dass sie die Geschlossenheit eine Säule annimmt, die abstrahierte Form einer Karyatide.

Volkmar Haase (1930-2012), Vertikal II, 1962

Die vertikale Figuration steht inmitten heller Birkenstämme. Die Skulptur selbst kann als Abstraktion einer aufrechten menschlichen Figur erfasst werden. Auf diese Weise wird durch den Kontrast von Figur und Baum auch eine Nähe in den Blick gerückt.

Volkmar Haases „Aufrichtungen" reflektieren die menschliche Figur, die in den schön gewachsenen Bäumen reflektiert wird.

Volkmar Haase (1930-2012)
alte Stele, 1960 und
vertikal II, 1962

Ein Wachsen
entlang der Bäume –
so drängt
der Körper
zum Licht –
was hinter
dem Menschen
als Transzendenz
des Lebensvollzugs
unbestimmt
wahrnehmbar
wird, wird hier
mit Patina
vollzogen.

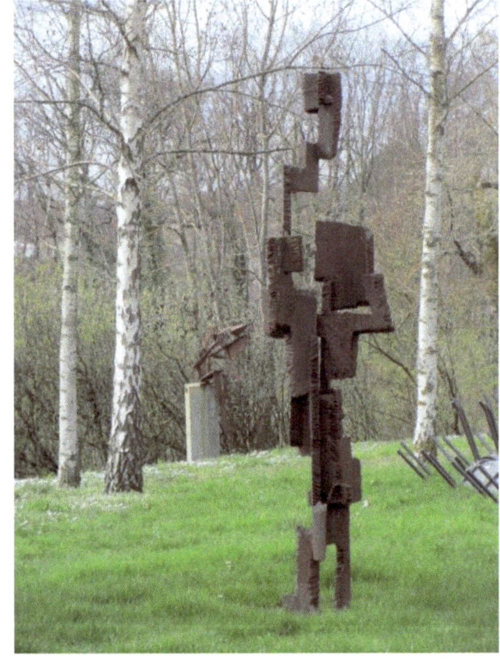

Scheitern
und Gelingen
sie gehören zusammen
die Spirale des Lebens
wird von Brüchen
begleitet –
im Park begleiten
die Bäume
die Werke
der Künstler –
abstrakte
Lebens-
Entwürfe
was geschah
und was
geschehen könnte.

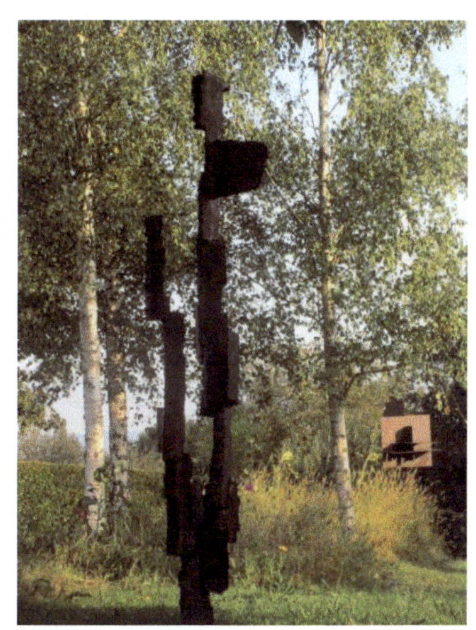

Berto Lardera (1911-1989), Étreintes [Umarmungen],
1968 (Foto S.27)

Die abstrakte Skulptur verweist durch den Titel auf seinen figurativen Ursprung. Überhaupt stehen alle Skulpturen des Parks im Kontext der Bäume. So kommt es zu einer Spannung, die mit Leichtigkeit Mensch und Baum in einen Bezug setzt, sie miteinander zum Schwingen bringt, was in den verschiedenen Jahres- und Tageszeiten unterschiedliche Assoziationen wecken kann.

Auch gibt es Darstellungen, die sich von der Figuration als solcher entfernen und doch an die menschliche Figur, ihren Lebensweg, ihr Schicksal anknüpfen wie die des eine Generation jüngeren Franz Bernhard (1934-2013), der mit seiner „Dynamischen Figur" (1982) die menschliche Gestalt völlig in einer einzigen Bewegung verknappt. Durch einen Wechsel des Materials von Cortenstahl auf Bangossiholz wird ein Bruch in der dargestellten Lebensgeschichte noch verstärkt.

Der Übergang von der noch im Kern erhaltenen menschlichen Figuration führt zu Skulpturen, die an den Lebensweg eines Menschen anschließen wie in der fast klassischen Form von Bernar Venet, der die jüngste Arbeit in dieser letztlich auf den Menschen bezogenen Gesellschaft von Skulpturen beigesteuert hat. Ähnliches deutet sich in Alf Lechners „Verformung" an, die auf Konflikte, Brüche im Leben verweist.

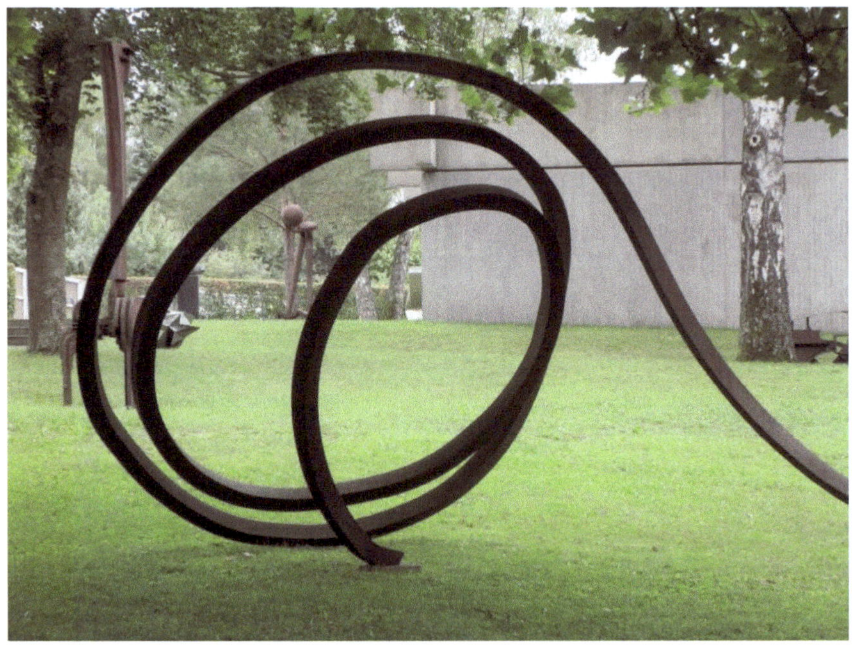

Bernar Venet (*1941): Ligne indéterminée
[Unbestimmte Linie], 1985

Unbestimmte Linie

Ein Kreisen der Linie
unbestimmt
und doch sich nähernd
der Spirale. Das Zirkuläre
der Lebensjahre, die
größer oder kleiner
unserer Erfahrung
entsprechen –
wo ist der Anfang?
wo das Ende?
Wesentlich wohl
das In-sich-Ruhen
das Sich-Öffnen
für das Leben
in der Zeit.

Alf Lechner (1925-2017):
Verformung, 1977

Aufstieg und
im Abstieg
die Verformung
der Einbruch
der bewältigt
werden muss
das Scheitern
das erneut
zur Bewältigung
des Lebens
zum Gelingen
führen kann.

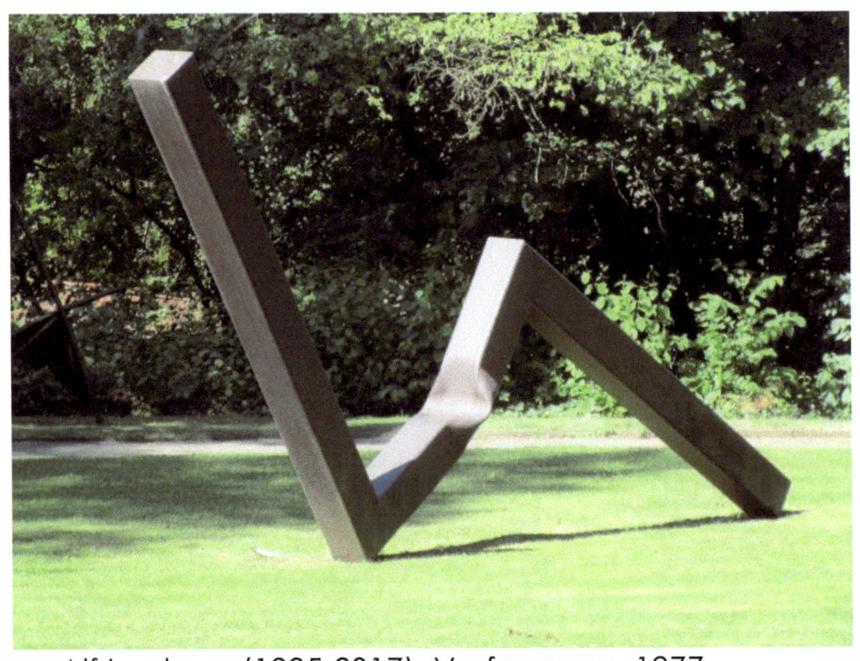

Alf Lechner (1925-2017): Verformung, 1977

Bei Oberensingen, nahe der Villa Domnick

Ein kahler Stamm
gebeugt, streckt
den einzig verbliebenen Ast
in die andere Richtung
als wolle er so
ein Gleichgewicht halten
und schickt nun
junge Zweige
nach oben
ins Licht –
so wird aus einem Ende
ein neuer Beginn –

so bricht Hoffnung auf
aus den Bäumen.

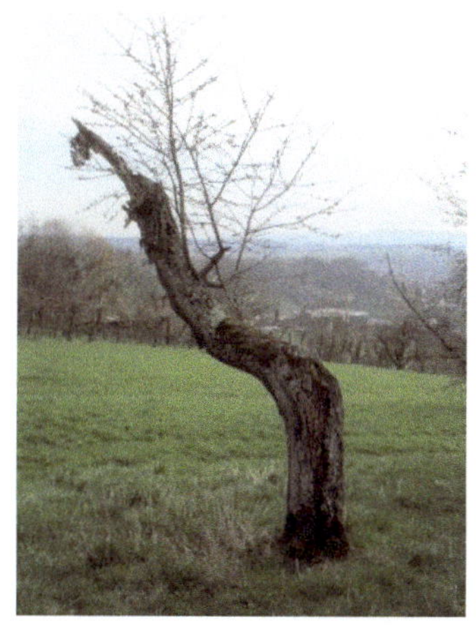

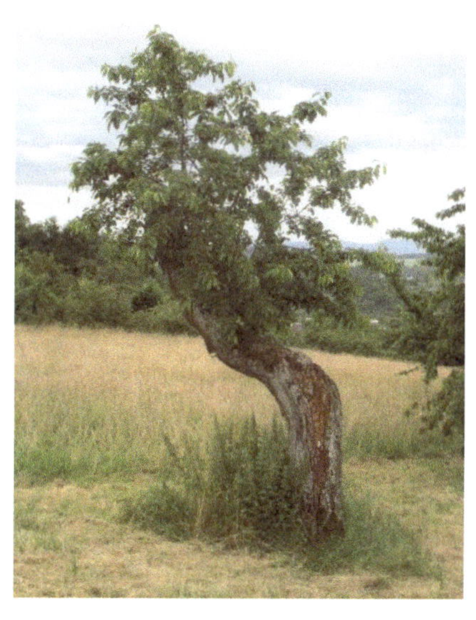

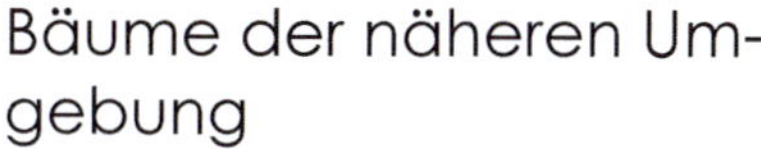

Bäume der näheren Um-
gebung

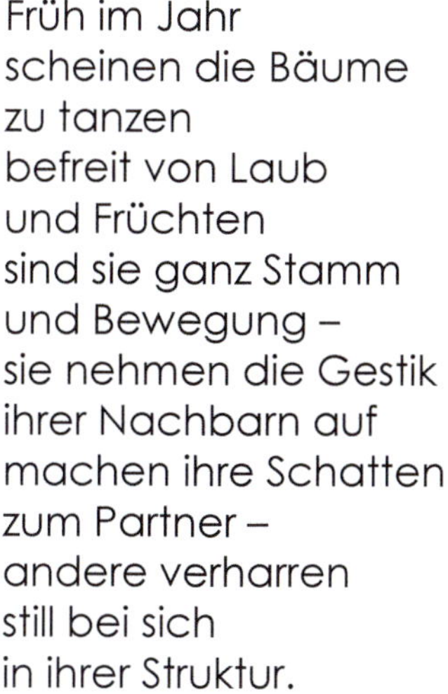

Früh im Jahr
scheinen die Bäume
zu tanzen
befreit von Laub
und Früchten
sind sie ganz Stamm
und Bewegung –
sie nehmen die Gestik
ihrer Nachbarn auf
machen ihre Schatten
zum Partner –
andere verharren
still bei sich
in ihrer Struktur.

Beim Fernsehturm
in Stuttgart

Rinde der Bäume –
voller Schuppen und Male –
Fingerabdrücke,
die Eigenart bezeugen,
Menschliches vermitteln.

Ein morscher Baumstumpf
zerfasert, zerschlissen und
ein alter Stamm mit
zerstörter Borke –
sie ragen aus dem
verdorrten Laub
vom Vorjahr –
und drum herum
üppig blühend:
weiße Anemonen.

   Noch unbeschattet
   der Waldboden – Blüten
   treten zart ins Licht.

   (Haiku)

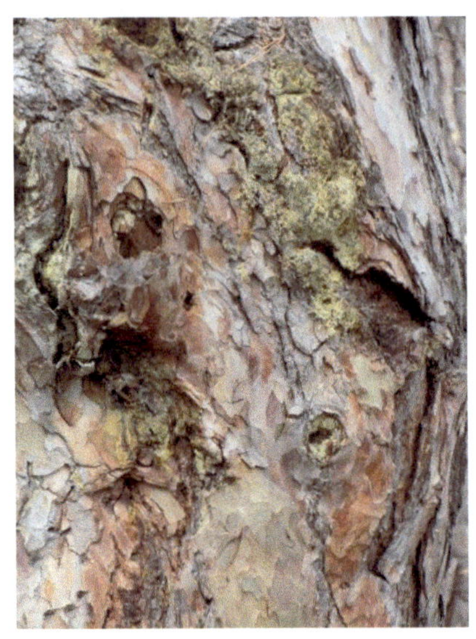

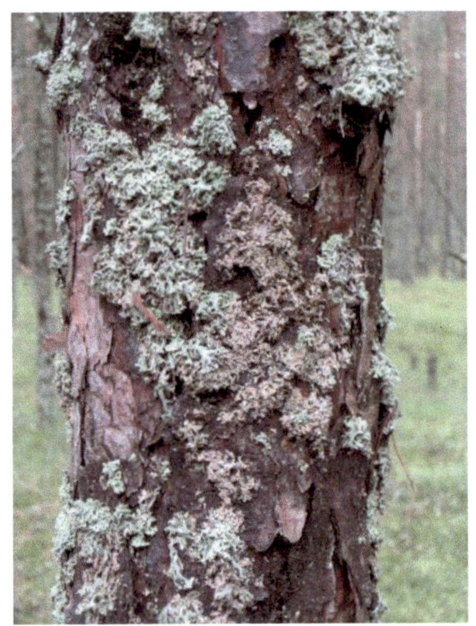

Blick vom Fernsehturm

Der Wald von oben
durchzogen von
einem filigranen Netz
von Linien, verwoben
mit wattigen Bäuschen
aus zartem Gezweig.
Das Laub von gestern
flammt auf im Licht.
Frühlingsgrün bricht
aus den dunklen Fugen
des Waldbodens.

Im Oberen Schlossgarten in Stuttgart
‚Green Man' oder mit Baumzungen reden

In der Feuchte des Vorfrühlings
färbt sich die Rinde der Platanen
in matt leuchtenden Erdfarben,
als löse sich die Zeichnung
von ihrer Unterlage und
erobere den Raum – im Halbschlaf
die Vorstellung von Belebung,
so dass Geister mit Händen zu greifen,
der ‚Green Man' sich lösen könnte
und im Zauber der Stunde
zu sprechen begänne.

Auf der fleckigen
Haut der Platanen vollzieht
sich ein Häuten, so
dass Narben sich wölben als
Folge von Verwundungen.

Unterwegs im Vorfrühling
Bäume

Standhaft und zugleich
flexibel wie Federn
modulieren die Bäume das Land.
Federleichtes Zerstäuben
verwischt die feste Form.

Die Individualität der Einzelnen,
ihre unterschiedlichen Gebärden –
Fächer, Leuchter und Fackel –
ein Sich-Öffnen, Sich-Beugen.
Reptilienartig schwellende Stämme,
sich windende, zögernd nur
sich verbreitende Zweige:
wir sehen das Spiegelbild
unseres eigenen Seins.

Exkurs: Die Buche, das Buch und die Schrift [2]

Das Wort „Runen" verbinden wir mit „ raunen", einem uneigentlichen Sprechen. Das Wort „Rune" hat ursprünglich zumindest die Konnotation eines Geheimnisses, erst in zweiter Linie meint es dann Buchstabe oder Schrift.

Das englische Wort für Schreiben heißt „write", darin steckt das deutsche Wort „ritzen". Man hat Buchstaben auf Buchenrinde geritzt. Runenschrift ist oft nicht leicht zu lesen

---

[2] Ulrich Magin: Runen – Geschichte und Mythos einer rätselhaften Schrift (Hamburg 2021)

und noch schwerer eindeutig zu interpretieren. Unsere „Buch-staben" enthalten also den Baum und die Stäbe der Runenschrift. Sie wurde aus den Schriften der Mittelmeerländer entwickelt von den Phöniziern im 11. Jh. vor Chr. Sie war von rechts nach links zu lesen. Die einzelnen Buchstaben wurden aus Abbildungen der dargestellten Gegenstände abstrahiert – A, Alef, ist der Ochse (man muss die Buchstaben nur auf den Kopf stellen), B, Bet, das Haus, G Gimmel, das Kamel. Die Griechen fügten dem Alphabet mehrere Vokale hinzu (vor allem I, O und U), und schrieben nun alle Laute, die gesprochen werden.

Die Etrusker übernahmen die Schrift um 700 v.Chr. Von ihnen lernten die Römer schreiben, deren Variante der phönizischen Schrift wir noch heute verwenden. Die Buchstaben der Runen sind zum größten Teil abgeleitet von denen der semitischen Schrift – manche Lettern sind eher etruskisch, andere eher griechisch, wieder andere lateinisch, und manche Runenzeichen finden wir in keinem der älteren Alphabete. Fast jedes Runenzeichen lässt sich durch eine leichte Drehung von einem frühen griechischen, lateinischen oder etruskischen Buchstaben ableiten

Die Zeichen der Runenschrift bestehen aus Stab, Zweig und Haken: Der Stab (bei manchen Buchstaben ist er doppelt) steht senkrecht, ein Zweig läuft diagonal nach rechts oder links unten oder oben, vergleichbar mit den Bäumen, wie sie Kinder zeichnen. Ein Haken ist ein zu einer Seite offenes Dreieck. Es gibt Runen, die nur aus Stäben (i), und solche, die nur aus Haken bestehen (k und ng), keine Rune aber besteht nur aus Zweigen. Daraus ergibt sich, dass das Bild des Baumes eng mit den Runen verbunden ist.

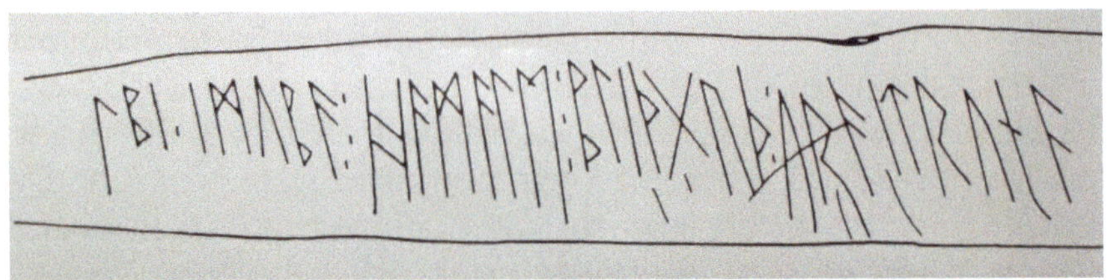

Runeninschrift auf Holzstab, zu einem Webstuhl gehörig. Aus dem Grab einer adligen Dame in Neudingen a. d. Donau, Schwarzwald-Baarkreis (6. Jh.) - im Archäologischen Landesmuseum Konstanz

Ein Runenstab, der zum Webstuhl gehörte, ein rundlicher Holzstab mit einer Runenschrift. Der Glücks- oder Segenswunsch lautet: „Liebes der Imuba von Hamal". Mit dem anschließenden „Blidgund ritzte die Runen" hat sich auch die Schreiberin verewigt. Solche Wünsche werden häufig mit dem Namen des Schreibers, bzw. der Schreiberin verbunden.

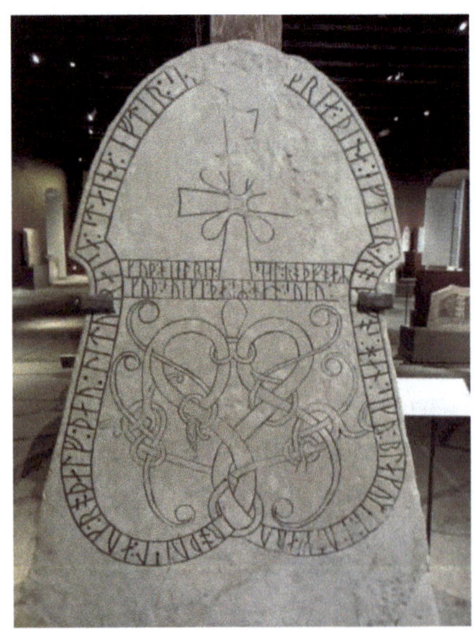

Runenstein mit einem in sich verflochtenen Drachenornament und einem Kreuz / 11. Jh. Kirche von Sjonheim / Schweden

„Rodsvil und Rodälv ließen diese Steine zum Gedenken an ihre drei Söhne errichten. Dieser ist zum Andenken an an Rodfos. Er wurde von den Walachians auf einer Expedition verraten. Gott helfe der Seele von Rodfos. Möge Gott diejenigen verraten, die ihn verraten haben."

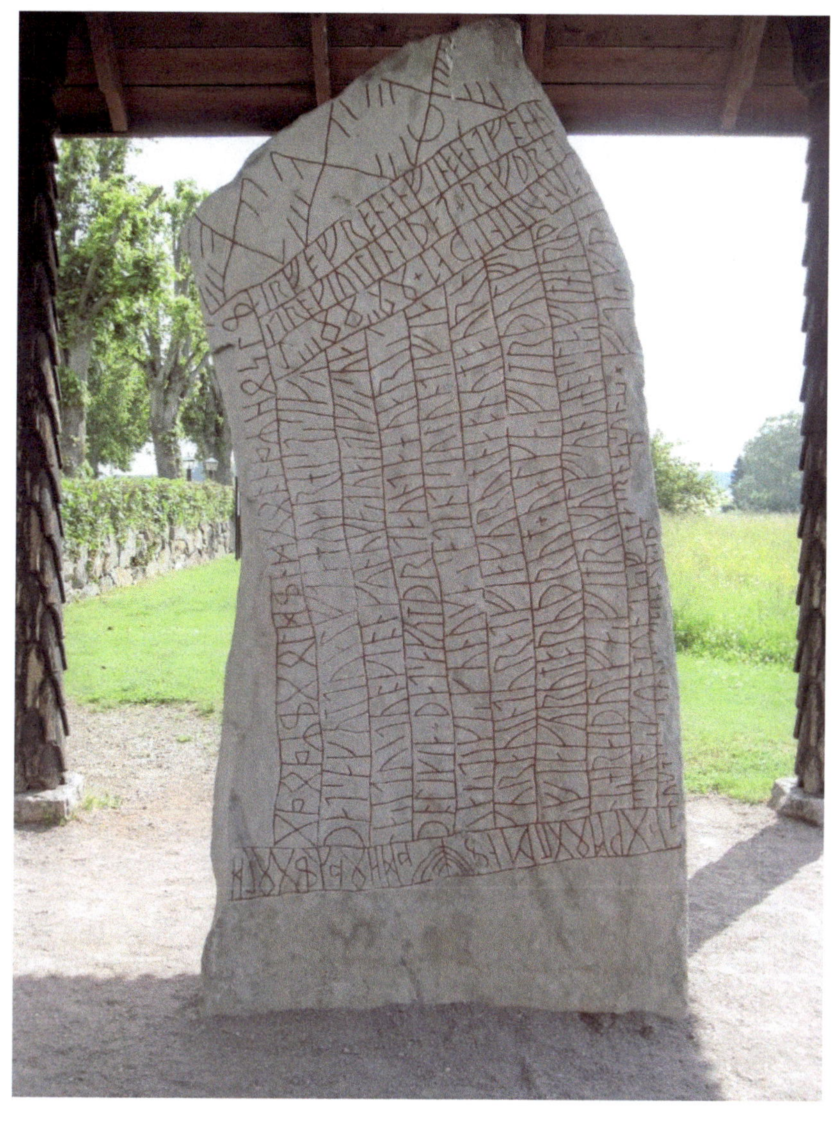

Runenstein von Rök – Schwedens größter und bedeutendster Runenstein mit der längsten Runeninschrift der Welt

Exkurs:
Über Odin und die Menschwerdung aus Bäumen

Wie schon erwähnt, schuf nach einem nordischen Schöpfungsmythos Odin die Menschen aus zwei Bäumen oder Baumstämmen am Strand: Ask und Embla (Esche und Ulme). Offenbar gibt es auch eine Verbindung des Weltenbaums Yggdrasil mit Ask, denn beide teilen miteinander die Natur der Esche.

Mythen, nach denen der Mensch aus dem Baum hervorging, sind über die ganze Welt verbreitet. Gerade in der nordischen Literatur wird der Mensch oft als Baum umschrieben. Die Tradition gibt es nach Hesiod schon bei den alten Griechen, wo der Mensch des eisernen Zeitalters aus der μελία (melia) ‚Esche' entstand.

Die heutige Forschung geht bei Ask und Embla entweder von einem indogermanischen Mythos aus oder von einer sekundären Überlieferung der nordischen Mythologie, die durch vorderasiatische Mythen beeinflusst wurde. In der nordischen Literatur findet sich die Beziehung von Mensch und Baum nicht nur im Mythos, sondern auch in der Dichtersprache allgemein, in der der Mensch oft als Baum umschrieben wird. Das Merkmal des aufrechten Ganges unterscheidet den Menschen vom Tier. Die Aufrichtung teilt der Mensch aber mit dem Baum. Die drei Ebenen des Baumes (Wurzeln, Stamm, Krone) entsprechen den drei Ebenen des Menschen (Füße, Körper, Kopf). In Mensch und Baum verbindet sich die Unterwelt mit der Welt des Himmels. Der Laubbaum stellt sich zudem in die Jahreszeiten und passt ins Bild der Veränderung des menschlichen Lebens in den verschiedenen Lebensaltern.

Sein Wissen erlangt Odin / Wotan durch zwei Raben, Hugin und Munin, die auf seinen Schultern sitzen und ihm alles erzählen, was auf der Welt geschieht, aber auch durch einen Trunk von Mimirs Brunnen. In diesem Zusammenhang verlor er ein Auge. Es sind also Vögel, die nach Odins Verlust der Sehkraft die Verbindung von Himmel und Erde darstellen und das Ferne erkennen.

Exkurs: Über Runen und das keltische Ogham

Odin gilt aber auch als Schöpfer der Runen. Sie erhalten dadurch einen göttlichen Ursprung. Am Anfang standen wohl ein Name oder der Name eines Gegenstandes, was als Herrschaft über die Schrift, als eine magische Handlung galt. Einen Namen zu kennen, gibt dem Wissenden Macht über den andern, man denke nur an Rumpelstilzchen.

Durch Buchstabenverdrehung, magischen Gebrauch, Schreibfehler, vertauschte Buchstaben, vielfältig deutbare Binde-Runen sind vor allem die ältesten Inschriften schwer und kontrovers deutbar.

Runen sind überall, wo Germanen (ähnlich sprechende Menschen verschiedener Ethnien) siedelten oder die späteren Fahrten der Wikinger hinführten. Sie wurden hauptsächlich von Christen verfasst, was heidnisches Gedankengut nicht unbedingt ausschloss, wie der Runenstein aus der Kirche von Sjonheim / Schweden bezeugt.

Interessant ist das keltische Ogham, auf das man gelegentlich noch in Irland stößt: Auch hier trägt jeder Buchstabe einen Eigennamen, der einen Gegenstand bezeichnet, im Allgemeinen handelt es sich dabei um einen Baum, auch hier muss man eventuell mit einer magischen Bedeutung rechnen. Ogham wäre somit vergleichbar mit den Zweig- und Zauberrunen.

Wie Buch-Staben auf Runen zurückgehen, und die Buchenrinde damit zum Träger von Schrift wird, wie Bäume in der Ogham-Schrift zu Namensgebern werden, weist auf die enge Verbindung hin von Mensch und Baum. Der Baum wird so buchstäblich zum Sinnträger.

Vom Holz der Bäume

Der Baum ist aus der Geschichte der Menschheit nicht wegzudenken. Bäume sind von großer Wichtigkeit. Die Bäume, das Holz, das sie uns liefern, hat unsere Kultur ermöglicht. Mit dem Holzfeuer kam die Zivilisation, die Wärme und eine hochwertigere Ernährung schuf, kamen Haus- und Schiffbau. Bäume stehen aber auch für Festigkeit, Standhaftigkeit und Lebenskraft. Das Holzfeuer schaffte zudem Gemeinschaft. Das Haus bietet die Grundlage der Sesshaftigkeit, bietet Schutz für die Gemeinschaft. Das Holz der Bäume versetzte uns in die Lage, Erfahrungen auf Papier zu sammeln und weiterzugeben. Der Mensch wuchs sozusagen mit und an den Bäumen. Mit den Bäumen wird Natur in die Kultur eingebunden.

Um zu bauen, hatte man Bäume gefällt, nun musste man die guten und bösen Geister des Waldes wieder besänftigen, so ist es zum Beispiel in Estland überliefert. Darum schmückt man heute noch den Dachstuhl beim Richtfest mit einem Baum oder einem Kranz, von dem bunte Bänder wehen. Der Brauch hat sich gehalten, auch wenn er nicht mehr als Opferritus verstanden wird. Heute drückt ein solcher mit Bändern geschmückter Baum wohl die Dankbarkeit für das Erreichte aus. Der Baum beim Richtfest geht weiter zurück als der Weihnachtsbaum. Aber auch der Maibaum gehört in diesen Kontext, die die Leistung des Handwerks würdigt und von Dankbarkeit zeugt.

Bäume sind wundersame Lebewesen. Sie sind Lebensraum für Vögel und Eichhörnchen, Käfer und Spinnen, schützen vor Wind und Regen. Sie ziehen Kohlendioxid aus der Atmosphäre und produzieren Sauerstoff, über ihre Blätter filtern sie Schadstoffe und Staub. „Bäume prägen das Straßenbild, halten das ganze Ökosystem intakt und sorgen für ein angenehmes Klima." Arjaan Hoogenboom

Unter den heutigen Lebewesen sind Bäume die größten und ältesten. Sie waren längst da, als Menschen die Erde zu bevölkern begannen. Bäume leben in anderen Zeiträumen als wir Menschen. Ein chinesisches Sprichwort rät: „Planst du für ein Jahr, so säe Korn. Planst du für ein Jahrtausend, so pflanze Bäume." Linden können über 1000 Jahre alt werden, Eichen über ein halbes Jahrtausend und Buchen wirken noch nach 300 Jahren unglaublich vital. Bäume verkörpern Vergangenheit, Gegenwart und Zukunft. Im Naturhaushalt sind sie für das Leben und Überleben der Menschen unersetzlich. Der römische Schriftsteller Plinius hat schon im ersten nachchristlichen Jahrhundert Bäume und Wälder „als das höchste dem Menschen gegebene Geschenk" bezeichnet. Daran hat sich in den folgenden 2000 Jahren nichts geändert.

Bäume unterscheiden sich voneinander wie die Menschen. Für unser Überleben als Menschen haben die einzelnen Arten unterschiedliche Qualitäten.

Etwa 40 Arten gehören zur Pflanzengattung der Linde. Drei davon, nämlich die Sommer-, Winter- und Silberlinde kommen in Europa vor. 1,5 Grad kühler ist die Lufttemperatur unter einem Silberahornbaum. Denn er „schwitzt" stark. 1000 Jahre kann eine Eibe alt werden. Und steht in der Kühlrangliste der Delfter Studie weit oben.

Etwa eine Tonne Staub bindet eine 100-jährige Buche im Jahr. Die Birke wirft keinen großen Schatten, aber sie schwitzt sehr viel. Dadurch entsteht unter ihrer Krone eine kalte Luftglocke, die die Lufttemperatur dort um mehr als 1,5 Grad kühler machen kann als in ihrer Umgebung. Die Robinie ist für die Kühlung kaum brauchbar. Ihre Form ist viel zu offen und lässt viel Strahlung durch, doch ist sie gefällig.

Und noch ein Gedanke hinsichtlich des Bauens mit Holz: Auch in den hervorkragenden Balken sind noch die Jahresringe sichtbar – Zivilisation ist eingebunden in das Wachsen der Natur.

Von den Bäumen II

Die Verwandtschaft von Mensch und Baum erscheint dem nachdenklichen Menschen offensichtlich. Lebensbäume werden als Bilder in den großen Religionen verwendet. Der Lebensbaum des Einzelnen ist der Stammbaum, in dem wir uns als Einzelne wiederfinden, in dem wir verbunden sind in einer Kette von Menschen vor uns und nach uns. Bäume tragen, ertragen Schicksale wie wir, und sie haben ein großes Lebens- und Leidenspotenzial. Bäume blühen, tragen Frucht, überstehen Wind und Wetter, sind Vorbilder für uns Menschen bezüglich der Resilienz, der Widerstandskraft.

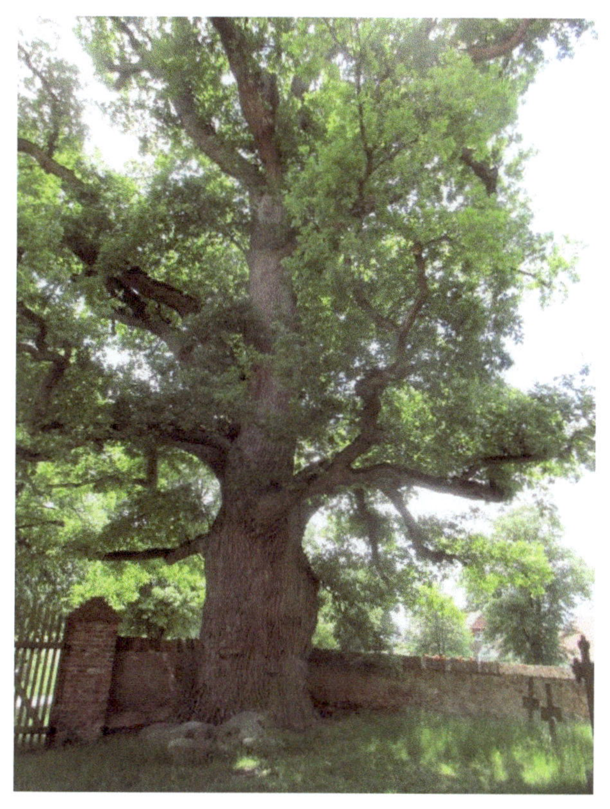

Dieser Baum überzeugt.
Kraftvoll in die Mitte gesetzt
mit ausgebreiteten Armen
kraftstrotzend
mit offenem Herzen
und tief verwurzelt
in der besonnten
Umgebung
der Jüngeren –
so möchte man
an die Welt glauben.

Den Bäumen gewidmet

Ob Bäume wachsen,
um ans Licht, um näher
dem Himmel zu sein?

Lebensbaum – Welten-
baum – der Baum als Metapher
lebendiges Bild.

Lebensbäume sind
Lebensentwürfe - eine
abstrakte Ordnung.

Baum – von der Wurzel
zur Krone – verbindet das
Gestern dem Morgen.

Dem Baume verwandt
der Mensch – widerständig und
wie er beharrend.

Jahresringe von
unterschiedlicher Prägung -
gleichen sie jedoch
unseren Lebensjahren –
eine enge Verwandtschaft.

Drei Bäume im Wind
ein Tanz wogender Gesten
ein Miteinander
unterschiedlicher Körper –
kreisend im eigenen Takt.

Das Profil der Bäume
lässt Sturm und Kälte spüren –
und Melancholie.

(Haikus und Tankas)

Das Individuum Baum

Es soll nun von einzelnen Bäumen die Rede sein, die einen bleibenden Eindruck hinterlassen haben.

Vor Jahren in Göbekli Tepe („der gebauchte Berg") gab ein Wunschbaum auf einer Höhe dem Archäologen Klaus Schmidt [3] den Hinweis auf eine Anlage, die durch ihre Größe und ihre nicht unmittelbar erkenntliche Funktion in der Frühzeit vor dem Sesshaftwerden eigentlich nicht vorstellbar gewesen war. In der Türkei hängen Menschen Fetzen von getragenen Kleidungsstücken an bestimmte Bäume, mit denen sich ihre Wünsche verbinden. Dass ein 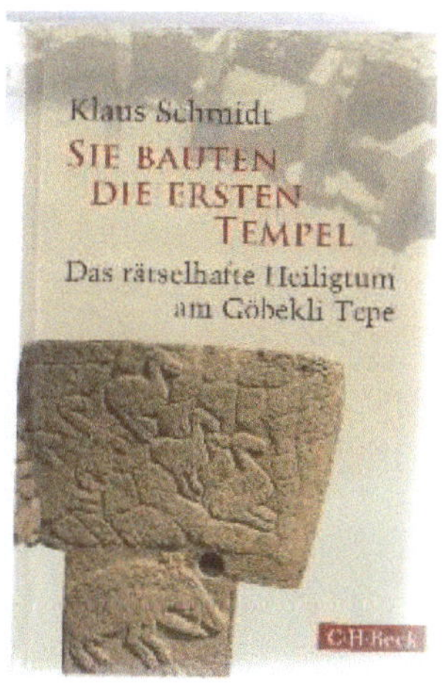 solcher Wunschbaum an sicherlich prominenter Stelle zu einer einmaligen Entdeckung führte, da würde der Ägyptologe Jan Assmann von kulturellem Gedächtnis sprechen (auch wenn es sich hier um Jahrtausende handelt) und von den Traumpfaden der Steinzeit. Handelt es sich also beim

---

[3] Klaus Schmidt: Sie bauten die ersten Tempel. Das rätselhafte Heiligtum am Göbekli Tepe (München 2006; 2007[3])

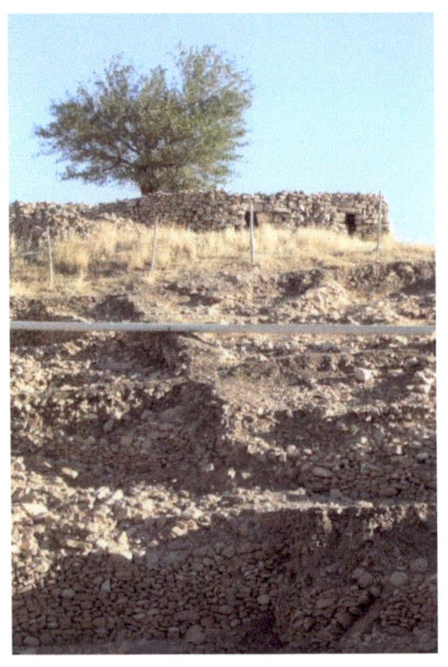

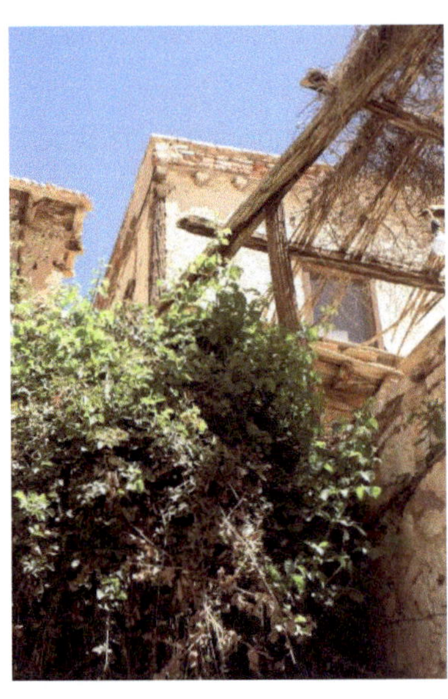

Göbekli Tepe um das zentrale Heiligtum einer kultischen Gemeinschaft, einer „steinzeitlichen Amphiktyonie"?

Der „brennende Dornbusch" am Katharinenkloster auf dem Sinai

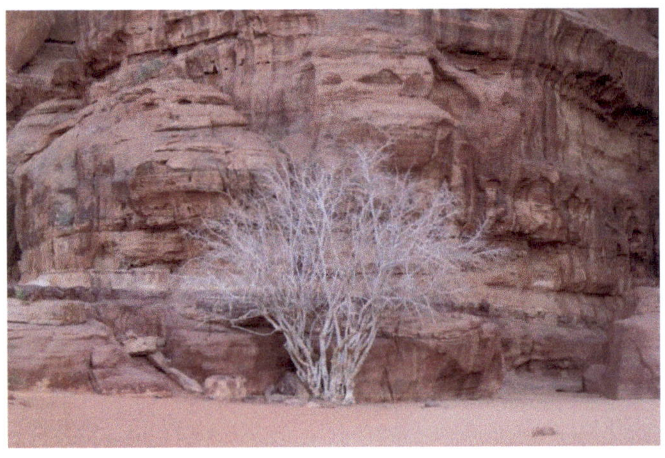

Ein Baum im Wadi Rum / Jordanien

Bäume –
ach könnten sie
ihre Geschichte
erzählen –
geschichtsträchtig
schweigen sie
was sie gesehen –
über Schicksal
Kampf und Gericht.

Wundmale
Brandmale
Widerstand –
ihre Flechtenbärte
sind Gesundbrunnen –
Bäume werden
zu Heilsbringern
Heiligtümern.

Mit den Findlingen
neolithischer Gräber
tragen sie das Erinnern.

Neolithisches Grab
in der Urschrift des Menschen
seine Behausung.

(Haiku)

Die Wichmannslinde (Winterlinde – Tilia cordata) in Neuruppin / Brandenburg

Diese Linde am Hafen von Neuruppin ist etwa 700 Jahre alt. 1908 wurden Anzeichen von Altersmüdigkeit festgestellt. 1991 wurden umfassende pflegerische Maßnahmen begonnen, zu denen auch eine Sicherung der Krone gehört. So gesichert trotzt die durch Blitzschlag gespaltene Linde selbst Unwettern und grünt bis heute jedes Frühjahr neu.

Zu dem beeindruckenden Jubilar gehört eine Geschichte. Unter der Linde soll Pater Wichmann begraben sein, der bestimmte, dass über seinem Grab eine Linde gepflanzt werden sollte. Solange die Linde im Frühjahr neu austreibe, solle sein Grab nicht angetastet werden. Unter der Linde wird ein Schatz vermutet, der erst gehoben werden darf, wenn der Baum abgestorben ist.

Wichmann von Arnstein wurde 1180 oder 1185 geboren. Er kommt aus einem Adelsgeschlecht und war wohl von vornherein für eine kirchliche Laufbahn bestimmt. Er nahm hohe Stellungen in der Kirche ein. Seit dem Jahr 1210 hatte er das Amt des Propstes des Magdeburger Liebfrauenstifts inne, die nach dem Erzbischof einflussreichste Position. Er vermittelte 1224 beim Pariser Generalkapitel die Entsendung von Brüdern des neu gegründeten Dominikanerordens nach Magdeburg. Er selbst war tief beeindruckt vom Ideal des Lebens in Armut, verbunden mit der Verkündigung und der Seelsorge, denen sich der Orden widmete. Er trat daraufhin von seinem hochangesehenen Amt zurück, verzichtete auf alle seine Privilegien und schloss sich als einfacher Mönch 1233 dem Dominikanerorden an. Im Jahr 1246 folgte Wichmann dem Ruf seines Bruders Gebhard I. nach Neuruppin, um hier den ersten Dominikanerorden in

Brandenburg zu gründen, dessen erster Prior er wurde. Er leitete das Neuruppiner Kloster bis zu seinem Tode. Unter seiner Leitung entwickelten sich Kloster und Stadt äußerst erfolgreich. Als Todesdatum gilt der 2. November 1270. Der Legende nach fand Wichmann seine letzte Ruhe an der seeseitigen Klostermauer. Über seinem Grab erhebt sich seit damals die trotz aller Zerstörungen imposante Wichmanns-linde.

Auf dem Ergat, dem Mittelpunkt von Mittelzell auf der In-sel Reichenau, steht eine etwa gleich alte Linde, auch sie hat einen gespaltenen Stamm und muss gestützt werden. Unter ihr wurde Gericht abgehalten.

Die uralte Eiche im Kirchhof von Mellenthin auf Usedom

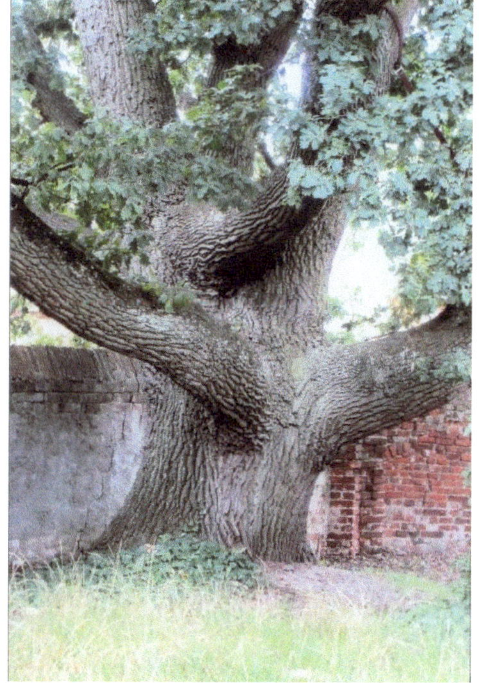

Und ein ganz bestimmter Baum im winterlichen Grän im Tannheimer Tal / Tirol

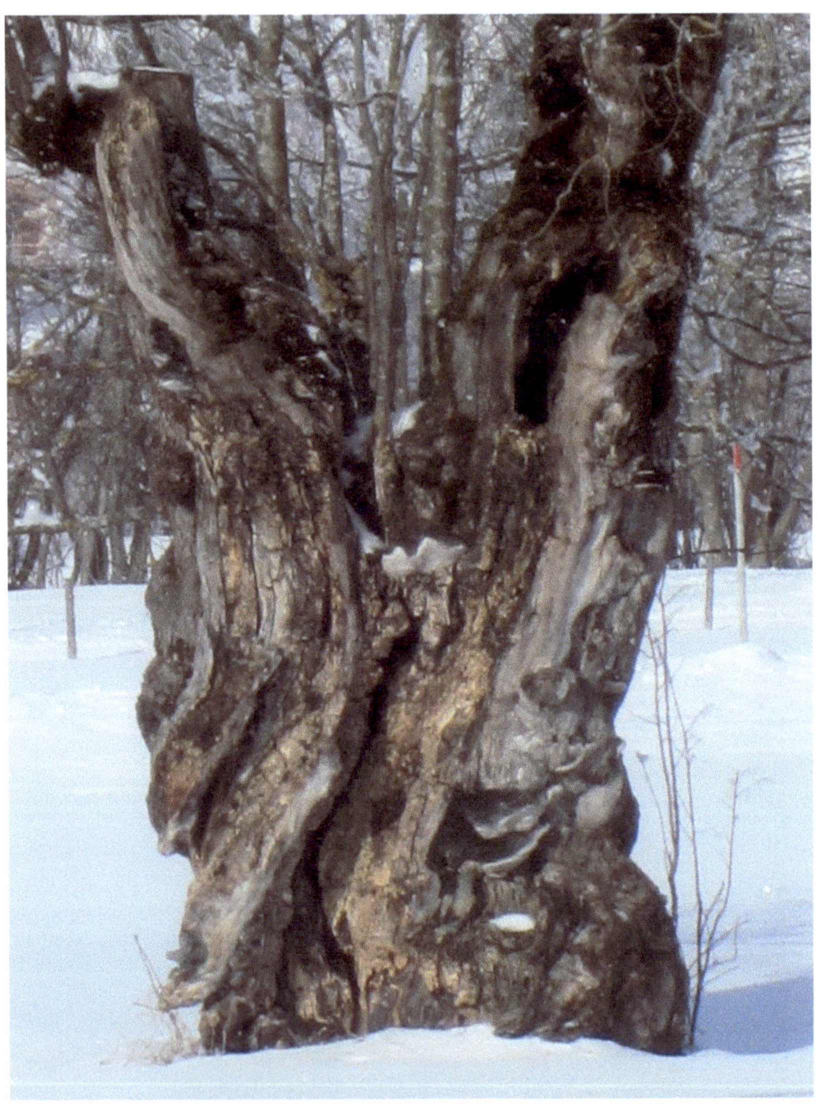

Und ein ganz bestimmter Baum im winterlichen Grän im Tannheimer Tal / Tirol

Auf einen Baum im Winter

Baumdunkel
vor Schnee
der Bruch schreit
die Kerbe
die ausgeblutete Narbe:
sie sondert ihn aus
diesen Baum
unter allen

die blauen Schatten
sind gewachsen
mit den Jahren
Häutungen
Schürfungen
und all diese Wundmale
haben ihn näher
zu sich selber gebracht -
sein Inneres nach außen gekehrt
ist er doch ungebrochen
und wächst hinein
in seinen Schatten

Ganz für sich
und in sich gekehrt
der einzelne Baum
inmitten des weiten Feldes.
Schnee legt sich als sanfte
Watte auf seine Krone,
nicht aber über die Kerben
des Stammes, so liegen
seine Wunden bloß,

die Jahre, erfüllt von Hitze,
Kälte und Sturm –
würdig und ohne Scham
trägt er die Narben,
zeugt von der Möglichkeit
zu überleben.

Im Teich stehen
die Tannen Kopf
und kehren ihre Spitzen
zurück zu den Wurzeln
leuchtet der ausgeschnittene
Fels hell aus der Tiefe
wie ausgesägter Marmor
rotglänzend doch leicht
wie auf japanischen
Holzschnitten.

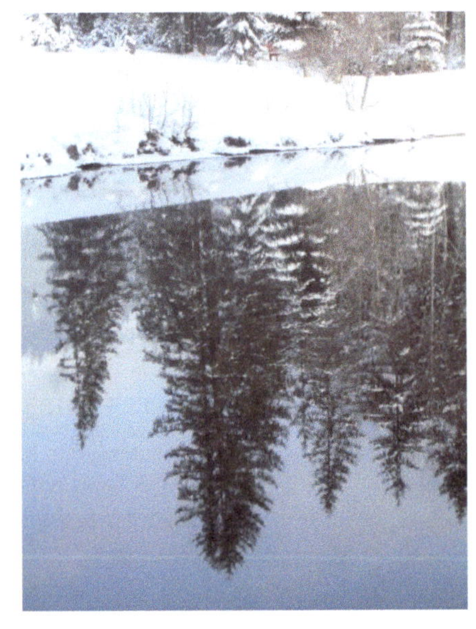

Werden und Vergehen

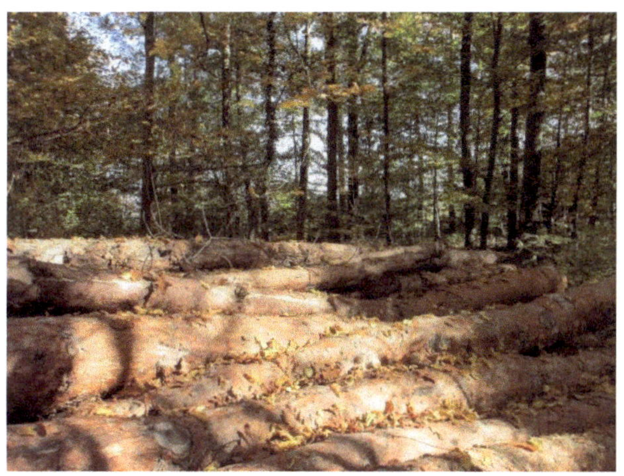

Gestapelte Stämme

Das Holz
sorgsam gestapelt
ruht am Waldrand
ein Bild der Ordnung
führt zurück
in die Geborgenheit
von Haus und Herd.

Gestürzter Baum

Der gestürzte Baum
lebt aus dem wirbelnden Sturm –
strukturiert die Welt.

In der Sommerwiese
liegt der moderne Stamm
und wird Teil neuen Lebens.

Reste eines Baumes, die zersplittert und moosbewach-
sen aus dem Boden ragen, werden zum Mahnmal für zykli-
sches Werden und Vergehen. Zugleich schaffen sie Voraus-
setzungen für neues Leben.

Zerborstener Stamm,
sich auflösend, bloßlegend
sein Innerstes, begleitet von
noch sehr jungen grünen
Nachkommenden, die sich
um ihn scharen, sich nähren
von seinem Verfall.
Auch solch ein Baum ist
ein Spätgeborener – von
uralter Art wird
er auf seine Weise über-
leben – vielleicht uns alle.

Bäume im Sterben –
nicht nur den Steinen verwandt,
verloren geht die
Gestalt, Überleben nur
in lebendiger Gemeinschaft.

Bäume des Südens

Oliven und Zypressen auf Korfu

Wir folgen dem Strand und steigen dann auf durch Oli-
venhaine. Es ist ein grauer Tag. Die Bäume übergroßen
Spinnen gleich inmitten ihrer von der Ernte zurückgelasse-
nen schwarzen Netze. Die Silberschicht der Blätter nach
unten gekehrt. Am Hang dazwischen die riesigen dunklen

Schwerter der Zypressen. Sie geben der Landschaft etwas Melancholisches, etwas von einer verlassenen Ariadne, obwohl sie nicht auf diese Insel gehört.

Trauerschleier einer Ariadne. In die dunkel gestimmte Trauer sind lichte Schneisen geschlagen. Doch dominiert das trauernde Grün und ein wenig schleicht sich die Sehnsucht ein nach dem hellen Kalk der felsigen Küste Kroatiens.

Ein mächtiger Ölbaumstamm mit übermächtigen Wurzeln. In seinen Verwachsungen bucklig geworden und beschnitten, sendet er junge Triebe in eine lichte Krone. So wendet sich das Alter erneut zum Licht. Regeneration und Verjüngung.

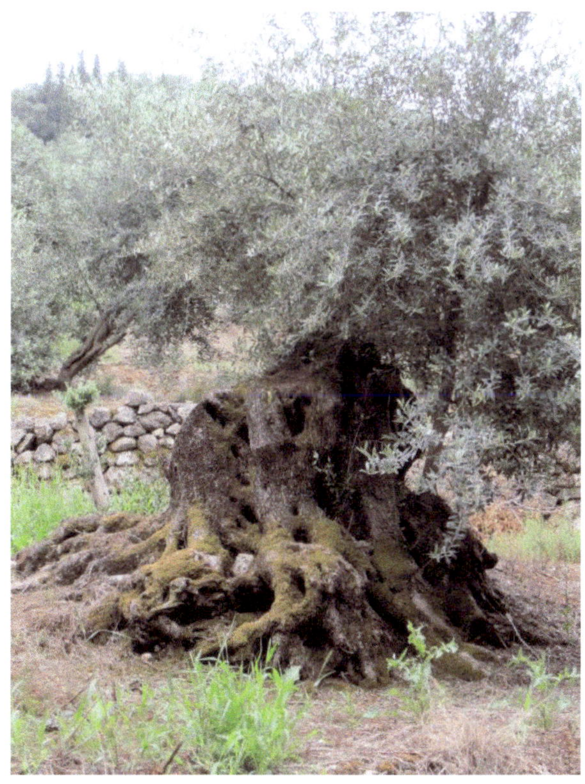

Und dazwischen immer wieder die ernsten Zypressen zwischen den pragmatisch sich gebenden Olivenbäumen. Diese Ölbäume sind groß und mächtig wie alte Apfelbäume, alte Weiden – und doch spiegeln sie einen anderen Charakter. Mächtig, breitbeinig, ausladend, dominierend – Überleben und Regenerieren: sind ausladende Wurzeln die Antwort auf ein geglücktes Leben?

Zypressen
aufrechte Fanale
einschneidende Schwerter
zwischen den runden
Kronen der Ölbäume.
Grüne Schneisen
Keile zwischen Fels
und Macchie.

In der Stunde des Pan
schimmert der durchsonnte
Olivenhain silbern im Gegenlicht,

Der Stamm des Ölbaums
chiffriert mit Zeichen,
der Infrastruktur eines Mikrokosmos
einer symbiotischen Gemeinschaft.
Ein Umarmen, Sich-Bergen
der einzelnen Stämme,
eine Nähe, die dennoch
Raum schafft
für eine harmonisch
strukturierte Partitur –
Zwischenräume,
aus denen die Melodie erklingt.

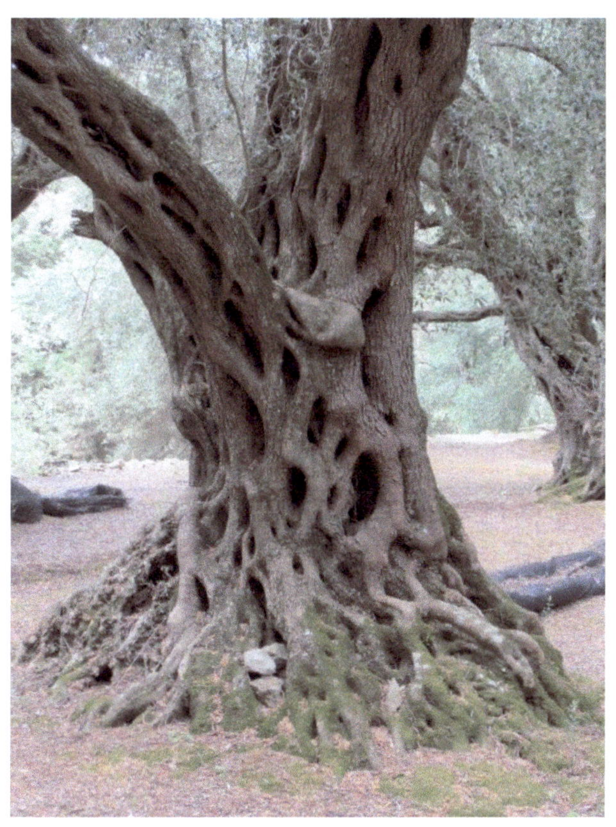

Ölbäume

durchblutete
durchlebte Dunkelheit
dunkelblütig
blutgetränkt
diese Verknäuelung
massiver dunkler Stränge
will entziffert werden
kämpft um Lesbarkeit

Korkeichen in Portugal

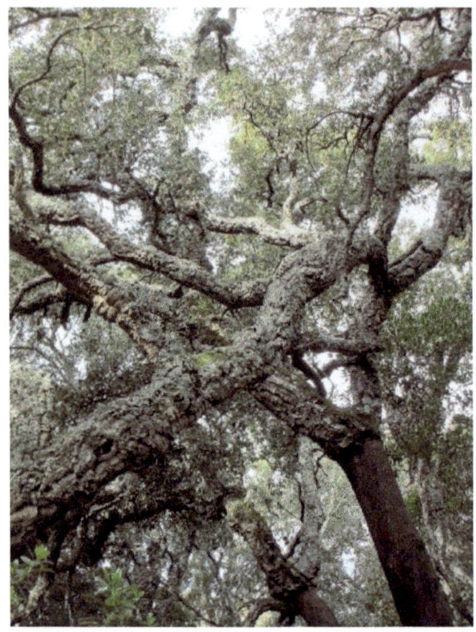

Korkeichen in der
Serra de Monchique
(Algarve)

Uralte Korkeichen
in lichten Wäldern –
in ausladenden Gesten
kommunizieren sie miteinander.
Der Mensch fühlt sich
angesprochen, aufgehoben
getröstet, ein wenig
der eigenen Sterblichkeit
enthoben und wünscht sich
beschützt von einer Haut
wie dieser – und insgeheim
fühlst du dich schuldig, dass
dieses ans Wunderbare
grenzende Kleid deinesgleichen
zur Ernte gereicht – und überlebt.

Palmen im Maghreb

Mitten in der Wüstenlandschaft erstreckt sich abgesenkt
der riesige Palmenhain von Tozeur. Ein lichter Wald von angeblich 500 000 Palmen, meist weiblichen, denn die männ-
lichen bringen keine Datteln ein. So müssen die Bäume
künstlich bestäubt werden. Dazu kommen Opuntienhecken
und Fächerpalmen, indigene Palmen des Mittelmeers. Die
Oase stellt eine Vier-Stufen-Kultur dar. Oben die Palmen, in
der Mitte Granatapfel, Aprikose und Feige. Darunter Tabak
und Henna. Ganz unten wird Gemüse angebaut. Tiefblaues
Wasser leuchtet unter dem lichten Palmenwald. Die Oase
als Garten Eden, als Paradies mit Wasser, im Kontrast zur
Trockenheit der sie umgebenden Wüste.

> Palmen überall –
> Fächerpalmen
> dunkle schattige Hände
> schlanke Finger
> die Hand der Fatima
> vielfach
> immer aufs Neue gespiegelt
> bietet Abwehr vor der sommerlich
> sengenden Sonne.
> Hände allüberall
> Hände, die sprechen,
> die feilschen,
> die nach dir greifen
> und Hände der Abwehr:
> die erhobene Hand.
> Was du brauchst sind Hände,
> die dich vor Unheil bewahren.

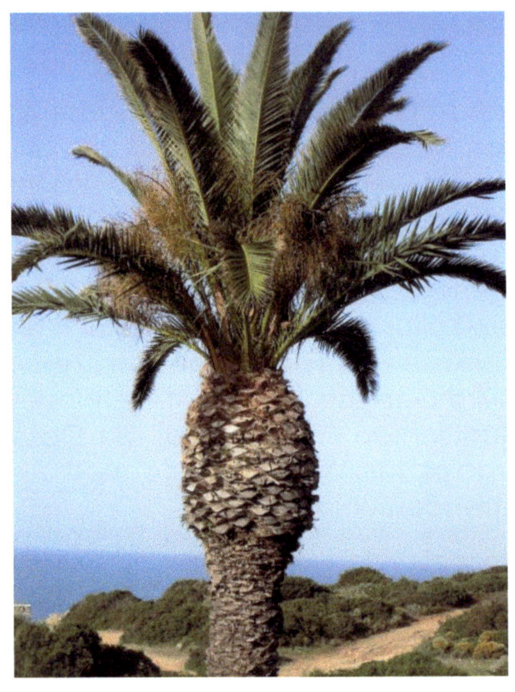

Die Legende sagt, dass die Palme aus einem Lehmklumpen gemacht wurde. Sie möchte die Füße ins Wasser und den Kopf ins Feuer halten. Die Echte Dattelpalme (Phoenix dactylifera) ist die Nutzpflanze der afrikanischen Oasen. Sie wird bis zu 30 Meter hoch und trägt nach etwa acht bis zehn Jahren die ersten Früchte. Sie wächst zunächst in die Breite, dann erst in die Höhe, so dass ihr Stamm überall einen etwa gleichbleibenden Radius hat. An Hand des Breitenwachstums kann man das Höhenwachstum bestimmen, ähnlich wie die Handwurzelknochen beim Kind seine spätere Größe voraussagen können. Die Palme hat nur Längsfasern. Ihr Stamm ist somit äußerst elastisch und kann Stürmen standhalten, knickt nicht ab. Eine Palme kann bis zu 120 Jahre alt werden.

Das Palmblatt richtet sich nach der Sonne aus, steht immer schräg zum Einfall der Strahlen. Der Palmzweig ist das Zeichen des Sieges. In Italien und Spanien legt man auch

Palmzweige über die Särge der Toten. Ursprünglich bedeutet der Palmzweig Leben. Palma heißt Handfläche. Die europäische Zwergpalme hat gefiederte Blätter, ähnlich den Fingern einer Hand.

Palmen
vom Wüstenwind zerzaust
gedörrt, zermürbt,
ausgeapert die Kronen
Sternenschirme vor Himmelsblau
und aus der Mitte hängen schlaffe
ausgebleichte Bärte.
Und flinke Füße greifen zu und Hände,
die Samen an-, die Ernte einzubringen.

Und drunten schwatzen lebhaft
Feigenblätter mit schweigsamen
Bananenstauden in glatt
und grün plissierten Federröcken.
Und im durchsonnten Unterholz
streifen die Kindheitsschatten:
Ein kleines Mädchen tanzt
im Wechselspiel von Licht
und Schatten.

Die Palme ist Urbild der Säule, ohne sie kein Tempelbau der Ägypter, der Griechen, der Römer. Die Tradition reicht ins Europa von heute. Die Palme vereint die Senkrechte mit dem Raum, bildet eine Kuppel. Die Palme ist Stütze und Dach. Palmblätter krönen in Leipzig die Säulen der Nikolaikirche, schaffen die Verbindung zum Dach, zum Himmelsgewölbe. Gleiches gilt auch für die Säulen in Gaudís Sagrada Familia in Barcelona.

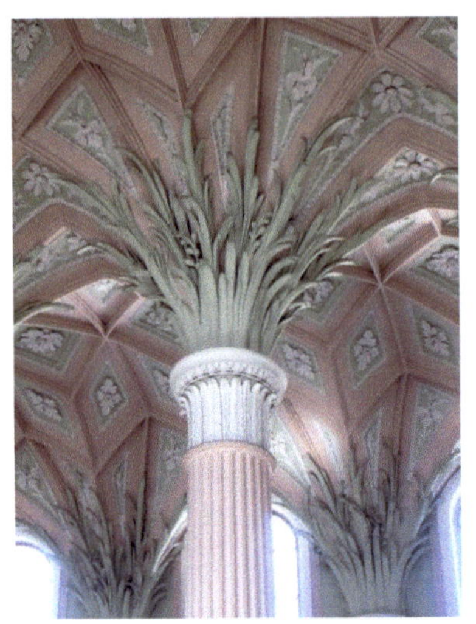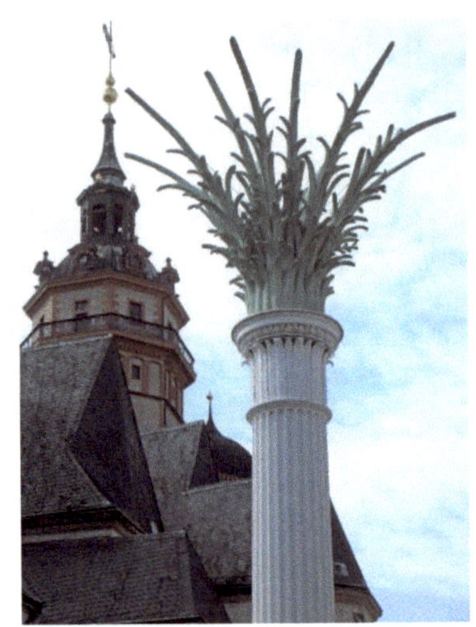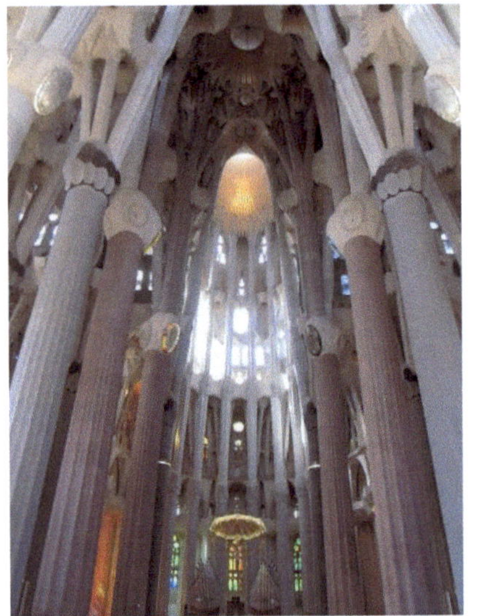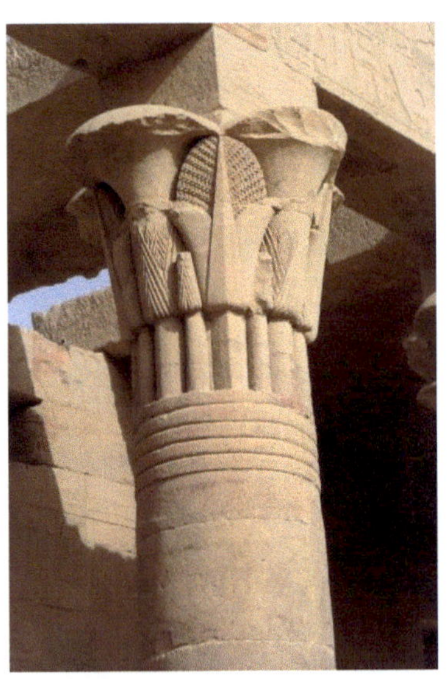

Säulen in und außerhalb der Nikolaikirche in Leipzig; Innenraum der Sagrada Familia in Barcelona und ägyptische
Säule; die letzteren zeigen eine weitgehendere Abstraktion

des Baumes, der bei Gaudí als Grundkonzeption der Kathedrale durchgängig vorkommt.

Mensch und Baum als Metapher

... dass ich dir werd ein guter Baum, und lass mich Wurzel treiben ... [4]

Der Mensch und der Baum – Teil einer Metapher

Die Gestik des Baumes, einer windzerzausten Kiefer am Hang, Bäume, deren Zweige zu tanzen scheinen, sich in ihrer Bewegung mit dem Nachbarn abzustimmen scheinen, Weiden mit hängenden Zweigen, in denen wir fließende Tränen der Trauer zu erspähen meinen.

Und die Rinde der Bäume, deren Abdrücke so einzigartig erscheinen wie der Fingerabdruck des Menschen: Schnitte und Kerben, Wundmale, abgeschürfte Haut, von Moosen und Flechten bewachsen, von Spinnweben behangen, von Efeu überwachsen. All dies kann zum Ornament werden, bis fremder Bewuchs dem Baum mit einem Tod durch Ersticken droht. Bäume auf Klippen, sie wurzeln im Fels, der Stein wiederum wird durch ihre Wurzeln gefestigt. So geben sich beide gegenseitig Halt.

Der Mensch, der sich in der Rinde verewigt, seine Initialen hineinritzt, mit Gefühlen durchtränkt, ein abstraktes Gesicht durch Zufall entstanden, dem der Mensch nachgeholfen hat, ein Engel, ein Reiher. Der Mensch hilft nach,

---

[4] „Geh aus, mein Herz, und suche Freud" / Paul Gerhardt, 1653

bedient sich der Astlöcher, der Kerben und Ausstülpungen und macht so den Baum zum anthropomorphen Gespenst, zum „Green Man", zum Erlkönig, zum Faszinosum und zum Albtraum der Kinder. [5]

Holzstapel mit Baumgesicht und
Gesichter und Figuren in Baumrinden

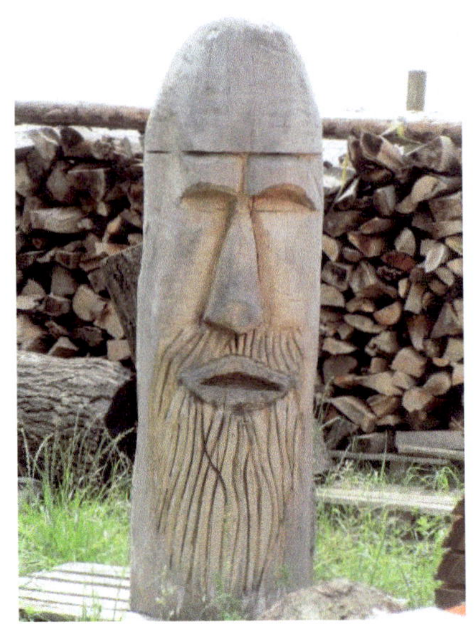

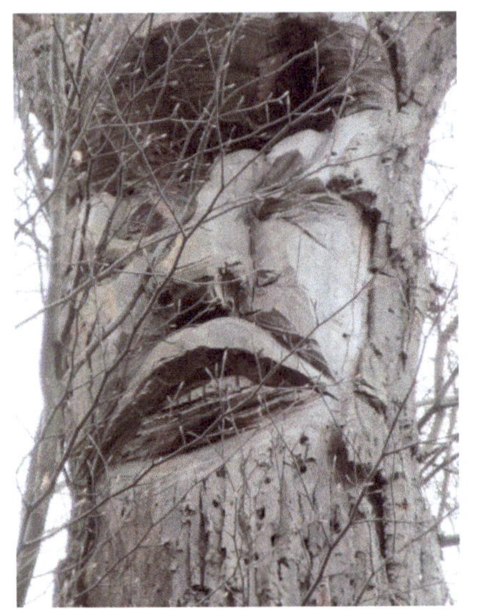

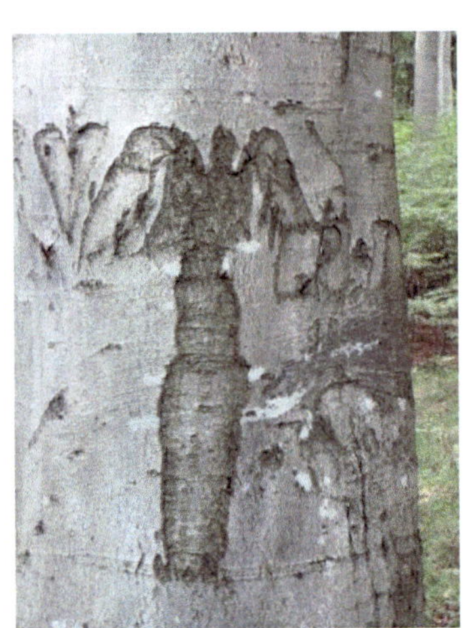

---

[5] Im Kapitel: „Hybride Wesen: Metamorphose von Baum und Mensch": Germaine Richier (1902-1959): L'Homme-forêt (Waldmensch), (1945-46, Bronzeguss 2007), S.145ff.

Charles Causley:
Green Man in the Garden

Green man in the garden
Staring from the tree,
Why do you look so long and hard
Through the pane at me?

Your eyes are dark as holly,
Of sycamore your horns,
Your bones are made of elder-branch,
Your teeth are made of thorns.

Your hat is made of ivy-leaf.
of bark your dancing shoes,
And evergreen and green and green
Your jacket and shirt and trews.

Leave your house and leave your land
And throw away the key,
And never look behind", he creaked
"And come and live with me."

I bolled up the window,
I bolted up the door,
I drew the blind that I should find
The green man never more.

But when I softly turned the stair
As I went up to bed,
I saw the green man standing there.
"Sleep well, my friend", he said.

Der Baum in der bildenden Kunst

Landschaften und Bäume in der Kunstgeschichte - ein Überblick

Petrarcas berühmte Besteigung des Mont Ventoux am 6. April 1336 stand am Beginn. Petrarca zeigte sich bei Erreichen des Gipfels überwältigt von der Schönheit der Welt. Damit erscheint die Erde aus der Perspektive der Schönheit. Doch noch im 17. Jahrhundert bei Nicolas Poussin und Claude Lorrain ist es eine idealisierte Landschaft, die zudem noch die Kulisse abgibt für mythische oder historische Konstellationen, die freilich in der Größe vor der Landschaft fast zur Staffage werden.

Die Tradition des Landschaftsbilds erschließt sich durch die Betrachtung von Bildern von Claude Lorrain oder Nicolas Poussin. Hier erscheinen Vorder-, Mittel- und Hintergrund deutlich hintereinander gestaffelt. Auch bei John Constable ist das so. Erst Cézanne geht in die Fläche. Die Vereinheitlichung der visuellen Eindrücke auf der Bildfläche jenseits von Raumerfahrungen steht im Zentrum seiner gestalterischen Recherche.

Caspar David Friedrich hat sich nie Italien zugewandt, ist ein Maler des Nordens, hat er doch in seiner Zeit in Kopenhagen die dänischen Maler des 18. Jahrhunderts studiert. Es gibt ein Gemälde des Niederländers Jan van Goyen: „Landschaft mit zwei Eichbäumen", das in der Darstellung der beiden Bäume mit ihren Verletzungen vor dem gewittergeladenen Himmel und der blendenden Helligkeit zu Füßen der beiden Baumriesen an Caspar David Friedrichs ‚Der einsame Baum' (1822) erinnert.

In England könnte man an John Constable (1776-1837) denken, der ländliche Landschaften mit grandiosen Wolkenformationen zu verbinden wusste. In Frankreich begab sich Camille Corot als einer der ersten in die freie Natur, idealisierte sie allerdings noch, während Gustave Courbet schon dem Realen verpflichtet war. Die Maler der Schule von Barbizon machten Skizzen direkt vor der Natur, die sie dann für ihre Gemälde verwandten. Das entspricht dem, was Caspar David Friedrich tat, der auf seinen ausgedehnten Wanderungen unaufhörlich zeichnete.

Die Anfänge Claude Monets (1840-1926) führten ihn auch in den Wald von Fontainebleau, wo sich die Maler der Schule von Barbizon aufhielten. Mit dem Beginn des Deutsch-Französischen Krieges im Juli 1870 zog Monet nach London, um einer Einberufung in die Armee zu entgehen. Hier lernte er William Turner kennen, in dessen Bildern sich die Konturen in Licht auflösten. Monet wird diese Art der Darstellung aufnehmen. Während Turner in dunkleren Erdtönen verharrt, werden im Impressionismus von Claude Monet die reinen Spektralfarben und der Komplementärkontrast wichtig, wie es auch in seiner Serie „Pappeln" von 1891 deutlich wird.

Vincent van Gogh (1853-1890) durchschreitet Realismus, Naturalismus, Impressionismus, Post-Impressionismus und findet schließlich seinen ganz eigenen Stil. Er hat einen starken Einfluss auf die Fauves, die Expressionisten. In Arles, in den letzten beiden Schaffensjahren, setzt van Gogh sich über die Lokalfarben hinweg und folgt dabei seinem inneren Farbschema, das von Komplementärkontrasten dominiert wird. Dennoch erreicht er einen harmonischen Zusammenklang, indem er Zwischentöne einsetzt, die moderieren und verbinden. Seine Zypressen werden zu Fanalen, überhaupt erscheinen seine Landschaften lebendig, von einem raschen, spontanen Pinselstrich getragen, der einem Rhythmus folgt und sich in Wellenlinien, Kreisen und Spiralen ausdrückt. Dennoch folgen seine Bilder einer Komposition. Er bleibt trotz Umformung des Motivs immer der Realität verpflichtet und überschreitet nie die Grenze zur Abstraktion.

Paul Cézanne (1839-1906) kommt über den Impressionismus zu einer neuen Bildsprache. Er versucht, der impressionistischen Malweise der Auflösung und des Zerfließens wieder Konturen zu geben, Strukturen zu festigen, dem Augenblick den Aspekt der Zeitlosigkeit zurückzugeben. Gleichzeitig löst er sich vom illusionistischen Tiefenraum, indem er den impressionistischen Farbraum mit einer an geometrischen Prinzipien angelehnten Formgebung festigt. Er ist der erste Künstler, der damit beginnt, Objekte in einfache geometrische Formen zu zerlegen. Zudem wurde die Ausgewogenheit der Komposition wichtig. Er arbeitet mit farbigen Flächen, deren Bezogenheit aufeinander ihm wichtig ist. „Man behandle die Natur gemäß Zylinder, Kugel und Kegel und bringe das Ganze in die richtige Perspektive."[6]

„Das ganze Wollen des Malers muss schweigen. [...] Stille schaffen. Ein vollkommenes Echo sein. [...] Die Landschaft spiegelt sich, denkt sich in mir. [...] Ich steige mit ihr zu den Wurzeln der Welt. Wir keimen. Eine zärtliche Erregung ergreift mich und aus den Wurzeln dieser Erregung steigt dann der Saft, die Farbe."[7]

---

[6] P. Cézanne in: Götz Adriani, Gespräche mit Cézanne, 1982, S.137-141
[7] Götz Adriani, Leben und Werk, S.47f.

Piet Mondrian (1872-1944) und die Bäume: Sie werden für Mondrian in zunehmendem Maße wichtig. An Hand des Baummotivs, das um 1910 immer größere Bedeutung annimmt, lässt sich zeigen, wie sich der Übergang zur Gegenstandslosigkeit abspielt. Er beginnt nun Landschaftselemente, vor allem Bäume, auf ihre stereometrischen Formen zurückzuführen. Die gerüsthaften Elemente werden vom Motiv abgelöst und verselbständigen sich. Zur selben Zeit tauchen kubistische Formen auf, die deutlich auf den Einfluss von Picasso und Braque hinweisen. Piet Mondrian ist einer der Künstler, die einen langen Weg gehen mussten, um bei der reinen Abstraktion anzukommen. Seine „Reise" dauerte 30 Jahre, von 1891 bis 1921.

Eine Übersicht (die sich auf eine Auswahl beschränken muss) über Landschaftsmaler, die den Bäumen besondere Beachtung schenkten:

Claude Lorrain (1600-1682)
Jacob van Ruisdael (1628/29-1682)
John Constable (1776-1837)
Caspar David Friedrich (1774-1840)
Gustave Courbet (1819-1877)
Camille Corot (1796-1875)
William Turner (1775-1851)
Claude Monet (1840-1926)
Vincent van Gogh (1853-1890)
Paul Cézanne (1839-1906)
Edvard Munch (1863-1944)
Piet Mondrian (1872-1949)

Caspar David Friedrich (1774-1840)

Beginnen wir mit Caspar David Friedrich. An der Person von Caspar David Friedrich und seiner Lebensgeschichte zeichnen sich die Schwierigkeiten des Lebensvollzugs ab. Der Mensch ist auf sich gestellt wie der alleinstehende Baum, dem die Wetter zugesetzt haben, der für den Menschen als solchen steht. „Sie zeigen, dass Menschen in einer Welt, die ins Wanken gerät, allen Halt zuerst in sich suchen müssen und in der Betrachtung von dem, was ist." Das wiederum ist sehr modern. Die Bäume Friedrichs stehen in einer Position mit „den rätselhaften Rückenansichten einsamer, nachdenklicher Personen." [8]

Kia Vahland kommentiert eine Baumstudie des Malers, die typisch ist.
„Studie einer Eiche, Baum mit Wurzel, 25./26. April 1809:
Zwei zarte Zeichnungen auf einem Blatt. Unten die Wurzel, schon in Schräglage, der Stamm tief eingekerbt, und es ist gerade der gewaltige Spalt, der im Mittelpunkt kräftig hervortritt. Auch dem Stamm fehlt jegliche Symmetrie, ist dennoch in einem Ast zart verzweigt. Auch kommt das Licht von hinten links, so dass eine klare Abgrenzung herausgearbeitet ist. [9]

Die beiden Buchen in „Böhmische Landschaft (um 1808)" gehen auf Skizzen zurück, die 1797 in Sachsen und 1799 in Neubrandenburg entstanden sind. Die Motive werden bei Friedrich aber bruchlos und stimmig in einen Sinnzusammenhang gebracht. Das Gemälde ist zugleich Abbild

---

[8] Kia Vahland, Caspar David Friedrich und der weite Horizont. Berlin 2024, S.67
[9] Kia Vahland, a.a.O. S.74

einer Landschaft, die es so nirgends gibt, und ergibt eine Sinnstruktur für den Menschen. Bäume werden hier zum Verweis auf eine über den Menschen hinausreichende Ebene.

Knorrige Baumwurzeln sind Friedrich im Buchenwald von Jasmund auf Rügen begegnet, aber auch in der Sächsischen und Böhmischen Schweiz. Sie haben ihn angezogen. Es sind die Wurzeln, der Halt, den auch der Mensch braucht, die er in einem Bild wie den „Zwei Männern in Betrachtung des Mondes" von 1819 thematisiert, das er ein Jahr nach seiner Hochzeitsreise nach Rügen malt. Dabei steht für Friedrich nicht die Erhabenheit im Vordergrund, die der Mensch fühlt, ein in der Romantik gängiges Gefühl, sondern es ist die Natur selbst, der diese Haltung gebührt. Doch ist es keine ideale, unberührte Landschaft, mit der die Personen seiner Bilder und der Betrachter der Bilder konfrontiert sind. Kia Vahland zitiert Werner Busch: „Wirkliche Heilung gibt es nicht bei Friedrich, nur offene Prozesse." Es ist der „Weite Horizont", der im Titel von Vahlands Buch auftaucht und der „keine abgeschlossene Erzählung" zulässt. [10]

Ausführungen des Kunsthistorikers Werner Busch [11] sehen die Mathematik als strukturbildend in Friedrichs Gemälden verankert. In ihr sieht der Künstler die Unendlichkeit Gottes, deshalb sind Ellipsen und Hyperbeln, der Goldene Schnitt wesentliche, wenn auch meist unaufdringliche Koordinaten seiner Kunst. In „Zwei Männer am Meer", 1817, tritt die auf gegenseitigem Vertrauen beruhende Szene der beiden Männer am Rande in Kontrast zu einem nur unschwer zu

---

[10] Kia Vahland a.a.O. S.91
[11] Werner Busch, Caspar David Friedrich, München 2021

erahnenden Abgrund, der durch die das Bild beherrschende, teilweise entwurzelte Eiche verstärkt wird. Ihre dunkle Sil-
houette ist über einen Fels gebeugt, wobei ihre Wurzeln wie
Krallen in die Luft ragen, als könnten sie jeden Moment ihre
Erdhaftung vollends verlieren. Auch in diesem Gemälde tritt
die elliptische Struktur in geradezu umwerfender Deutlich-
keit in der Darstellung des Himmels zu Tage. Ähnlich, aber
anders ausgeführt findet sich die Struktur in „Mondaufgang
am Meer" von 1822. [12] Friedrichs Himmel sind lasierend
gemalt, so dass der einzelne Pinselstrich nicht ausgemacht
werden kann. Er wurde offenbar mit einem Wattebausch
verwischt. Wenn man Florian Illies glauben darf, so hat ihn
niemand stören dürfen, wenn er „Luft" malte, das war Got-
tesdienst für den Protestanten Friedrich.

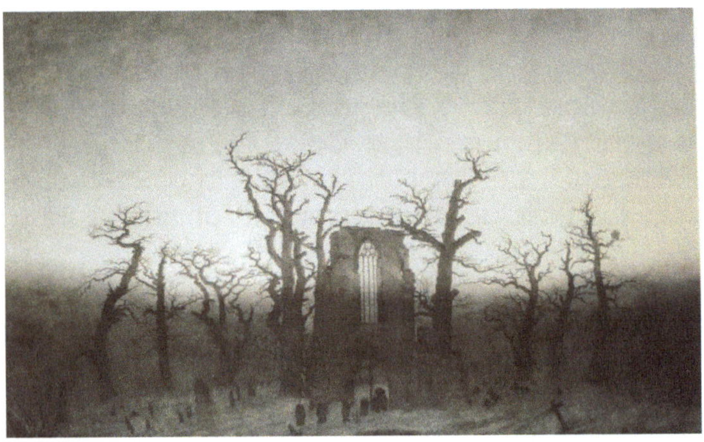

Caspar David Friedrich, Abtei im Eichwald (1810

Solche Schilderungen der Weite und Klarheit des Himmels stehen der mit der Romantik einsetzende Fragmentie-
rung der Welt diametral gegenüber, wie sie Friedrich, um

---

[12] Kia Vahland, a.a.O. S.10/11

Werner Busch heranzuziehen, wahrgenommen haben muss. Er zeichnet die Bruchstücke, die er draußen findet, die Bäume beispielsweise, wie oben ausgeführt, und setzt sie ein in eine tragende Struktur, die er in der Geometrie begründet sieht. Wobei die Geometrie wie die Mathematik in der Bewegung der Romantik durchaus ihren Platz hat.

Caspar David Friedrich, Abtei im Eichwald (1810)

Ähnlich wie bei anderen Gemälden von Friedrich, ist auch dieses Bild aus Versatzstücken entstanden, die er in unterschiedliche Zusammenhänge bringt. Diese winterlich unbelaubten Bäume stehen vor dem Horizont, der aus dem Dunkel ins Helle wächst, gestikulierend in ihrer Verletztheit, ihrer Beschädigung. Sie gruppieren sich um eine gotische Chorwand, die allein als Ruine für die Abtei steht. Vorgabe ist die Ruine Eldena an der Mündung der Wyck vor Greifswald, dem Geburtsort des Malers. Sie taucht in Variationen in einigen Bildern auf. Wie der einzelne „Mönch" am Meer bewegen sich ein paar dunkle Gestalten auf die Ruine zu. Es sind Mönche auf dem Weg zu einem Begräbnis. Hier ist im Unterschied zum „Mönch am Meer" die Mittelachse betont. Sie verläuft durch den Scheitel des zentralen Lanzettfensters, die senkrechten Linien des Goldenen Schnitts gehen durch die Stämme der beiden hohen Eichen links und rechts der Ruine. Die untere Waagrechte markiert links und rechts am Bildrand den Beginn der lichten Himmelszone, während der untere Himmelsteil und die Erdzone in dunklem Schatten liegen. Die Lichtlinie verläuft in einem leichten, hyperbelartigen Bogen. Die ruinöse Eiche geht auf eine Zeichnung zurück, die mit „Neubrandenburg den 5. Mai 1809 Eiche das Licht von vorne C.D. Friedrich" beschriftet ist, auf der der Schatten sich von unten über den Stamm ausbreitet. Dieses Naturphänomen führt zu der „Abtei im Eichwald", das noch im gleichen Jahr entsteht. Auch hier wird deutlich, wie Friedrich Motive aus Zeichnungen übernimmt und kombiniert. Es sind kaum konkrete Abbildungen äußerer Realität. Das wäre für den Maler unzureichend. Es geht ihm um einen Sinn, der mit seinem Glauben verbunden ist. [13]

Was zunächst den Blick beschäftigt, ist die hyperbolisch gestaltete Helligkeit des winterlichen Abendhimmels. Darunter verhüllt Nebel das kleinteilig Gegenständliche, das im Dunkel liegt. Während sich die Kronen der Eichen und das Maßwerk des gotischen Fensters wie Scherenschnitte abheben von der hellen gralsförmigen Himmelsphäre, verschwimmen die kleinen Figuren der Mönche und die fast schon ruinös in der Umgebung verteilten kleine Kreuze eines Friedhofs in nebelverhangenem Dunkel. Aus dem die Horizontale betonenden Querformat erhebt sich die aufsteigende Linie der Ruine und der Baumwipfel. Die Bäume sind uralt, vielfach entstellt, verletzt und verwundet, vom Blitz verstümmelt, selbst Ruinen, dennoch wirken sie geradezu als Stützen der noch älteren Ruine. Mit ihr zusammen sind sie Symbole der Vergänglichkeit. Das in der Symmetrieachse befindliche Lanzettfenster führt hinunter zum gotischen Eingang, unter dem sich ein Kreuz erhebt. Dahinter liegt, nicht sehr betont, ein offenes mit Brettern verschlossenes Grab. Es handelt sich also um eine Beerdigung, zu der sich die schwarz gekleideten Mönche hinbewegen. Doch dadurch, dass das den Tod symbolisierende Kreuz direkt über das Fenster ins Licht des Himmels führt, in die endlose Weite des Weltraums, wird die intonierte Vergänglichkeit aufgehoben, was sich auch in der schwachen Mondsichel andeutet, die auf der Höhe des Goldenen Schnitts das Anwachsen des

---

[13] Werner Busch a.a.O., S.59

Lichts verkündet. Der Maler gibt hier seiner christlichen Überzeugung Ausdruck.

Die „Abtei im Eichwald" entsteht 1809 und wird zusammen mit dem ein Jahr späteren Bild vom „Mönch am Meer" 1810 in Berlin auf der Akademie-Ausstellung der Öffentlichkeit gezeigt. Damals kaufte König Friedrich auf ausdrücklichen Wunsch des Kronprinzen und späteren Königs Friedrich Wilhelm IV. die beiden Bilder. „Der Mönch am Meer" soll Zeit seines Lebens im Schlafzimmer des späteren Königs gehangen haben, der zu dem Zeitpunkt der Begegnung mit dem Bild gerade um seine verstorbene Mutter, die Königin Louise, trauert.

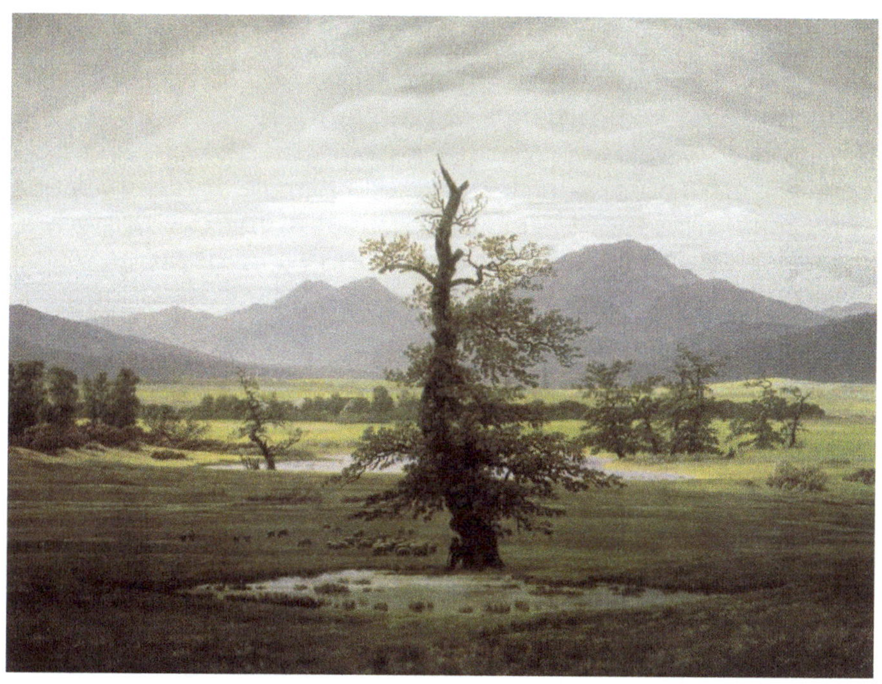

Caspar David Friedrich, Der einsame Baum (1822)

Caspar David Friedrich, Der einsame Baum (1822)

In „Einsamer Baum" stellt der Baum in der Mitte die größte Dunkelheit dar vor einem Mittelgrund, der von Morgenlicht durchströmt wird. Dieser Baum hat keine Krone mehr, einzelne Äste sind abgefallen, abgebrochen. Doch reicht die zerborstene Krone in den Himmel. Er steht einfach da, in der Mitte des Bildes, teilt den hügeligen Horizont in zwei Teile, bildet mit dem Ende der Ebene zusammen ein Kreuz. Seine flügelhaft ausgestreckten Zweige könnten Anspielungen an den Lebensbaum sein wie er in Kirchen wie der in Bad Doberan / Mecklenburg-Vorpommern über dem Altar steht. (Davon wird noch die Rede sein.) Ein Hirte hütet an den Baum gelehnt seine Schafe. Der Baum, verletzt wie er ist, dient ihm, dem kleinen Menschen, als Stütze. Es ist ein friedliches Bild, was letztlich nicht allein durch die Farben, sondern durch die mehrfach verwendete Form der Ellipse suggeriert wird. Zwei Wassertümpel in dieser Form vor und hinter dem Baum unterstützen die Ruhe, die von dem Baum im Zentrum ausgeht. Der Taleinschnitt ist mit der angedeuteten Wolkenformation ebenfalls elliptisch geprägt. Auch der Goldene Schnitt lässt sich in der Struktur ausmachen.

Diese Morgenstimmung hat im „Mondaufgang am Meer" aus demselben Jahr ein Pendant. Eine solche Paarbildung kommt häufiger bei Friedrich vor.

Caspar David Friedrich, „Der Mönch am Meer" (Wanderer am Gestade des Meeres)", 1808-1810

Radikaler als die „Abtei im Eichwald" zeigt dieses Bild das Ausgesetztsein des sich als winzig erlebenden Ichs vor dem unendlichen Weltall, der Unendlichkeit des Himmels, und wie Friedrich es vielleicht empfunden hätte, der Größe Gottes und seiner Schöpfung.

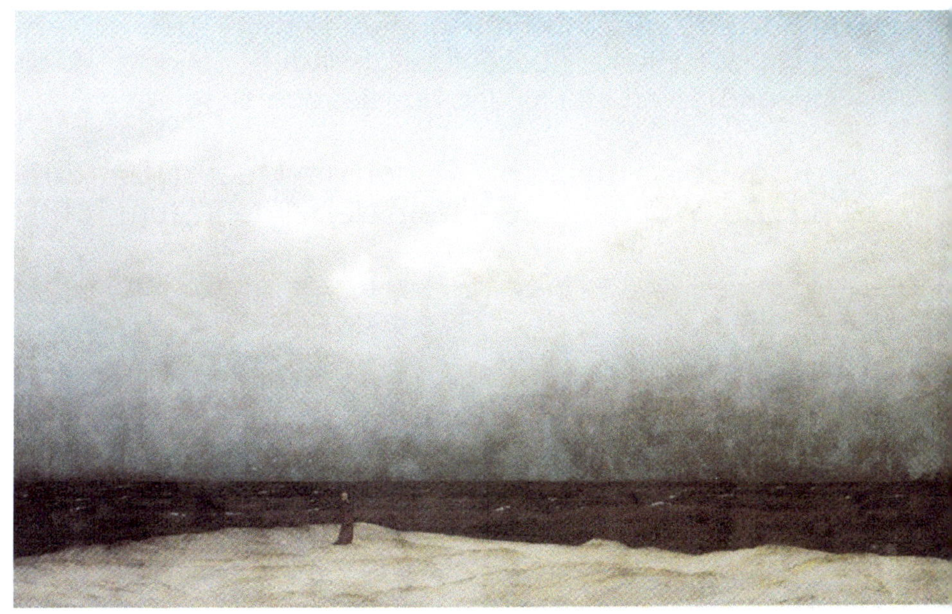

In diesem auf die Darstellung von Erde, Wasser und Himmel reduzierten Bild des „Mönchs am Meer" ist die minimalistisch eingefügte Rückenfigur aus der Mitte gerückt, hat der Mensch seinen Platz im Zentrum verlassen. Hier greifen weder Symmetrie, noch Goldener Schnitt. Hier wird eine absolute Verlorenheit ausgedrückt. Das Wort „Mönch" verweist auf einen geistigen, wenn nicht geistlichen Hintergrund. Der „Wanderer" ist auf dem Wege zu einer geistigen, vielleicht religiösen Erfahrung. Man möchte annehmen, dass Kleist damit dieses Ausgesetztsein, dieses völlige Fehlen einer Eingrenzung zum Ausdruck bringen wollte, wenn er beim Betrachten des Bildes den Eindruck hat, „als wenn einem die Augenlider weggeschnitten wären". [14]

Es ist dieses Bild, in dem Friedrich den Mönch während des Malprozesses in Richtung Meer dreht, in dem er seine für ihn so typische Rückenfigur „erfindet", so dass wir die Figur als Stellvertreter für uns, den Betrachter, sehen.

Caspar David Friedrich: „Mönch am Meer" (1808-10) und „Der Wanderer über dem Nebelmeer" (um 1818)

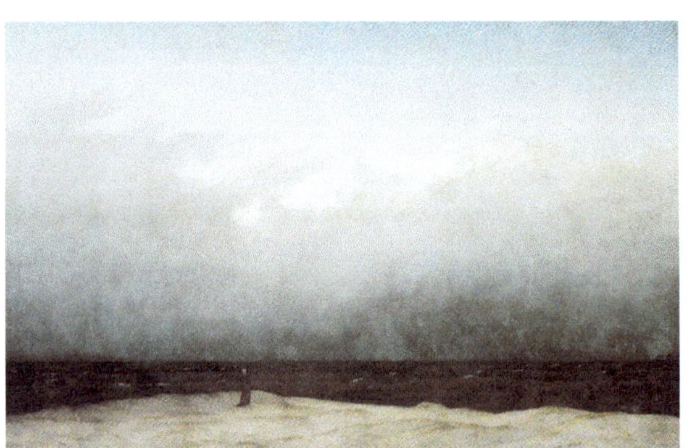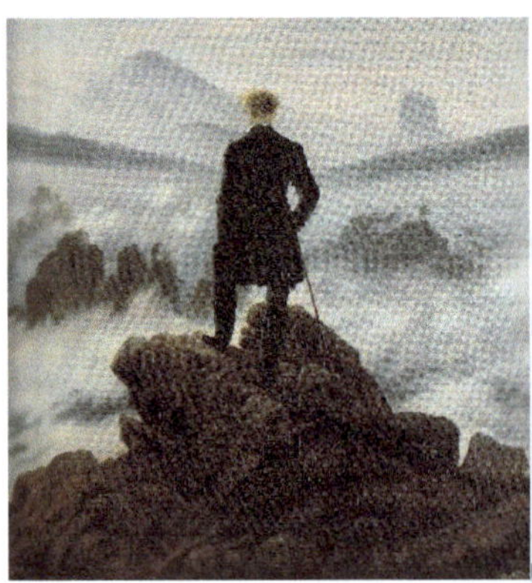

Die Bilder stellen, wie Beat Wyss es ausgedrückt hat, „zwei Gesichter des Erhabenen" dar. Der „Mönch am Meer" geht im Erhabenen von Meer und Himmel auf, er verschmilzt damit, was der Auffassung von Edmund Burke (1729-1797) entspricht, die er 1757 in „Das Schöne und das Erhabene" äußert.

Dagegen steht die für Friedrich ungewöhnlich große, schwarz gekleidete, stattliche Rückenfigur zentral im späte-

---

[14] Peter Moser: Caspar David Friedrich. Sein Leben, seine Welt und seine Bilder (Bamberg 2008), S.85

ren Bild. In dieser Position stellt sie Selbstbehauptung gegenüber dem Erhabenen dar, dem Großartigen, alles Übertreffenden seiner Umgebung, „dem Nebelmeer". Der Wanderer behauptet sich gegenüber dem Erhabenen. Nach Kant ist eigentlich der Mensch erhaben, nicht der Gegenstand. Für Werner Busch ist dies sehr untypisch für Friedrich, aber es dürfte auch der Grund sein, warum gerade dieses Bild so populär ist und so häufig für Werbezwecke vermarktet wird. „Der Wanderer" entspricht der Auffassung, die von Kant in seiner „Kritik der Urteilskraft" (1790) geäußert wird. Das Erhabene wird zur sinnlichen Erfahrung des Selbst und fordert die Selbstbehauptung heraus. Erhabenes stiftet diese Erfahrung selber. Diese idealistische Tendenz entspricht der Klassik. Hier wird die Selbstbehauptung des Individuums als tragend dargestellt, dem Selbst wird geistige Souveränität konstatiert.

Caspar David Friedrich (1774-1840): Einsamer Baum (Dorflandschaft bei Morgenbeleuchtung) (1822). Hier steht der Baum vor der Landschaft wie der Mönch am Meer und auch andere seiner Rückenfiguren, die uns einen Teil der Sicht nehmen und uns auf das Sehen konzentrieren lassen. Der Baum steht für den Menschen. Der Baum ist der Mensch in den Bildern von Caspar David Friedrich. Zu ihm hat er vielleicht die engste Beziehung überhaupt.

Literatur zu Caspar David Friedrich:
Ingeborg Bauer: Im Dialog mit sich selbst und dem Meer –
Drei Maler und die Ostsee (Norderstedt 2022)
Werner Busch: Caspar David Friedrich (München 1995;
2021)
Florian Illies: Zauber der Stille. Caspar David Friedrichs Reise
durch die Zeiten (Frankfurt am Main 2023)

Peter Moser: Caspar David Friedrich. Sein Leben, seine Welt und seine Bilder (Bamberg 2008)
Norbert Wolf: Friedrich (Köln 2006)
Kia Vahland: Caspar David Friedrich und der weite Horizont (Berlin 2024)

Anselm Kiefer (*1945)

Anselm Kiefer: Mme. de Staël: De Allemagne, 2015
Acryl, Dispersion, Öl, Schellack, Kohle, und Collage

Eine Waldlandschaft im Schnee, leicht geneigt von links nach rechts. Im Zentrum verläuft ein Weg, der in die größte Helligkeit des Bildes führt. Dieses Arrangement lässt an Caspar David Friedrich denken, dessen Name auf einem Streifenband handschriftlich rechts oben angefügt ist. Doch andererseits lässt sich auch kaum ein größerer Kontrast denken. Die Stämme der Waldbäume sind verkohlt, die dürren Äste ebenfalls. Aus dem Waldboden schießen die Pilze, die sich deutlich voneinander unterscheiden. Handschriftlich auf Streifen (zerschnittener Leinwand) über das riesige Format des Bildes verteilt sind weitere Namen bedeutender Persönlichkeiten der deutschen Romantik, Maler wie der schon erwähnte Caspar David Friedrich und Otto Runge, dazu Dichter, Schriftsteller und Philosophen dieser Epoche: Joseph von Eichendorff, Friedrich Schelling, Nikolaus Lenau, Achim von Arnim, Heinrich von Kleist. Darunter ist auch eine Frau: Rahel von Varnhagen, die einen berühmten Salon in Berlin unterhielt. Ob die Verortung der Namen im Bild etwas über die Achtung, die Wertung des Künstlers ihnen gegen- über aussagt, bleibt offen. In dem Fall dürfte es sich um eine ganz subjektive Wertung halten, deren Prinzipien nicht auszumachen sind. Aus diesen Namen fällt einer heraus, der des deutschen Kaisers Wilhelm II. Mit diesem Namen kommt unauffällig eine Ambivalenz ins Bild.

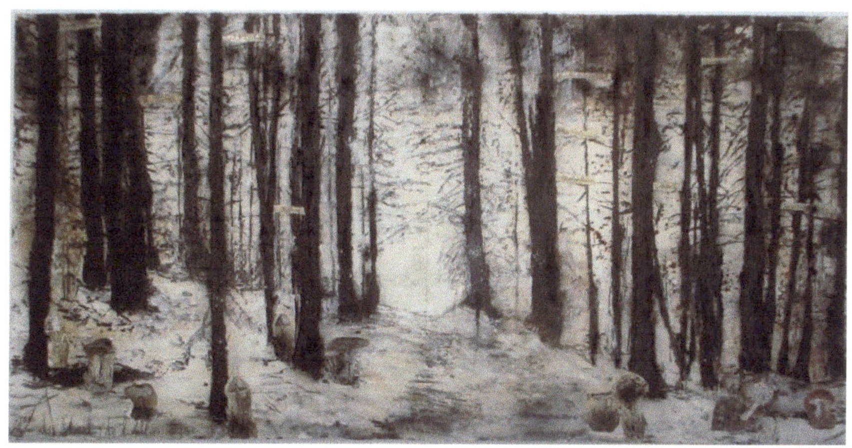

Anselm Kiefer: Mme. de Staël: De Allemagne, 2015
Acryl, Dispersion, Öl, Schellack, Kohle, und Collage

Im Museum Würth in Künzelsau hängt ein zweites Bild dem obigen gegenüber mit demselben Titel, das sich zunächst nur wenig von dem gerade erwähnten unterscheidet:

Anselm Kiefer: Mme. de Staël: de Allemagne, 2015
Acryl, Dispersion, Öl, Schellack, Kohle, und Collage
Leinwand, bemalt und zerschnitten, 3-teilig

Das Bild besteht aus drei Teilen, die zusammengefügt worden sind. Die Neigung des schneebedeckten, wenn auch ausgeaperten Waldbodens ähnelt dem anderen Bild.

Beide Werke sind aufs gleiche Jahr datiert. Das Zentrum bezüglich des Weges und der Helligkeit wirkt hier etwas verwischt. Die vorderen Stämme sind dicker, die hinteren sehr dünn gezeichnet. Dadurch entsteht eine Tiefe, die aber nach vorne bedrängend erscheint. Dort schießen die Pilze kräftiger empor, ihre Vielfalt wird deutlicher. Sie fallen stärker ins Gewicht. Die Beschriftungen fehlen. Man merkt dem Bild an, dass der Künstler das Werk in drei Teile zerschnitten hat. Das andere Bild ist klassischer bezüglich seiner Struktur. Hier ist das wuchernde Chaos auffälliger, das aus der von Schnee bedeckten Erde durch die verkohlten Bäume auf verbrannte Erde schließen lässt.

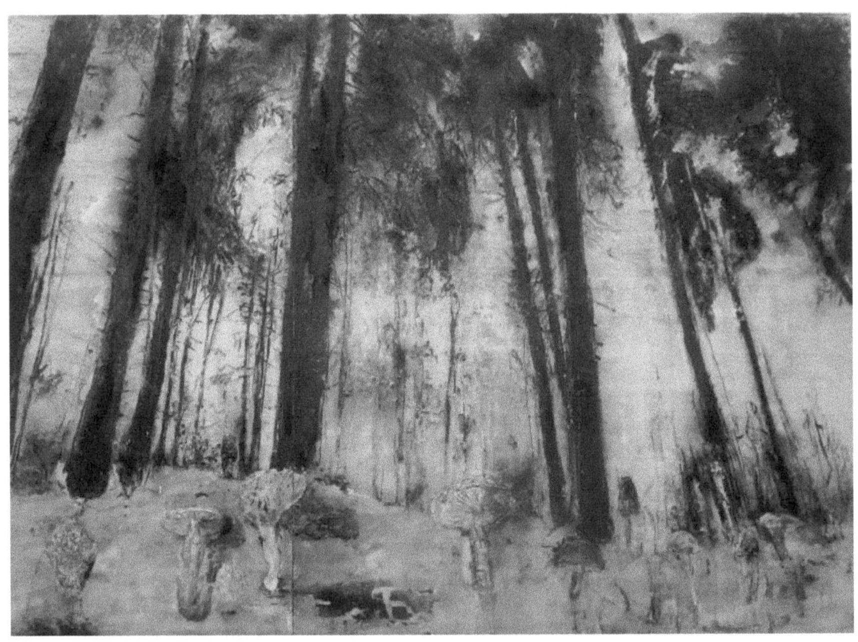

Anselm Kiefer: Mme. de Staël: De Allemagne, 2015
Acryl, Dispersion, Öl, Schellack, Kohle, und Collage
Leinwand, bemalt und zerschnitten, 3-teilig

Der Titel der beiden großformatigen Bilder (330 x 760cm) enthält eine Widmung an Mme. De Staël und ihr Buch: „De Allemagne". Mme. De Staël ist eine Salondame und Tochter des einstigen Finanzministers und Regierungschefs Joseph Necker. Im Jahre 1802 belegte sie Napoleon mit einem Aufenthaltsverbot für die französische Hauptstadt, worauf sie eine mehrmonatige Reise durch Deutschland antrat. Dort traf sie unter anderem auf Goethe, Wieland und August Wilhelm Schlegel. Aus ihren Reiseeindrücken entstand 1810 das Buch über Deutschland, in dem sie die deutsche Romantik der französischen positiv entgegenstellte. Heinrich Heine, der selbst kritische Töne gegenüber seiner Heimat anschlug, war von der durch den zum Katholizismus übergetretenen Schlegel inspirierten Gesamtdarstellung nur teilweise beeindruckt und stellte ihrem Deutschlandbild 1835 seine eigenen Betrachtungen entgegen.

Kiefers Bilder lassen sich keinesfalls als Illustration des Werks von Mme. De Staël verstehen. Was hat Anselm Kiefer dazu gebracht, seine beiden großen, eine ganze Wand füllenden Formate, dieser bedeutenden Frau zu widmen? Ob man die Zerstörung durch Brände während der Napoleonischen Kriege tatsächlich als Begründung begreifen kann? Man wird wahrscheinlich in den Namen der Romantiker einen Ansatz suchen müssen und außer den Wäldern, die die Romantik besungen hat und die Kiefer verkohlt aufzeichnet, auf die zunächst sekundär erscheinenden Pilze Bezug nehmen müssen.

Nimmt man zu den beiden vertikalen Leinwänden mit dem verkohlten, mit Schnee bedeckten Waldboden eine horizontal ausgebreitete Sandfläche hinzu, die eine Ausstellung von Kiefer im *Centre Pompidou* in Paris 2015/16 zeigt, so sind es die Pilze, die uns einer Interpretation näherbringen. Diese unterschiedlichen Pilze wachsen aus dem Sand wie Grabstelen. Es sind giftige Sorten und solche, die genießbar sind, vielleicht auch solche, die dazwischen anzusiedeln sind. Die Romantik, die den Wald zu einer zentralen Metapher macht, wird vom Künstler damit ambivalent verortet. Ein Gegenpol zu den Künstlern und Dichtern stellt der deutsche Kaiser Wilhelm II. dar, der in den ersten Weltkrieg führte. Und Kiefer erkennt in der Bewegung der deutschen Romantik Züge, die in diese Richtung weisen. Die wird bestätigt durch eine weitere Wand der Pariser Ausstellung. Auf ihr ist ein Riesenpilz gezeichnet, der mit Johann Gottlieb Fichte beschriftet ist. Von dem Pilz führen Linien zu den Namen deutscher Romantiker, wie sie auf den Streifenbändern des zuerst erwähnten Bildes vermerkt wurden, jeweils in der Handschrift des Künstlers. Nun aber taucht in gewissem Abstand links der Name Wilhelm II. auf, verbunden mit einem U-Boot. Dass es ein Pilz, ein weitverbreitetes Rhizom, eine Wurzel ist, aus der die Romantik und zum Krieg führende Haltungen wachsen, dies aufzuzeigen ist wohl des Künstlers Anliegen, auch wenn ein gewisser Abstand zwischen beiden Bewegungen eingehalten wird. Rechts von den deutschen Romantikern befindet sich die Darstellung eines Gehirns, die mit den Initialen M.H. versehen ist. Ein Teil dieses Gehirns erscheint verbrannt und gleicht einem riesigen Tumor. Daneben steht, wieder handschriftlich: Todtnauberg. Es ist der Rückzugsort von Martin Heidegger, an dem es auch zu dem legendären Treffen mit Paul Celan kam, der im Werk Kiefers ebenfalls eine Rolle spielt. Die umstrittene Haltung des Philosophen zum Nationalsozialismus ist für Kiefer ein anderes gefährliches Resultat, das aus dem Wald der Romantik gewachsen ist. Doch überlässt es der Künstler dem Betrachter, seine eigenen Schlüsse zu ziehen.

IMPRESSIONISMUS

Claude Monet (1840-1926)

Drei Jahre (1863-1865) jeweils um Ostern verbrachte Monet zusammen mit seinem Freund Frédéric Bazille an einem kleinen Ort am Rande des Waldes von Fontainebleau. südöstlich von Paris und einige Kilometer von Barbizon entfernt. Das vor Ort gemalte Bild „La Forêt de Fontainebleau" aus dem dritten Jahr zeigt zwei Bäume mit ausladendem Astwerk, der vordere mit zwei Haupt- und mehreren Nebenstämmen. Sie bilden ein dichtes Laubdach, das nur begrenzt das Sonnenlicht durchlässt und dadurch ein leichtes Flimmern erzeugt, indem einzelne Blätter hell aufleuchten. Die wenigen Lücken im Astwerk erzeugen helle Lichtflecken auf dem Waldboden. Dieses noch bescheidene Flimmern, das den kleinteiligen Formen wenig Beachtung schenkt, steht aber gewissermaßen noch in der Tradition der Schule von Barbizon.

Die beiden riesigen Baumkomplexe sprengen mit ihren dichten Kronen das Bild, kontrastieren mit den wenigen Lichtflecken auf dem Boden und den dicken Stämmen der Bäume. Diese Darstellung von Bäumen stellt einen starken Kontrast zu den lichtdurchfluteten schlanken Bäumen seiner Pappelserie dar, die fast 30 Jahre später entsteht.

Die Pappel-Serie

Claude Monet malte oft mehrere Ansichten des gleichen Motivs. In der letzten Dekade des 19. Jahrhunderts begann er an zusammenhängenden Serien zu arbeiten. Seine zweite Serie hatte eine Gruppe hoher Pappeln zum

Inhalt, die in etwa zwei Kilometer Entfernung von seinem Haus in Giverny am Ufer der Epte standen. Er hatte im Sommer 1891 mit dieser Serie begonnen. Doch war das Projekt bedroht, weil die Bäume gefällt werden sollten, um als Nutzholz versteigert zu werden. Monet verhandelte mit dem Käufer dahingehend, dass er ihn bezahlte, bis der Maler mit seiner Serie fertig war.

Pappeln am Ufer der Epte, 1891

Monet malte die Pappeln von seinem Atelierboot aus. Das Bild folgt einem stringenten Aufbau. So bilden die Baumstämme ein Liniengitter, das den größten Teil des Bildes ausmacht. Die vordere Baumreihe bildet mit ihren Laubkörpern eine Diagonale von rechts oben nach links unten. Die hintere und kürzer wirkende Reihe folgt elliptisch den ufernahen Büschen und Sträuchern und endet in dem unteren Teil der Stämme vorn. Die im Mittelteil des Bildes dominierenden weißen Wolken spiegeln sich in dem schmalen Streifen des Flusses.

Ein Bild derselben Serie „Pappeln am Ufer der Epte" desselben Jahres. Hier ist der Abstand der Bäume größer, so dass die elliptisch von hinten nach vorn hochgewölbte Baumreihe sich auf dieselbe Weise im Wasser der Epte spiegelt. Auch die Wolken werden entsprechend reflektiert. Baumreihe und Spiegelung formen einen symmetrisch dreieckigen Aufbau.

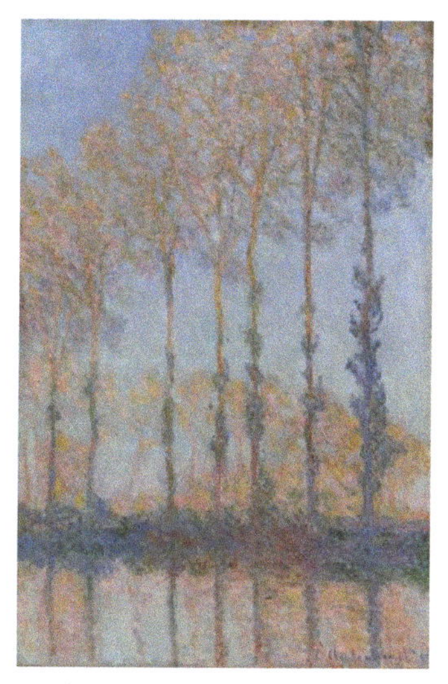

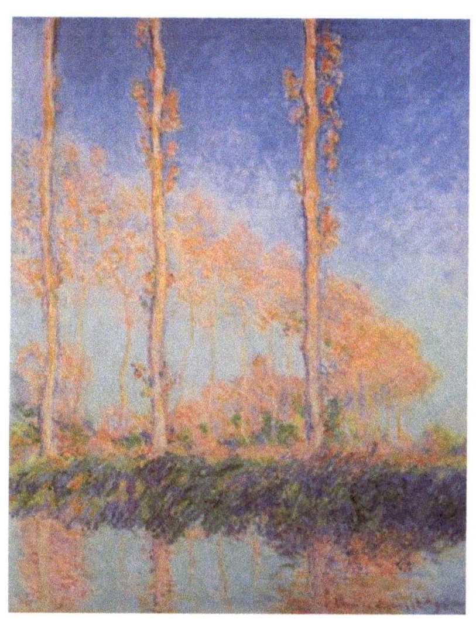

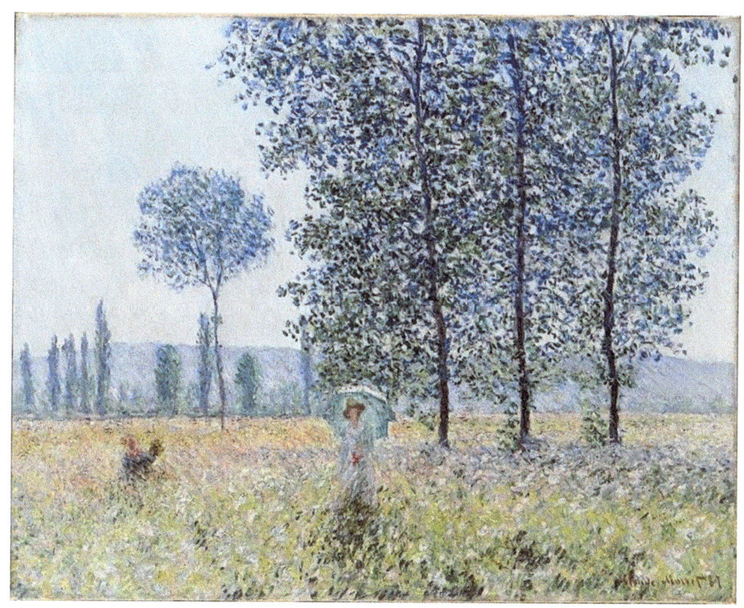

Der späte Monet, den wir mit den Seerosenbildern verbinden, hat auch während des Ersten Weltkriegs 1917, im Todesjahr von Débussy, eine Serie den Trauerweiden gewidmet. Die Stämme scheinen feurig, geradezu zu brennen, während das Laub in starken Farben Tränen vergießt. Dies ist schon nicht mehr das impressionistische Flimmern, sondern ein expressionistisches Abbilden von starken Gefühlen.

„Impression, soleil levant" (1874) ist das Bild, das der neuen Malweise den Namen gab: Impressionismus. Es handelt sich um ‚plein air' – Malerei, die den unmittelbaren Eindruck vor Ort wiedergeben will. Diese Maler erkannten, dass Licht und Atmosphäre die Dinge fortwährend verändern, was Anlass dazu gab, in Serien zu arbeiten.

„Sous les peupliers, effet de soleil" (Felder im Frühling), 1987 (Abb. S.89 unten))

Auch Bilder von Claude Monet wie die „Felder im Frühling" sind komponiert, doch herrscht ein freier, weitgehend von der Farbe bestimmter Aufbau. Der Ausschnitt erscheint fast zufällig. Ein stürmischer Wirbel von Farbflocken löst Formen auf, Flächen und Umrisse. Lokalfarben weichen leuchtenden Farbflecken verschiedener Struktur in mehreren Lagen übereinander und nebeneinander, bald locker angedeutet, bald fester hingestrichen. Grün spaltet sich auf in Gelb und Blau, Orange in Rot und Gelb. Es ist erst das Auge des Betrachters, das die Farben verbindet.

Ein Raster weniger Horizontalen und Vertikalen bestimmt den Aufbau. Ein vom Wind bewegtes Frühlingsfeld, flimmerndes Licht in den Pappeln: Es ist eine Darstellung des Augenblicks, dem das Motiv in seiner Eindeutigkeit entgleitet. Das Primat gilt nun der Malerei. Im Gegenlicht er-

scheint die Dreiergruppe der blaugrün getupften Bäume
vor einem opaken lichten Himmel. Die Gipfel dieser bild-
füllenden Pappeln überschreiten den Bildrand. Zwischen
der Pappelreihe im Hintergrund erstreckt sich eine Zone im
flirrenden Licht, das erst im Schatten von Grün dominiert
wird. Dann leuchtet im Sonnenlicht eine eher gelb tönende
Frühlingswiese auf. Mutter und Kind sind in einigem Abstand
voneinander als Figuren erkennbar, aber sie werden keinesfalls als Individuen gezeichnet, vielmehr werden sie zum Teil
der Landschaft. Aus dem Mittelgrund erhebt sich ein schon
im Dunst leicht vernebelter Baum mit runder Krone, ein
Rund, das zum grünen Sonnenschirm der Mutter einen for-
malen Bezug herstellt. Am Horizont erstrecken sich bewaldete Hügel. Das Himmelsblau darüber ist eher durch-
scheinend und ein ruhender Gegenpol zum vibrierenden
Licht von Pappeln und Wiese.

Vincent van Gogh (1853-1890)

„In der größten Wildheit van Goghscher Phantasien ist
immer eine starke, ordnende Hand zu spüren, die mit zuweilen übermenschlicher Anstrengung die Gebilde zu Bildern
konzentriert." [15]

In dem Stil, den wir mit van Gogh verbinden, hat er nur
während zweier Jahre, von 1888 bis zu seinem Tod 1890,
gemalt. Der pastose Farbauftrag, die richtungsbetonte Pin-
selführung und die Verwendung reiner ungemischter Töne
sind wesentlich. Vorher hat er gesucht, sich unterschiedli-

---

[15] Julius Meier-Graefe: Entwicklungsgeschichte der modernen Kunst, 1904 (Ein Kapitel handelt von van Gogh.)

cher Stilelemente bedient, herkommend von der Gegenständlichkeit, den Erdfarben flämischer Malerei, der Naturmalerei von Barbizon, insbesondere von Jean-François Millet (1814-1875), dessen Schwarz-Weiß-Kopien er sammelte. 1886 kommt er nach Paris, wo er dem Impressionismus begegnet, den zu dem Zeitpunkt äußerst populären japanischen Holzschnitten.

Seine Malweise zeichnet sich aus durch einen bewegten Pinselstrich, den man als stilistischen Ausdruck der eigenen Zerrissenheit hat deuten wollen. Sie steht im Kontrast zum klassisch-glatten Stil traditioneller Malerei. Bewegung statt Präzision, eine wilde Folge von Strichen, Begrenzungen, macht seine Bilder ausdrucksstark und gefühlsbetont. Und doch wird alles gehalten von Struktur, von Komposition. Dadurch entsteht eine unglaubliche Spannung in seinen Bildern.

Tiefe innere Wahrheiten beschäftigen ihn – seine Lebensgeschichte setzt diverse, unterschiedliche Akzente. Unmittelbares Empfinden, starke Emotionen – das spricht die Expressionisten an, die aber nicht die kontrollierte Strukturierung beibehalten, die von van Gogh stets eingehalten wird. Er entgleitet nicht ins Bunte, in die farbige Masse.

Van Gogh notiert einmal, dass im Leuchten, Zittern und Schwingen der Farben ein „gewisses Ewiges" zum Vorschein komme. Sein Ideal enthält die Synthese von Gefühl und Verstand, einer Vereinigung von Gegensätzen. In seiner von bewegtem Pinselstrich geprägten Bildsprache dominiert stets die Kontrolle, Bewegung wird gehalten von Struktur.

Von weitem wirken seine Bilder geordnet und sehr klar strukturiert. Eine auf Kontrasten beruhende Farbigkeit, vereinfachte, chiffrierte Formen werden durch einen klaren Rhythmus eingebunden. Aus der Nahsicht allerdings ist die Wirkung energiegeladen und gefühlvoll, indem sich verschiedene Pinselspuren kraftvoll überlagern. Kurze, vertikale Striche treffen auf langgezogene Linien, Farbschattierungen tun ein Übriges. Seine Gemälde leben aus der Spannung zwischen Stillstand und Bewegung, Chaos und Kontrolle.

In weniger bekannten Bildern arbeitet Van Gogh mit Baumchiffren wie in seinem eher noch untypischen Gemälde: „Im Grünen" (1887. Hier ist noch viel von den Impressionisten Übernommenes, das kleinteilig flirrende Licht, das durch einen Laubwald mit meist noch jungen Bäumen fällt, in deren Mitte ein sich ausbreitender dicker Stamm tritt, der mit eingekerbter Rinde dunkel und selbst Schatten im Fokus steht.

Eine Landschaft ist für van Gogh stets eine Interpretation, eine Übersetzung des Gesehenen, die zugunsten einer subjektiv empfundenen, emotional ergreifenden Darstellung weit über den rein optischen Eindruck hinausgeht.

„Die Pappeln in St. Rémy" (1889)

Aus dem Blau von Himmel, Wasser und Steinen wächst eine grüne Insel. Flammende Pappeln, Fanale, fokussieren, strukturieren, geben dem Bild die klare Spannung, nicht zuletzt auch durch die sich hier konzentrierende Kontrastierung von gelb-ockerbraunen und grünen Tönen.

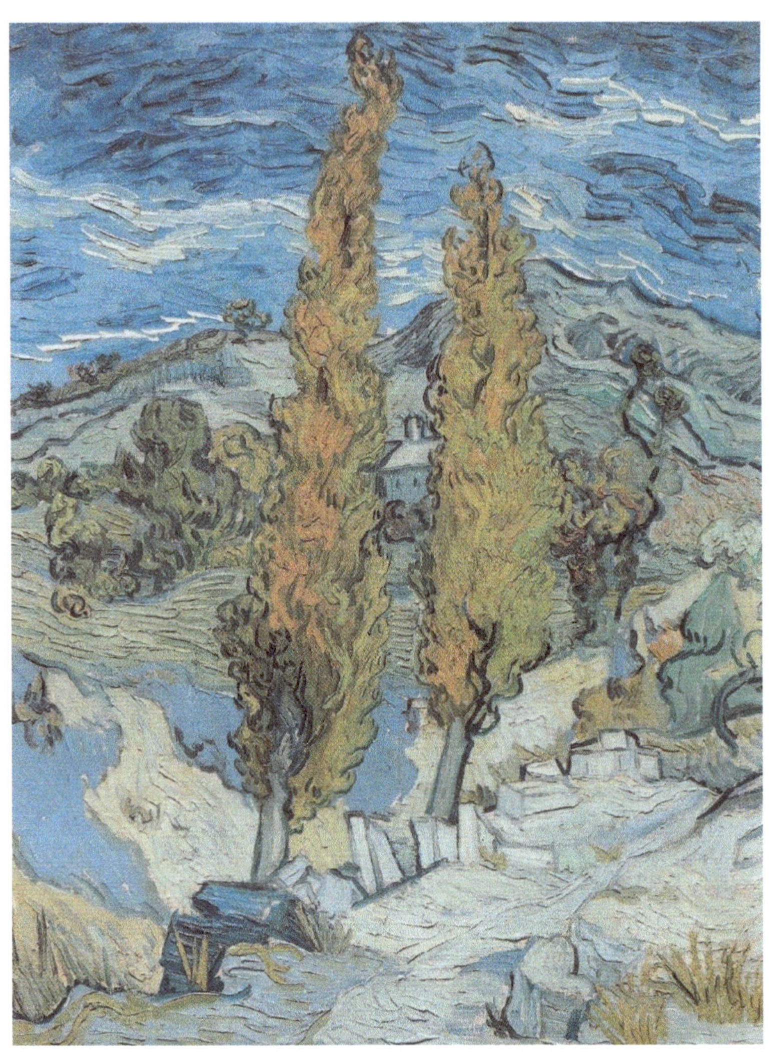

„Die Pappeln in St. Rémy" (1889)

Durch diese Farbigkeit, die aus dem Blau der Wegbegrenzung hinauf in die weiß-blaue Himmelssphäre führt, werden die beiden Pappeln zur Symmetrieachse und zur

Verankerung der wogenden Landschaftsformen. Doch ist die Nabe zwischen den Pappeln das Haus, zu dem Treppen hinaufführen, als wären sie zwischen den Pappeln aufgehängt. Gefangen oder geborgen? Der helle, blau getönte, steinige Weg im Vordergrund ist ganz Diagonale. Er führt tangential vorbei an der grünen Insel. Dunkles, dramatisch bewegtes Himmelsblau wird durchbrochen von weißen Wolken. Ihre Kanten schaffen klare Konturen, die eher parallel ausgerichteten Pinselstriche eine bewegte Ruhe, während eher kreisende Formen die Innenzeichnung von Grün beherrschen.

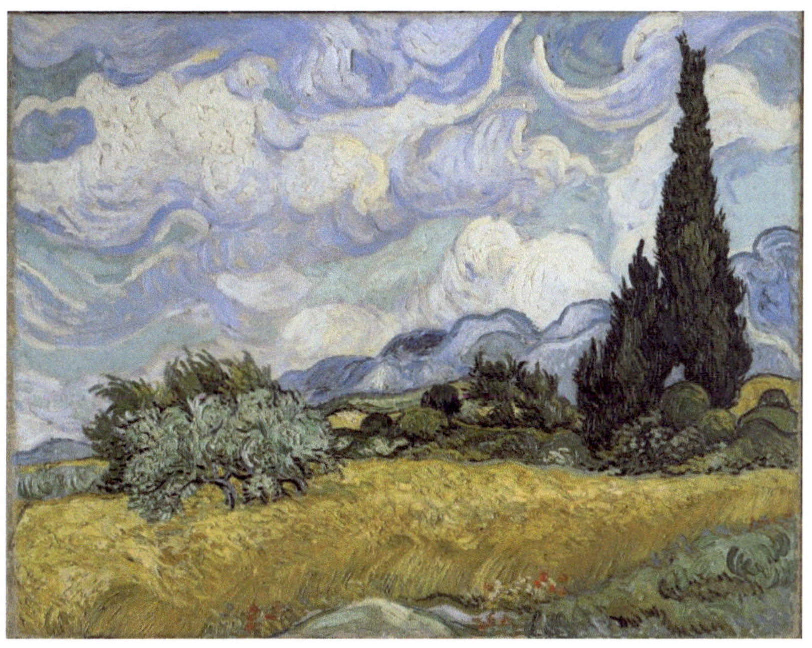

„Zypresse und blühender Baum", 1889

„Zypresse und blühender Baum", 1889

Zwei fast schwarz sich emporwindende Zypressen am rechten Rand des Bildes wachsen keineswegs gerade, sondern in sich bewegt, was sich im dunkelgrünen Herzen des größeren Baumes deutlich zeigt. Es ist eine beherrschte Stille, die sich dem Betrachter mitteilt. Die beiden Bäume wachsen aus einer Insel grünen Strauchwerks mit kleineren Bäumen. Sie lösen eine Wellenbewegung aus, die sich als grüner Keil unter die blaue Hügellinie der Alpilles schiebt. Diese Hügelkette erhebt sich von links nach rechts und wird zum wogenden Meer. Ein Kornfeld in Gelbtönen mit ockerfarbenen Schattierungen schiebt sich als lebendiger Keil darunter, eine rhythmisch bewegte Fläche, für die in sich verfugte Farbzonen des Bildes den Ton angeben. Aus ihm wächst ein im Runden aufgehender Baum, der auch ein Olivenbaum sein könnte. Sein Stamm ist wie vom ständig wehenden Mistral gestisch gekrümmt. Dahinter schickt ein zweiter Baum flammendes Grün in den hellen Mittagshimmel, ein Grün, das den grünen Keil wieder aufnimmt, aus dem die Zypressen in den hellblau getönten Himmel stoßen, der sich in geballten weiße Wolkenblüten ergeht. Auch dieses Bild lebt aus dem Kontrast von Gelb und Blau, das von Grün durchdrungen ist. Aus dem Runden des hellen Baumes, der mit seinem Silberweiß die Wolkenstrukturen aufnimmt und den senkrecht aufstrebenden Zypressen, die im hellen Licht des Tages dunkler erscheinen als in der „Sternennacht" des nächsten Bildes, erwächst eine Spannung.

In der Umgebung von St. Rémy waren es die Zypressen, die die Aufmerksamkeit des Malers erregten. Ihre hochaufragenden spitzen Formen erinnerten ihn an ägyptische Obelisken.

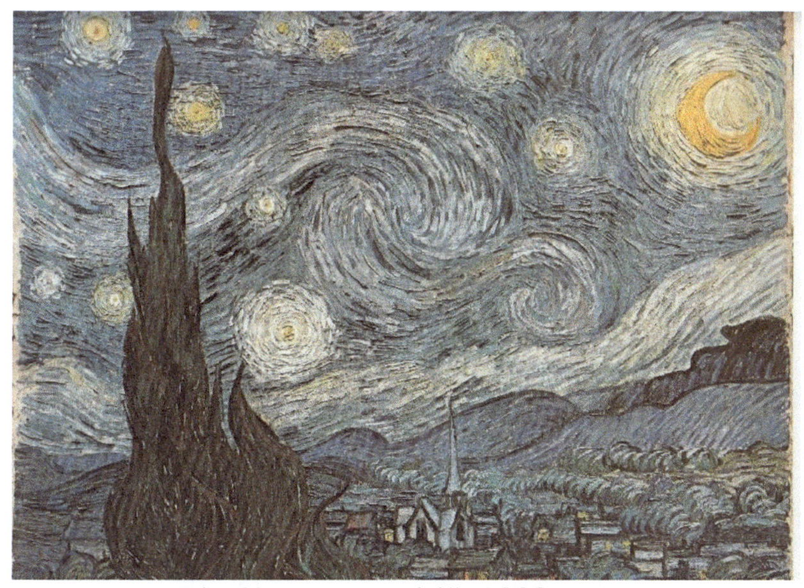

„Die Sternennacht", 1889

Ein expressiver kosmischer Wirbel liegt auf einer sich von links nach rechts wogenden, im Kontrast eher statischen Bewegung von einer Hügelkette und ruht auf dem darunter liegenden Dorf. Am Bildrand links ragen zwei Zypressen auf, die wir vom vorigen Bild schon zu kennen meinen. Heftig bewegt, in der sternhellen Nacht nach Linie und Farbe stärker strukturiert und in Schwüngen spitz auslaufend. Die große Himmelszone ist durchpulst von Lichtströmen, die über die untere Ruhezone hinwegrauschen. Das eigentliche Geschehen findet am Himmel statt, wo Lichtwirbel von links in zwei großen waagrecht liegenden S-Formen hereinstürzen. Die eine Form umschließt und entlässt die zweite Form, die sich spiralig krümmt und den Lichtstrahl tangiert, der in seinen Wellen die Horizontlinie begleitet und wiederholt. Das Pendant zur schlanken Zypresse ist hier die im Runden eingebettete gelbe Sichel des Mondes.

Zypressen finden sich oft auf den Bildern von Van Gogh. Hier benutzt er die schlanke, spitz zulaufende Form als Keil, der nicht nur vom Wind gepeitscht, sondern vom Licht der Gestirne entzündet auflodert. Es sind flammende, aufflackernde Zungen, die ineinander verflochten, sich zur Baumachse zurückbewegen. Dieser Baum durchschneidet keilförmig das ganze Bild und gibt dem ganzen Bild Spannung und Halt.

„Kornfelder mit Krähen“, 1890

Der Malgestus des Bildes ist aufs Äußerste gesteigert, was den Komplementärkontrast von Gelb und Blau geradezu bedrohlich erscheinen lässt. Die drei Wege, die ins Nirgendwo zu führen scheinen, lassen die Ausweglosigkeit einer vom Persönlichen getragenen Apokalypse entstehen. Es ist die Tür, vor der einer ein Leben lang gewartet hat, die sich nun schließt. Es hat etwas von Texten eines Kafka.

Die flüchtige Erscheinung im Impressionismus wandelt sich bei Van Gogh ins Expressive. Die Farbe wird zum Träger einer Bildkonzeption. Farbkontraste, die nicht mit der Realität übereinstimmen müssen, verfugen das Bild wie die oben beschriebenen Bäume, die immer wieder auf seinen Bildern die Struktur bestimmen. Die hektische Pinselschrift entspricht dem wogenden Korn, das vom Sturm gepeitscht wird, und folgt einem Rhythmus, der das Bildganze durchzieht. Der wilde Gestus, mit der Van Gogh die Natur erfasst, entspricht dem heftigen Gemüt des Malers und macht seine Landschaften zum Teil einer Selbstdarstellung. Sein Einfluss auf die Nabis, die „Brücke“-Maler, damit auf den Expressionismus, ist gewaltig.

Paul Cézanne (1839-1906)

Paul Cézanne, Große Kiefer und rote Erde, um 1895

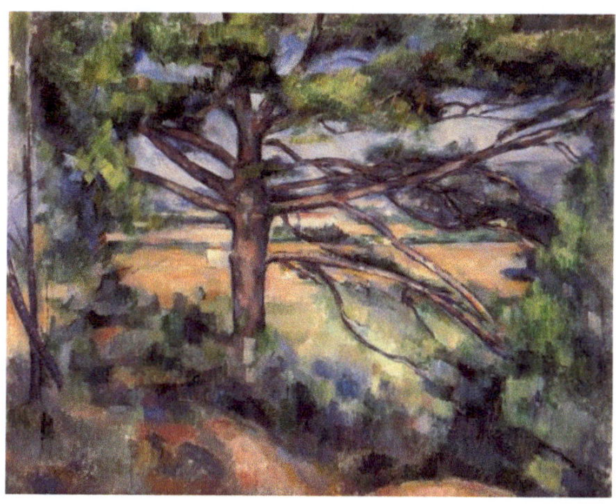

Die Kiefer gibt es im Werk des Malers in unterschiedlichen Variationen. Auch dieser Standpunkt findet sich mehrmals. Der Baum ist der eigentliche Inhalt des Bildes. Die klar gegliederten Äste sind deutlich abgegrenzt, während die eingrenzenden Flächen, Nadeln, Blattwerk und Unterholz nicht detailliert auftauchen, aber vibrieren. Diese Farbflächen bestehen aus parallelen Pinselstrichen, die sich zu einem Mosaik aus Farben ausbreiten, was eine rhythmische Bewegung erzeugt. Der Prozess des Malens wird zur flächigen Darstellung. Die Senkrechte des Stamms und die Waagrechte des Horizonts sind im Goldenen Schnitt gehalten. Der Aufbau eines jeden Bildes von Cézanne ist sorgfältig geplant. Die Komposition verlangt eine harmonische Struktur. Nicht die Natur gibt den Ton an, sondern die Gesetze des Bildes müssen die Natur in Einklang bringen mit dem zu schaffenden Werk: „eine Harmonie parallel zur Natur" gilt es zu schaffen. Es geht Cézanne um etwas Dauerhaftes, nicht um eine flüchtige Momentaufnahme. Der Maler möchte nicht mehr die Auflösung des Objekts durch das Licht, wie es der Impressionismus anstrebte, sondern er möchte einen dicht gewebten Teppich schaffen. Er will keine Tiefe erzeugen. Trotzdem entsteht eine räumliche Wirkung durch den kontrastreichen Gebrauch der Farbe. Es kommt zu Farbübergängen, Modulationen. Dunkle Töne holen die Dinge nach vorn, helle lassen sie zurücktreten. Die größte Seeschärfe aber gilt dem Zentrum, dem Innen des Bildes. Nach außen hin werden rechts und links, vorne und hinten, miteinander verbunden. Sie umrahmen den Baum, dessen Körper aus Stamm und Ästen das eigentliche Motiv ist, das der Komposition Halt gibt. Nach außen verselbständigt sich die Farbe bis fast in die Abstraktion.

Cézannes Überzeugung entspricht, dass das, was wir als Sichtbares wahrnehmen, nicht Gegebenes, sondern ein Konstrukt ist, an dem die Natur und wir gemeinsam arbeiten. „Die Landschaft", sagte er, „denkt sich selbst in mir (...) aber mir scheint, dass ich das subjektive Bewusstsein der Landschaft wäre und die Leinwand ihr objektives." Und er sagte auch: „Die Farben sind der Ort, wo unser Gehirn und das Universum sich begegnen."

Wenn auch manche der späten Arbeiten den Eindruck erwecken mögen, als habe das Eigenleben der malerischen Mittel den Vorrang vor den Einsichten gegenüber dem Motiv gewonnen, hören doch die Farbformen Cézannes niemals auf, sehr präzise auf die optischen Vorgaben einzugehen.

[Es ist erstaunlich wie] auf den ersten Blick gegenstandsferne Formbildungen, die restlos in immer freier gesetzten

Formfolgen aufzugehen scheinen, rasch an konkreter Aussage gewinnen, sobald man sich die Mühe macht, die Übereinstimmung von Naturerlebnis und Bildergebnis nachzuvollziehen.

Weniger durch Abstrahierungstendenzen setzte er Maßstäbe für die Malerei des 20. Jahrhunderts, sondern vor allem durch die Konsequenz, mit der die unzähligen, zur autonomen Bildgestalt führenden Entscheidungen getroffen wurden, sowie durch die Zweifel an deren Richtigkeit. Sie zielen darauf ab, [den Gegenstand] fassbarer auf der Bildfläche zu realisieren und ihn ohne Vernachlässigung der natürlichen Gegebenheiten einer harmonikalen Farbordnung einzubinden. Die Vereinheitlichung der visuellen Eindrücke auf der Bildfläche jenseits von Raumerfahrungen steht im Zentrum seiner gestalterischen Recherche. [Das] ständige „Studium der Natur" war die unabdingbare Grundlage für Cézannes mühsamen [...] Weg, Kunst als Vorgang „parallel zur Natur" zu entwickeln. [16]

Literatur:
Götz Adriani: Paul Cézanne
(München 2006)
Susanne Gayer in: Meisterwerke der Kunst, Folge 47/1999 Thema: Bäume, Blumen Gärten: Blick auf die Natur
Rainer Maria Rilke: Briefe über Cézanne . Hrsg. von Clara Rilke (Frankfurt a.M. 1952; 1983)

---

[16] Rainer Maria Rilke: Briefe über Cézanne . Hrsg. von Clara Rilke (Frankfurt a.M. 1952; 1983)

Edvard Munch (1863-1944):
Bäume im Wandel der Jahreszeiten [17]

Im Ausstellungskatalog der Kunsthalle Nordrheinwestfalen hat Karl Ove Knausgård ein ganzes Kapitel mit „Der Wald" überschrieben. Hier liegt der Schwerpunkt auf einer Landschaft, in der die Abwesenheit des Menschen eine zentrale Bedeutung bekommt. Auf diese Weise rückt die Natur und hier der Baum an die Stelle des Menschen, sie repräsentiert ihn.

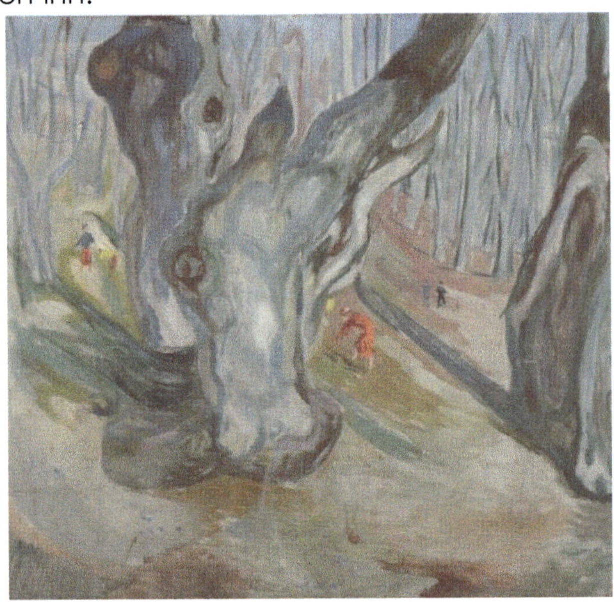

„Frühling im Ulmenwald", 1923-25

---

[17] Edvard Munch, gesehen von Karl Ove Knausgård (Hrsg. von Susanne Gaensheimer und Anette Kruszynski für die Kunsthalle Nordrhein-Westfalen, Düsseldorf 2019

Im „Frühling im Ulmenwald" (1923-25) steht diese Ulme vergleichbar mit Carl David Friedrichs „Wanderer im Nebelmeer" vor einem lichten Wald, der geradezu als Schraffur von Stämmen wirkt, hell getönte blaugraue Streifen, die ineinander gleiten. Zwei winzige Figuren im Hintergrund sind Farbflecke, die die Monumentalität dieses Baumes noch steigern. Der Baum selbst scheint im Runden aufzugehen, von einem langen und bewegten Leben geprägt. Äste sind ihm verloren gegangen, doch wendet sich ein dicker Ast zur Seite, wo ein anderer alter Baum etwas im Schatten seinen Stamm ins Bild bringt. Der Himmel fällt nicht ins Gewicht. Es gibt keinen Horizont. Das Leben verengt sich auf diesen kräftigen, nichtsdestoweniger geschundenen Baum. Der Betrachter erlebt ein lebendiges Sosein, das mit menschlichem Empfinden einhergeht.

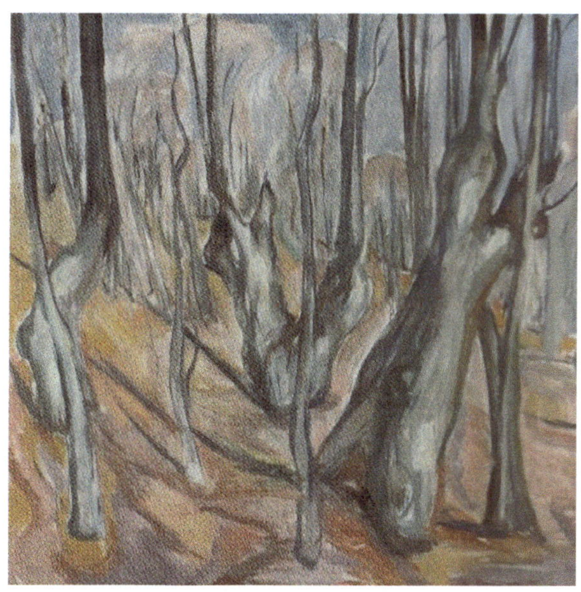

„Frühling im Ulmenwald", 1923-25

In einem nur wenig späteren Frühling entstehen neue Versionen von „Frühling im Ulmenwald" (1923-25). In einer Version dominieren noch jugendlich wirkende Bäume mit glatten Stämmen und einer eleganten Gestik. Noch ist der Grund geradezu monochrom in seinen gelb-braunen Tönen. Auf anderen Bildern rückt der Waldboden in den Vordergrund, ist kleinteilig bunt und breitet sich in der Fläche wie ein Teppich über einen Hang.

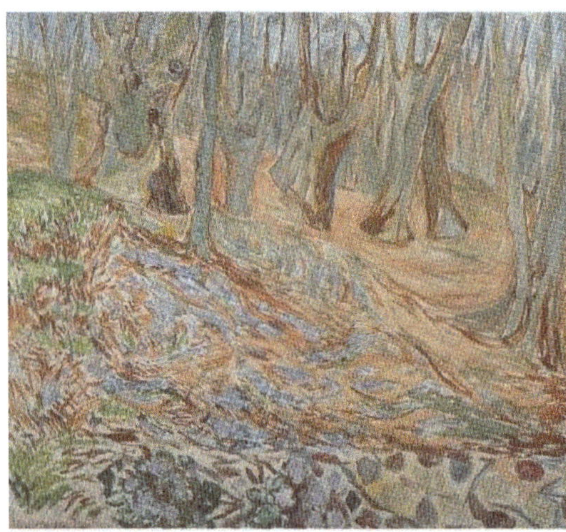

„Frühling im Ulmenwald", ca. 1923

„Frühling im Ulmenwld", ca. 1923

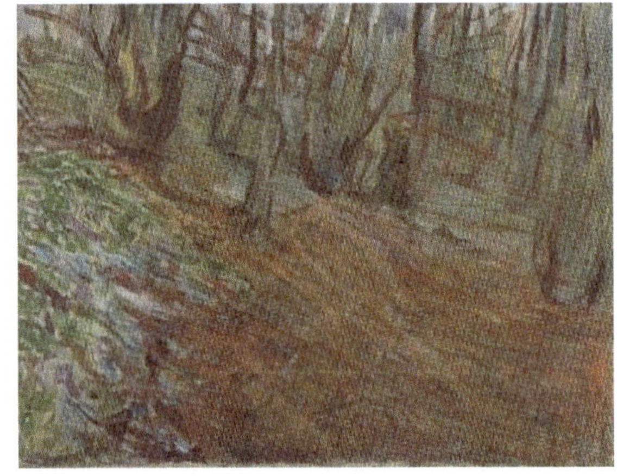

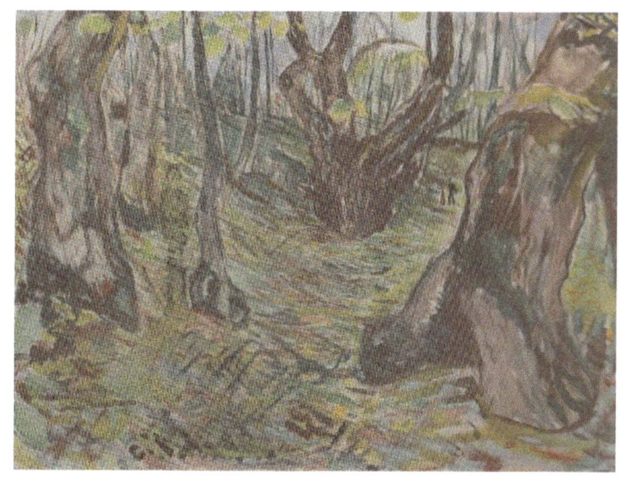

„Knorrige Baumstäm-me", 1923

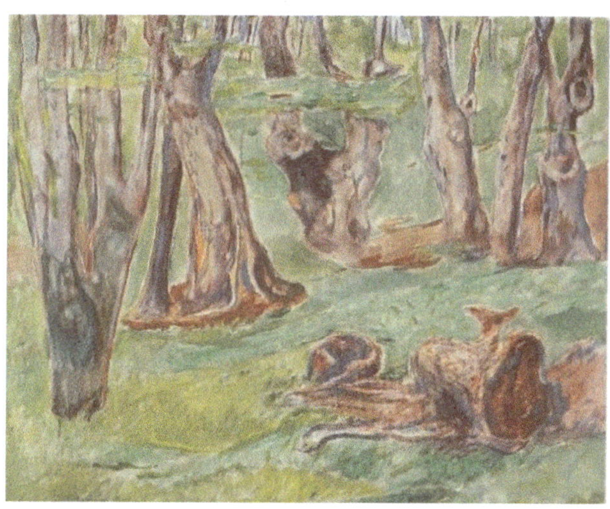

„Knorrige Baumstämme im Sommer". ca. 1923

In den Jahren 1919-1923 hat Munch sich offensichtlich sehr für die Bäume, insbesondere für diesen Ulmenwald in seiner Umgebung interessiert. In „Knorrige Baumstämme im Sommer" verbindet Munch unterschiedliche Baumpositionen mit vergleichbar menschlichen Haltungen. Es ist nicht mehr der einzelne Baum, es sind nun die vielen Einzelnen. Auf dem feuchtgrünen Untergrund erinnern sie in ihrer Gestik, ihrer fragmentierten Darstellung an die Einsamkeit von Munchs Menschen, die Nähe suchen und sie doch kaum ertragen.

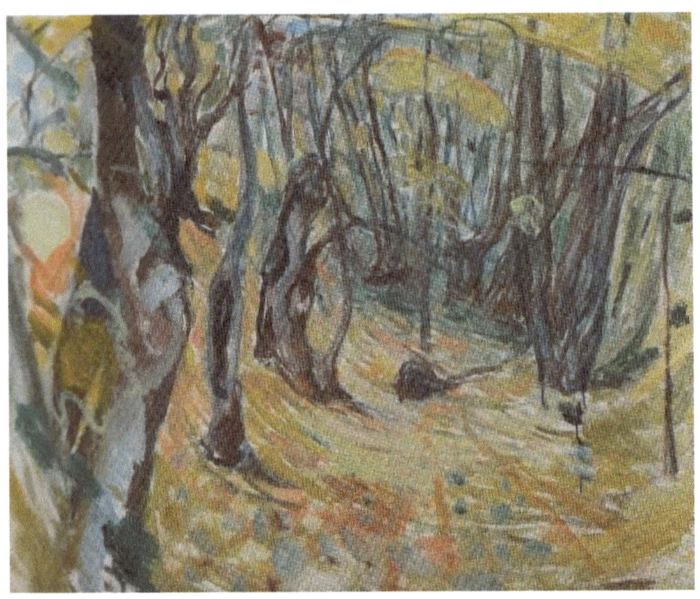

„Herbst im Ulmenwald", 1919/29

Im „Herbst im Ulmenwald" sind die Farben überbordend. Es ist, als wehe der Sturmwind durch die Äste. Jetzt ist es das Laub, das die Bewegung vermittelt, die Stämme als solche treten davor etwas zurück. Die Turbulenzen sind allgegenwärtig in diesem Chaos aus kräftigen und reinen Farben, die von hellem Gelb getragen werden. Die Bäume gleichen nun dem Innern sehr unterschiedlicher Menschen mit einem äußerst turbulenten Leben, das sich in einer wilden Gestik ungeachtet schrundiger Verletzungen darbietet.

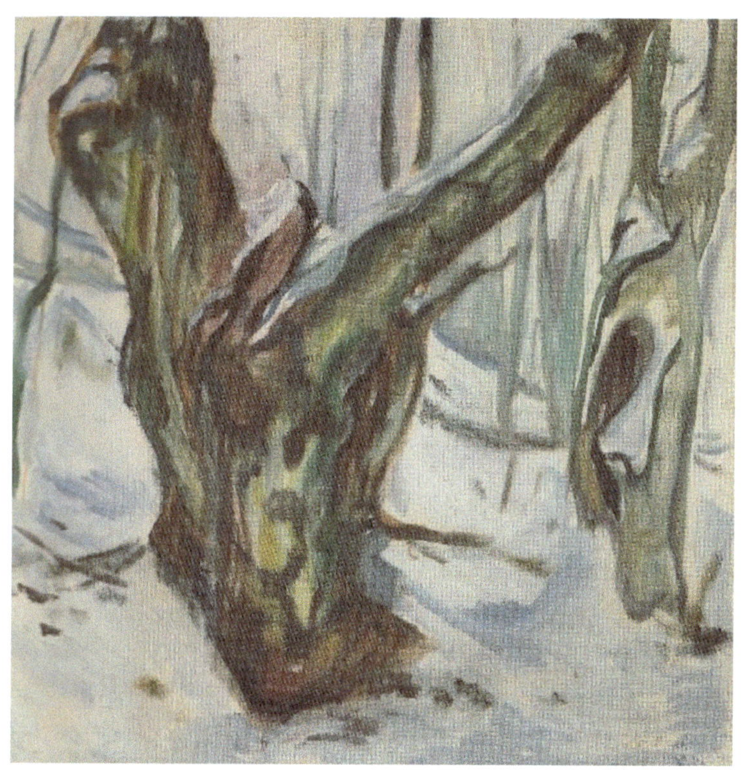

„Knorriger Baumstamm im Winter", 1923

„Knorriger Baumstamm im Winter" (1923): Es ist derselbe Baum, der im Frühling in etwas zarteren Farben gemalt erscheint und hier nun in kräftigen Farben das Bild völlig beherrscht. Der Waldboden mutiert nun zwischen Helligkeit und blau-violetten Schatten. Eingebunden in die vom Schnee erhellte Lichtung entsteht Stille, für den Moment Zeitlosigkeit. Der ungestüme Wirbel des Herbstes hat sich gelegt. Doch greift der Baum aus wie ein unerschrockener Mensch, so dass der Betrachter beeindruckt ist von der Stärke dieses Charakters, der es geschafft hat, trotz allen Verwundungen, sich kraftvoll im Leben zu bewähren.

In seinen frühen Werken spielten Menschen die Hauptrolle. Ihre Emotionen, ihre psychischen Verwundungen setzt der Maler in Szene wie in einem Schauspiel, darin seinem kongenialen, 35 Jahre älteren Landsmann Henrik Ibsen verwandt. In Munchs Bildern sind die Bäume an die Stelle der Menschen getreten. Sie stehen für sie, verweisen auf deren Inneres, ihre Verletzlichkeit, ihr erregtes Aufbäumen, ihre Einsamkeit. Dies sind auch Themen in Ibsens Dramen. Nur von „Lebenslüge" mag man bei Bäumen nicht sprechen. Sie verbergen nichts, bieten ihre Wunden offen dar, sind ganz bei sich selbst. Sie stellen auch nicht in Frage. Sie strahlen Ruhe aus.

Des Malers Figurationen der Natur setzen Menschliches in Vegetabiles um. Munch geht als Maler der Moderne den Weg der Figuration, nicht der Abstraktion. Das körperhaft Dreidimensionale findet bei ihm neben der zweidimensionalen Oberfläche statt. Dadurch dass Munch seine Bilder immer wieder auch der Witterung aussetzt, sie einer Art Rosskur unterzieht, findet eine weitere Annäherung an die Natur statt, an das Werden und Vergehen in der Zeit.

„Munch interessierte sich dafür, wie ein Bild ein anderes Bild verändern konnte, wie die Beziehung und der Kontext mehr erschufen, als die einzelnen Werke, einen Klang, wie er es nannte." Karl Ove Knausgård

Und doch bildet diese Serie „Ulmenwald" in ihrer Gesamtheit einen lebendigen Kosmos ab, der Differenzierungen enthält, die menschliche Charaktere aus ihrem Inneren heraus erfassen und in die Abstraktion überführen.

Was auf Munchs „Lebensfries" zutrifft, gilt auch auf die Serie von Baumdarstellungen, die einander ergänzen zu einem jahreszeitlich gestalteten „Lebensfries der Bäume".

PAUL KLEE (1879-1940)

„Die Orientierung in den Dingen der Natur und des Lebens, diese vielverästelte und verzweigte Ordnung möchte ich dem Wurzelwerk des Baumes vergleichen.

Von daher strömen dem Künstler die Säfte zu, um durch ihn und durch sein Auge hindurch zu gehn.

So steht er an der Stelle des Stammes.

Bedrängt und bewegt von der Macht jenes Strömens, leitet er Erschautes weiter ins Werk.

Wie die Baumkrone sich zeitlich und räumlich nach allen Seiten hin sichtbar entfaltet, so geht es auch mit dem Werk.

Es wird niemand einfallen, vom Baum zu verlangen, dass er die Krone genauso bilde, wie die Wurzel. Jeder wird verstehn, dass kein exaktes Spiegelverhältnis zwischen unten und oben sein kann. Es ist klar, dass die verschiedenen Funktionen in verschiedenen Elementarbereichen lebhafte Abweichungen zeitigen müssen.

Aber gerade dem Künstler will man zuweilen diese schon bildnerisch notwendigen Abweichungen von den Vorbildern verwehren. Man ging sogar im Eifer so weit, ihn der Ohnmacht und der absichtlichen Fälschung zu zeihn.

Und er tut an der ihm zugewiesenen Stelle beim Stamme doch gar nichts anderes als aus der Tiefe Kommendes zu sammeln und weiter zu leiten. Weder dienen noch herrschen, nur vermitteln.

Er nimmt also eine wahrhaft bescheidene Position ein. Die Schönheit der Krone ist nicht er selber, sie ist nur durch ihn gegangen." [18]

---

[18] Paul Klee, Vortrag, 1924, Folio 4 recto, Paul-Klee-Stiftung, Bern

In diesem Vortrag vergleicht Paul Klee den Künstler mit einem Baum, und er tut es in einer ganz differenzierten Weise. Er übernimmt die Aufrichtung des Baumes, die auch dem Menschen gemäß ist. Der Stamm aber wie der Künstler dient dem Transport, der Übersetzung des reichen Wurzelwerks zur Krone, die Teil der Wurzel bleibt, aus der der Künstler sein Werk, die Krone, geschöpft hat.

Bekannter ist das Bekenntnis auf Klees Grabplatte auf dem Schlosshaldenfriedhof in Bern – der Text stammt aus dem Jahr 1920:

„Diesseitig bin ich gar nicht fassbar
Denn ich wohne grad so gut bei den Toten
Wie bei den Ungeborenen
Etwas näher dem Herzen der Schöpfung als üblich
Und noch lange nicht nahe genug."

Auch hier betont er die Nähe zur Schöpfung, zur Natur. Er ist nie zum rein abstrakten Maler geworden, der Ausgangspunkt war für Paul Klee die Natur. Und wie die obige Rede beweist, sind es Bäume, die ihm wesentlich waren und die immer wieder in seinen landschaftlich geprägten Bildern auftauchen.

In seiner Zeit als Lehrer am Bauhaus zerlegt er ähnlich wie sein Kollege Johannes Itten (1888-1967) Natur in farbige Quadrate. Während Itten sein Quartett „Vier Jahreszeiten", noch 1963 in farbige, präzise mit dem Lineal gezogene Quadrate fasst, die er zu pixelartigen Rasterbildern ausformt und farblich den entsprechenden Jahreszeiten zuordnet, zeichnet Klee 1925 in der Zeit am Bauhaus diese kubischen Formen freihändig, so dass sie unterschiedlich groß erscheinen und sich natürlich verfugen, so dass die farblich vibrierenden Formen überzeugend einen blühenden Baum darstellen. Klee begreift das Bild, wie in seinem Vortrag geschildert, als lebendiges Kunstwerk.

Seit der legendären Tunisreise 1914 benutzt Klee ein Raster aus rechteckigen Formen, Quadraten, die aus dem Bildgrund hervortreten und zurücksinken. Man hat auch von „magischen Quadraten" gesprochen (Willi Grohmann, 1954). Dieses Prinzip, dem Klee in der Bauhauszeit verstärkt folgt, geht auch auf optische und farbliche Konzepte zurück, wozu das Arbeiten mit vertikalen, horizontalen und diagonalen linearen Strukturen gehört. Dies lässt sich zeigen an Bildern wie Klees „Rhythmische Landschaften", die deutlich auf ein damit verbundenes musikalisches Anliegen verweisen.

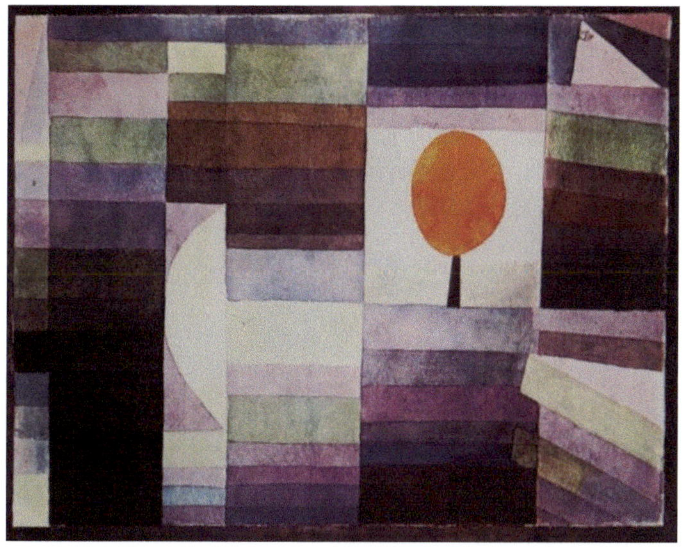

„Der Bote des Herbstes", 1922

„Der Bote des Herbstes". 1922

In „Der Bote des Herbstes" (1922) sind die Herbstfarben, zum Teil erdfarben und dunkel ineinander gebaut. Nach rechts aus dem Zentrum gerückt, in ein helles, fast schon quadratisches Feld rückt ein aufs äußerste reduzierter orangerot gefärbter Laubbaum mit dunklem Stamm, der zur Nabe des Bildes wird. Ein Kreissegment hält das Spannungsgefüge. Rechts oben und unten durchbrechen diagonale Formen die Fläche.

Paul Klee
Der Bote des Herbstes
1922

Farben in allen Schattierungen
bis hin in die völlige Dunkelheit –
das Grün zurückgenommen
durch den verschleiernden Dunst –
Nebelhelligkeit mit fahlem
Sichelmond, ein wenig Braun
und das leuchtende Orange
des Sonnenbaums –
ein Augenblick des Aufglühens
vor dem Erlöschen.

Farbige Schatten
lösen sich aus dem Nebel –
Morgenlicht vibriert
in hellem Pastell –
nur der Ackerboden
behauptet Schwere
unter der schmalen Sichel
des Mondes – all dies nur Kulisse

für den Sonnenbaum und
den Augenblick des Aufglühens
vor dem Erlöschen.

Rhythmische Baumlandschaft, 1920, 41

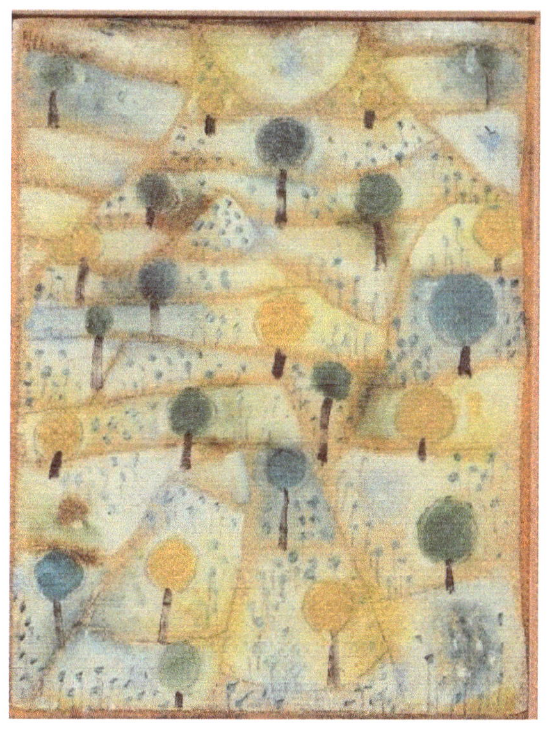

In Klees Landschaften erscheinen Bäume als Noten einer Partitur, die sich in ein horizontales Zeilengefüge rhythmisch einfügen. In „Rhythmische Baumlandschaft" (1920,
41) wiederholt sich der schon oben beschriebene Baum in
unterschiedlichen Größen in der leicht gebogenen Linienstruktur, die real der Terrassenbauweise des Südens ent

spricht, in Klees Darstellung aber rhythmisch arrangiert als lebhaftes Musikstück erscheint, das durchaus von tiefen und dunklen Klängen und lauten Paukenschlägen begleitet wird. Klee verwendet bildnerische Mittel ebenso wie Sprache, um innere Bilder im Betrachter frei zu setzen, die sich nicht auf eindeutige Absichten des Künstlers stützen können. Paul Klee bewegt sich in seiner Bildschöpfung zwischen Figur und Abstraktion, was formales psychisch-poetisches Assoziieren einschließt.

Zartere Baummelodien, mittägliche Töne, die einen schlummernden Pan nicht wecken würden, erklingen in „Kleine rhythmische Landschaft" (1920, 216) im gleichen Jahr entstanden wie die „Rhythmische Landschaft", von der eben die Rede war.

Paul Klee
Kleine rhythmische Landschaft, 1920, 216

Fröhlich hüpfen die Noten
über das Blatt und farbige Klänge
gleiten über die Höhenlinien.

In der Stunde des Pan
schwingen leise Töne
von Baum zu Baum –
ein fröhliches Miteinander
der Stimmen.

Mond und Sterne küssen des Nachts
die Baumkronen und flüstern ihnen
immer aufs Neue die alten kosmischen
Weisen ins geduldig lauschende Ohr.

Im Jahr 1932 hat Paul Klee einen Baum skizziert, der im Grunde nur aus schmalen vertikalen und horizontalen Rechtecken die Abstraktion einer Kiefer auf pointilistischem Grund darstellt, farblich stark auf matte Grün- und Brauntöne reduziert. Orientiert hat er sich dabei an Kinderzeichnungen, doch ist dem Blatt Originalität nicht abzusprechen.

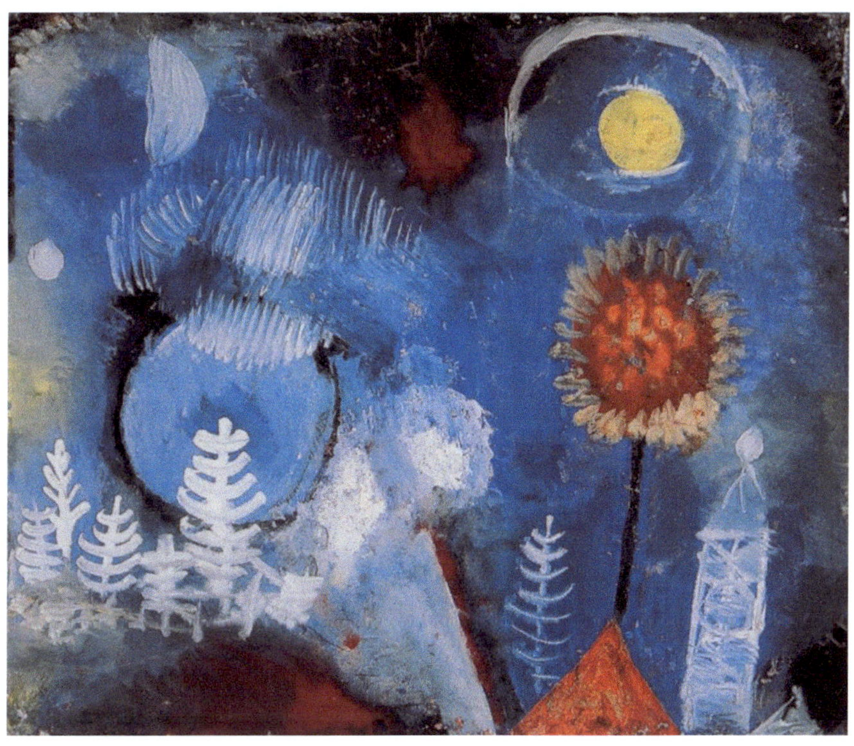

Landschaft der Vergangenheit, 1918

Auch in „Landschaft der Vergangenheit" von 1918 skizziert Klee in Chiffren eine weiß-blaue Winterlandschaft mit fahlem Mond. Wärme steigt aus roten Dächern, Traumblumen und das Kreisen von Sonne und Mond bestimmen zwei Drittel des Bildes. Im unteren Teil erheben sich Tannen, weiß beschneit als einfache Strichzeichnungen. Sie verweisen, Pfeilen gleich, auf Erinnertes, das sich ins Kosmische kleidet.

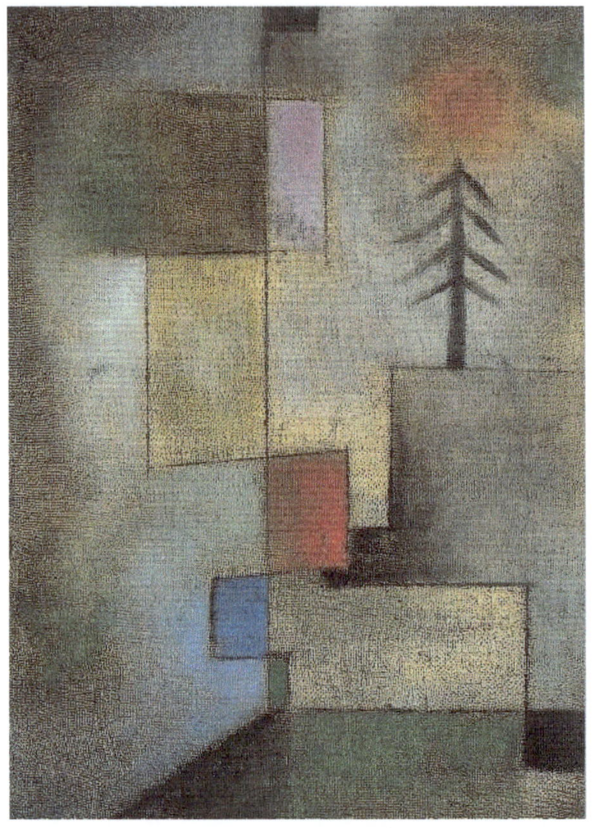

„Kleines Tannenbild", 1922

Im „Kleinen Tannenbild" von 1922 steht eine einzelne Tanne ähnlich wie der Laubbaum aus „Bote des Herbstes" aus demselben Jahr rechts in der oberen Hälfte des Bildes auf einer kubischen Form, in einer Landschaft, die aus unterschiedlichen größeren Rechtecken aufgebaut ist und farblich melodisch formuliert ist. Die Tanne könnte auch als richtungsweisender Pfeil interpretiert werden, der zu einer roten Sonnenscheibe führt, die sich auf einer gedachten diagonalen Achse in der Mitte unten spiegelt.

Paul Klee
Landschaft mit Tannen
1924 (Nachlass)

Ein Lichtstrahl im Herbst-
Wald entzündet noch einmal
die Erddämmerung.

(Haiku)

Tannen hat Paul Klee in dieser vereinfachten Zeichnung des Öfteren in seinen Bilder verwendet, dabei sind sie Chiffren für Natur, für Ursprüngliches, Lebendiges, auch für das Erinnern. So im „Felsentempel mit Tannen, 1926, 12 (K2)" und in „mit dem Adler", 1918, 85.

Rotgrüne und violettgelbe Rhythmen, 1920, 38

Paul Klee, Rotgrüne und violettgelbe Rhythmen, 1920, 38. Hier sagt schon der Titel, worum es dem Maler geht. Es ist der Rhythmus, und als Akzent benutzt er auch hier Bäume, die im Bild nach Farbe, Form und Größe unterschiedlich gewichtet sind, eine Struktur, die sich auf Komplementärfarben stützt, insbesondere auf relativ kleine helle, meist orangefarbene kubische Punkte. Klee selber spricht von einem „kubischen Aufbau".

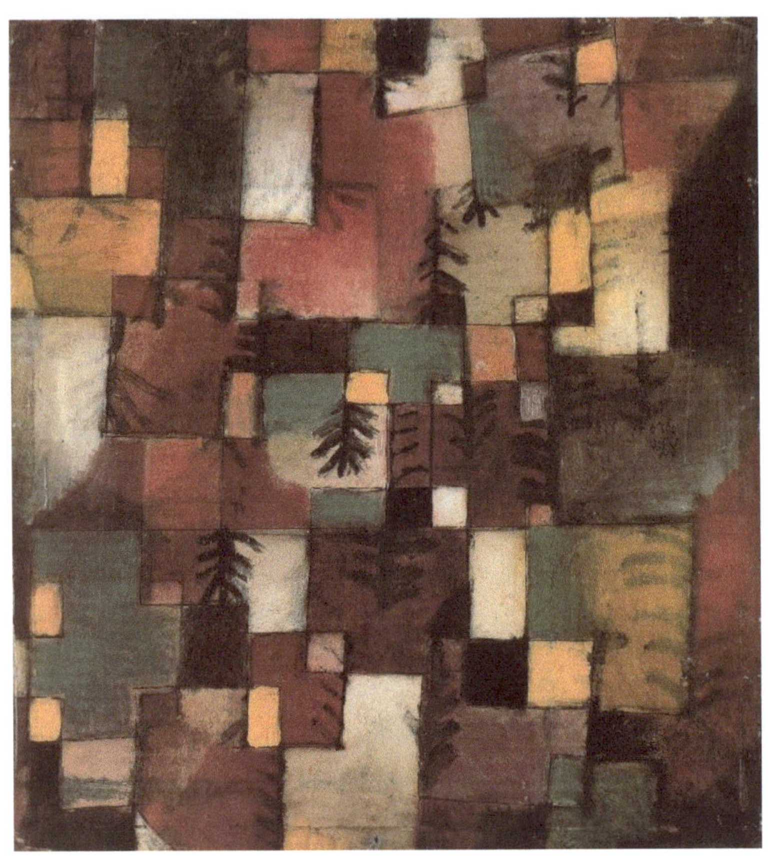

„Rotgrüne und violettgelbe Rhythmen", 1920, 38

„Kleine Landschaft", 1919, 108

Der Baum als solcher erscheint eher unspezifisch in der
„Kleinen Landschaft" von 1919. Hier sind die kubischen Formen des Landschaftsgrundes als farbige Flächen gesetzt,
auf denen dann das Haus und die einzelnen Baumgruppen

in scheinbar unkontrollierter Weise eingetragen sind. Aber auch hier begegnen wir schon dem typischen Kleeschen rhythmischen Gefüge, noch ohne die vom Bauhaus verstärkten strengeren geometrischen Formen wie bei dem nur ein Jahr später entstanden Bild: „Rotgrüne und violettgelbe Rhythmen",

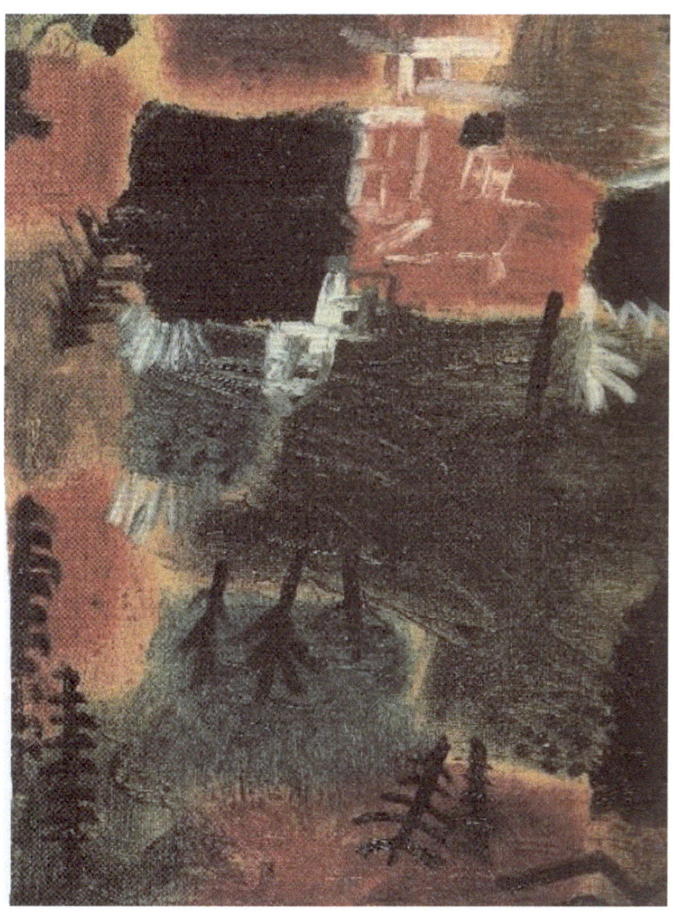

„Kleine Landschaft", 1919, 108

Vom Baum zum Menschen

Paul Klee
Junge Pflanzung
1929, 98

Landschaft aufgezeichnet
in Registern - eine farbige Lineatur
aus bildhaften Zeichen: Kürzel
für Bäume, Büsche und alles
in eine Ordnung gebracht.
Doch genaueres Hinschauen
lässt Regelwidriges erkennen
Einbrüche von Schicksal
dem Zufall, des Lebens Chance
und Abgrund. Und doch
erscheint das große Ganze
als wunderbare Schöpfung:
Il faut cultiver notre jardin.

Der Apfelbaum bei Edvard Munch, Gustav Klimt und Paul Klee

Edvard Munch (1863-1944)

Mann und Frau im Garten

Das Adam- und Eva-Motiv hat in Munchs Kunst eine lange Reihe von Vorgängern: Als Hintergrundmotiv in „Eifersucht" (1895) steht in der linken Hälfte des Bildes ein Paar im Dunkel vor einem Apfelbaum. Die junge Frau im langen roten Kleid, das nach vorn weit geöffnet ist, enthüllt ihren entblößten Körper. Ihr langes blondes Haar hängt über ihre Schulter, während sie den rechten Arm nach den Äpfeln im Baum ausstreckt. Ihr gerötetes Gesicht ist dem Mann zugewandt, der sie von der Seite anblickt. Das Bild teilt sich auf in zwei Hälften. Während wir links die „biblisch" assoziierte Szene unter dem Apfelbaum haben, blickt aus dem fast schwarzen Hintergrund der anderen Hälfte das in Eifersucht erstarrte Gesicht eines Mannes, der in sich gekehrt, sichtlich ein Leidender ist, der in gewisser Weise an eine Christusfigur erinnert.

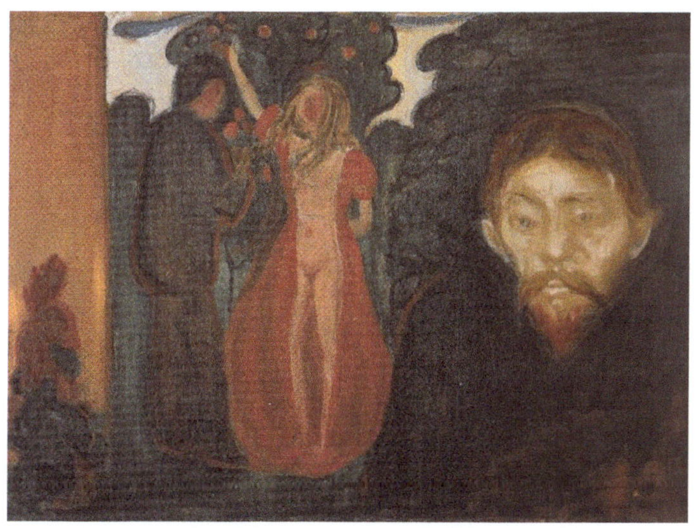

„Eifersucht" (1894)

Das Adam- und Eva-Motiv hat bei Munch eine Reihe von Vorgängern: Schon 1899 stellt er Mann und Frau nackt, nur durch einen Baumstamm getrennt, ohne Blattwerk und Krone, dar. 1894 entsteht dann das oben beschriebene, sehr viel deutlichere Gemälde „Eifersucht".

In „Adam und Eva" (1909) wird das Paar durch Äste, die schlangenartig anmutend aus dem Stamm treten. Eva hält in der Rechten schon den Apfel. Eine Grafik (1915) nimmt das Motiv wieder auf, seitenverkehrt.

„Mann und Frau im Garten II", 1912-15

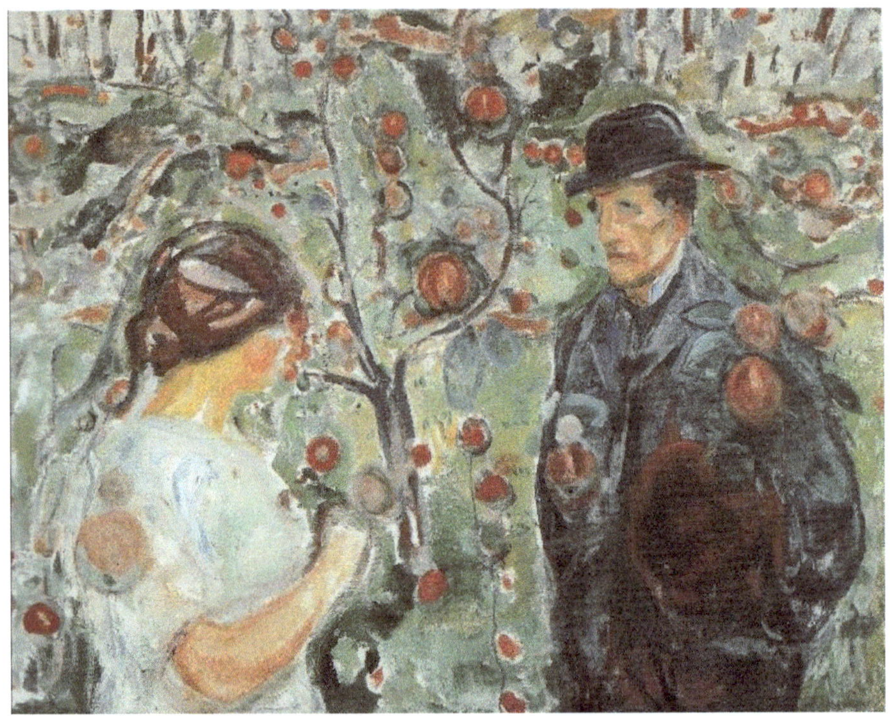

Aus dieser langen Zeit der Beschäftigung mit dem Motiv, das für Munch eng mit dem eigenen Leben verknüpft ist, wird deutlich, dass er sich auf die Schöpfungsgeschichte der Bibel bezieht, in die er seine eigene Erlebniswelt einflie-ßen lässt.

„Mann und Frau im Garten II", 1912-15

In „Mann und Frau im Garten II" (1912-15) wird das Motiv als Doppelporträt des über 50-jährigen Künstlers und seines jungen Modells dargestellt. Der Maler geht nun das Motiv nachdenklich und in weniger akuter Leidenschaft an. Das Paar ist eingewoben in ein Netz aus mit roten Äpfeln besetzten Zweigen, die unmöglich alle zu dem zarten Stämmchen gehören können. Auch hier ist die Anspielung auf den Garten Eden, beziehungsweise den Baum der Erkenntnis, deutlich. Die Beziehung zwischen den beiden erscheint unentschieden.

Aber auch 10 bis 15 Jahre später beschäftigt ihn das Motiv aus der Jugend noch: In „Nach dem Sündenfall", 1925-30, und „Trost im Wald", 1925-30, Im ersten Bild vom Sündenfall wird der Wald zum undurchdringlichen Dickicht. Der Künstler kreiert mit einem wilden Pinselduktus eine unbändige Vegetation. Das geht schon in Richtung der Abstraktion und des Informel. Im Vordergrund der Mann in der Denkerpose von „Melancholie I", die Frau auf dem Weg ins Gebüsch in der Nähe des einzigen klar gezeichneten Baumstamms.

In „Trost im Wald", 1925-30, das in derselben Zeit entsteht und seriell verbunden scheint, hat sich die Vegetation beruhigt. Die einzelnen Bäume und Sträucher haben wieder ein Eigengewicht. Das Paar hockt gebeugt rechts vorne. Er hat den linken Arm um ihre Schulter gelegt. Von der Figurierung möchte man annehmen, dass sie sich Trost schenken. Hier wird deutlich, in welch klarem Zusammenspiel Bäume,

Wald, das Vegetabile, die inneren Konflikte der Menschen einfangen, begleiten. [19]

Gustav Klimt (1862-1918)

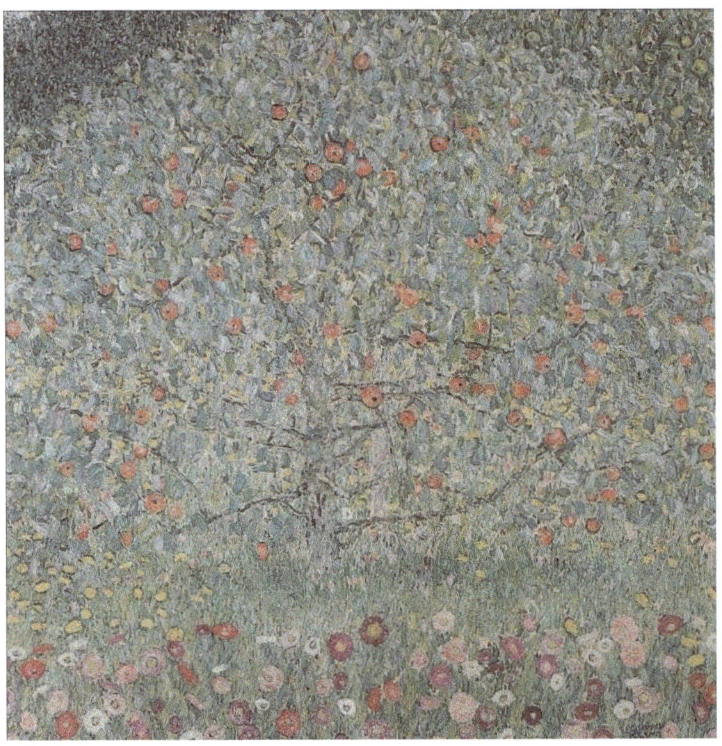

Gustav Klimts „Apfelbaum I", 1912

---

[19] Edvard Munch und seine Modelle, Galerie der Stadt Stuttgart, Hrsg. Johann-Karl Schmidt und Ursula Zeller, Stuttgart 1993, Abbildungen S.26 und 27

Gustav Klimts „Apfelbaum I" (1912) steht auf einer grünen Wiese, deren bunte Blüten am unteren Rand die Äpfel des Baumes an Größe übertreffen, was bei der sonstigen Flächigkeit des Bildes einen Vordergrund andeuten könnte. Der Apfelbaum selbst füllt das quadratische Format. Seine Krone lässt nur beidseitig in etwas dunklerem Grün gehaltene Zwickel zu. Im Verhältnis zum zarten Stamm, der sich zudem in der Nähe fast völlig in farbliche Flecken auflöst, ist

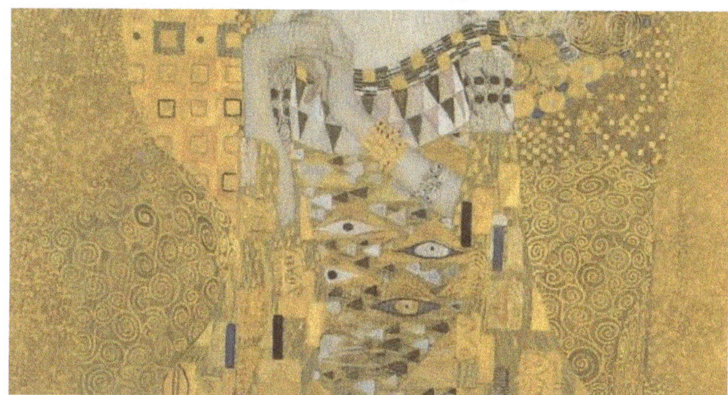

das Astwerk so majestätisch ausladend mit roten

„Adele Bloch-Bauer" (1907) – Detail

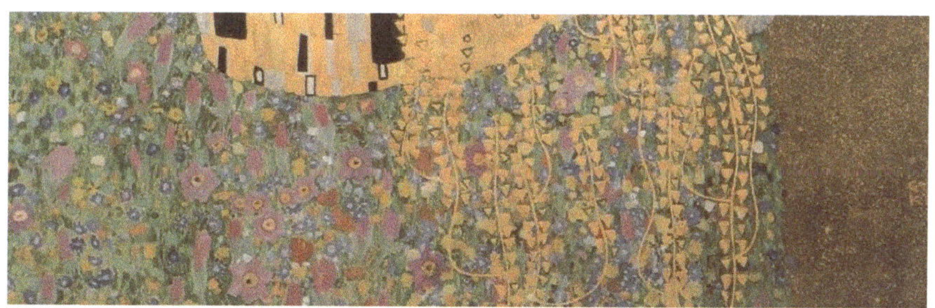

„Der Kuss" (1907/08) - Detail

Äpfeln und Blättern dargestellt, dass es unwahrscheinlich erscheint, dass ein solcher Stamm diese Fülle würde tragen können. Darum geht es Klimt also nicht. Vielmehr erzeugen

Laub und Früchte aus farbigen Tupfen eine flirrende Sommerleichtigkeit, als wehe ein warmer Wind durch die Zweige. Die dargestellte Flächigkeit differenziert und vervielfältigt sich in der Nahsicht. Die Wiese gleicht der dem blühenden Rasenstück im unteren Teil des Gemäldes „Der Kuss". Im „Bauerngarten mit Sonnenblumen" (1907) werden die Blumen zum abstrakten Arrangement in flächig unterschiedlich behandelten Parzellen. Aber auch die kleinteilig ornamentalen Farbflächen in seinen Personendarstellungen wie etwa dem Porträt der „Adele Bloch-Bauer" (1907) zeigen im Prinzip solche dekorativen Muster, die freilich dort eine größere, auch an geometrische Formen angelehnte Variation zeigen. Sie lassen die Dame hinter dieser sehr vielfältig gestalteten Fläche geradezu verschwinden. Sie, als Juwel, wird eingefasst in Edelsteine.

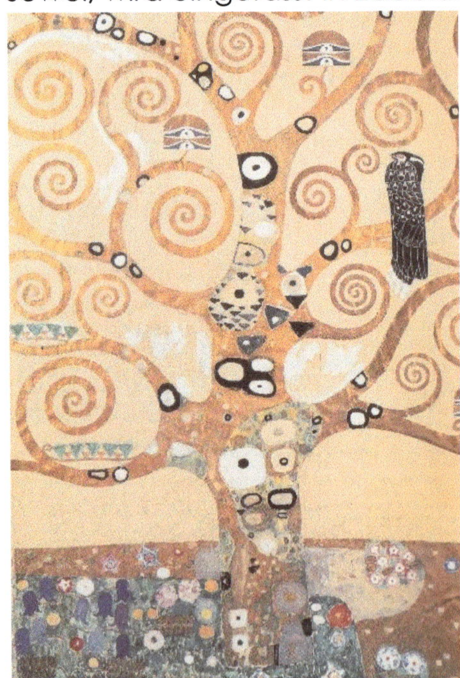

Gustav Klimt:
„Lebensbaum",
Werkvorlage
zum Stocletfries,
um 1905-09

Der Stoclet-Fries ist ein achtteiliger Wandfries von Gustav Klimt, den er für den Speisesaal des Palais Stoclet in Brüssel entworfen hat. Heute befindet sich der Fries im Museum für angewandte Kunst in Wien.

Bei Klimt wird der Lebensbaum in diesem Gesamtkunstwerk ästhetisch stilisiert, weitgehend als Mosaik realisiert. Wiederentdeckte Mosaike in Ravenna kommen zu den in den Wiener Werkstätten beliebten Mustern hinzu. Doch handelt es sich auch hier um ein paradiesisches Szenario mit dem „Baum der Erkenntnis", dessen Äste aus goldenen Spiralformen bestehen, in die unter anderem auch abstrakte Blüten eingearbeitet sind. Doch enthält der Fries als Ganzes unter dem Titel „Erfüllung", ein Motiv, das Klimt in dem oben erwähnten berühmten Bild „Der Kuss" (1907/08) wieder aufgenommen hat. Damit sind die Themen Mann und Frau und Lebensbaum auch hier miteinander verknüpft. Die Spiralen breiten sich zu einem netzartigen Geflecht aus. Für Klimt ist die Spirale Symbol des Goldenen Zeitalters und vereint, was ihm wesentlich erscheint. So kommt es zu einer Verbindung von Frau und Baum in einer paradiesischen Welt, die mit dem schwarzen Vogel auch den Tod miteinbezieht. Der Lebensbaum wird bei Klimt zum Kreislauf des Lebens, wie auch Sigmund Freud ihn versteht.

Doch nimmt Klimt hier vielleicht bewusst oder unbewusst Bezug auf ältere religiöse Vorlagen, wie sie in den Spiralästen des Hochreliefs der „Wurzel Jesse" am Hauptportal der Kirche St. Lamberti in Münster / Westfalen aus der Mitte des 15. Jahrhunderts auftauchen. Auch dort sind die Zweige in großen Spiralen gestaltet, die vom Stamm als Achse ausgehen. Die Symmetrie spiegelt hier, anders als bei Klimt, gewissermaßen die göttliche Ordnung. Zwischen beiden Werken liegt eine Zeitspanne von etwa 400 Jahren.

Paul Klee (1879-1940)

„Landschaft mit Accenten" 1934, 195

Vordergründig ganz anders arbeitet Paul Klee in „Landschaft mit Accenten". Hier könnte man wieder Kinderzeichnungen als Anregung vermuten, doch schafft Klee ein lineares Netz aus zwei Laubbäume. Ähnlich arbeitete van Gogh mit zwei Zypressen. In beiden Fällen schaffen sie so eine zusätzlich Spannung. Bei Klee verdichten sich die beiden Stämme und ihre Zweige zu einem reinen Liniengeflecht, auf dem viele kleine Blätter sitzen wie kleine Vögel, zum Abflug bereit.

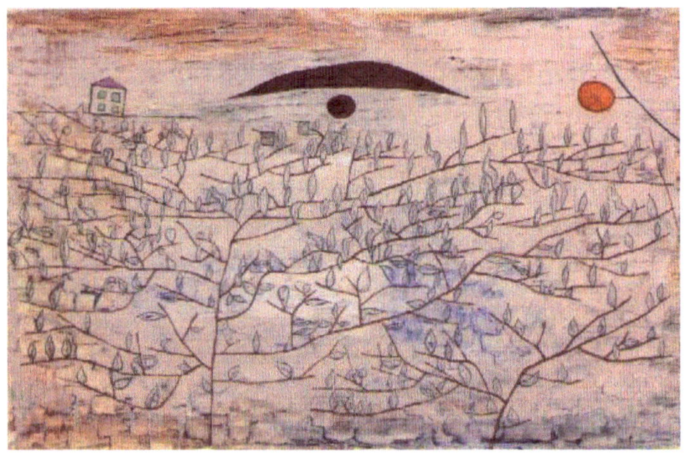

Paul Klee, Landschaft mit Accenten, 1934, 195

Paul Klee, Landschaft mit Accenten

Eine Landschaft aus Zweigen
Verästelungen mit Blättern
wie kleinen Vögeln, wobei

die Linien sich wie im Vexierbild
in Landschaftskonturen
verwandeln – Mauerschau
in glitzernd blaue Seen –
am Horizont ein Haus
in der Größe einer roten Frucht
und im Zentrum der Hügel
der durch die schwarze Pupille
zur Braue sich wandelt und
den menschlichen Blick
ins Bild bringt.

Bei Edvard Munch finden wir den Apfelbaum als strukturgebend, wie auch bei Piet Mondrian. Ähnlich wie dieser, was noch zu zeigen sein wird, benutzt auch er das Astwerk als Grundstruktur für die Vernetzung seiner Figuren. Diese Einbindung in das Geflecht der Zweige geht bei ihm einher mit der Verwirrung der Figuren. Munch nimmt die äußere Struktur als Mittel, innere Konflikte darzustellen. Der Apfelbaum ist gleichzeitig Symbol für eine alte Geschichte, die für Munch eng mit seiner eigenen Lebenserfahrung verbunden ist.

Auch Gustav Klimt malt einen Apfelbaum, der das Format des Bildes füllt und seine Struktur bestimmt. Doch ist es für Klimt reines Spiel mit dem Ornament, mit dekorativem Raster. Der Apfelbaum als solcher hat keinen über seine bloße Struktur hinausgehenden Wert.

In „Landschaft mit Accenten" benutzt Paul Klee das Astwerk der beiden Bäume als Raster, das sich bei ihm um die Landschaft legt, sie in Kleinstparzellen unterteilt. Es ist ein Spielen mit dem Motiv, das als solches nicht relevant erscheint. Und doch ist bei allen drei Malern der Baum nicht unwesentlich und sei es auch nur als Anmutung, als Assoziation, die Struktur entstehen lässt.

Piet Mondrian findet seinen Weg in die Moderne und in die Abstraktion mit Hilfe der Bäume. Auch er sieht im Astwerk der Bäume ein Geflecht, das sich immer mehr verselbständigt und ihn schließlich zur reinen Abstraktion führt. Doch das ist ein langer Weg, den Mondrian konsequent geht.

Piet Mondrian (1872-1949) Von den Bäumen in die Abstraktion

Piet Mondrian (1872-1944) gehört mit Kasimir Malewitsch und Wassilly Kandinsky zu den prominentesten Vertretern der abstrakt-geometrischen Kunst. Spätestens mit der Gründung der Gruppe *De Stijl* 1917 in Leiden ist er mit seinen streng geometrischen, zumeist lediglich in Primärfarben ausgeführten Werken einer der wichtigsten Künstler der Klassischen Moderne.

Doch Mondrians Weg in die Abstraktion ist lang. Er steht zunächst unter dem Einfluss der Maler von Barbizon, Camille Corot, Gustave Courbet und Jean-François Millet, deren Kunst wiederum auf die holländische Landschaftsmalerei des 17. Jahrhunderts zurückgeht. Die Maler von Barbizon sind die ersten, die ihre Staffelei draußen vor ihrem Motiv aufstellen. Sie malen Landschaften mit Wäldern und Bäumen. Die Freiluftmalerei war möglich geworden dadurch, dass Ölfarben in Tuben angeboten wurden, was die Voraussetzung für die um 1872 einsetzende Technik des Impressionismus' schuf.

Claude Monets Bilder sind Mondrian durchaus bekannt. Sein frühes Werk weist starke Bezüge auf zu Monets berühmter Pappelserie, die dieser ab 1891 malt. In diesen Pappeln vibriert das Licht [20]– der Augenblick wird bedeutend, die Impression – es ist die Zeit des Impressionismus.

Später dann wird Mondrians Landsmann Vincent van Gogh Vorbild. Er versucht sich auch an divisionistischen Techniken, der expressiven Farbigkeit der Fauves und schafft doch mit seinen bewegten Pinselstrichen, dem spiralig konturierten südlichen Himmel, den bewegt-belebten Zypressen des Südens seinen ganz eigenen Stil.

Mondrian zeigt großes Interesse an theosophischen Themen, die um die Jahrhundertwende kursieren. 1888 hat die russische Theosophin Helena Petrovna Blavatsky eine Geheimlehre publiziert, die okkulte Ideen vom Übersinnlichen mit Bruchstücken gerade übersetzter Sanskrittexte aus Indien vermengt. Für Mondrian ist ihr Einfluss prägend. Während zu Beginn in seinen flachen holländischen Landschaftsbildern die Horizontale dominiert, beginnt mit Kirch- und Leuchttürmen, mit Windmühlen und Bäumen die Vertikale als zweite Koordinate die Bildfläche zu beherrschen. Darin verbergen sich Bemühungen zur Darstellung von Transzendenz. Bis zu seinem Lebensende bleibt Mondrian Mitglied der Theosophischen Gesellschaft und bekennt sich als geistesverwandt mit dem Anthroposophen Rudolf Steiner. Wie dieser ist Mondrian fasziniert von Goethes Farbenlehre, übersieht dabei, dass Isaac Newton vom Farbspektrum des Lichts ausgeht, Goethe aber von der Aquarellfarbe auf dem Papier. Farbe hatte für beide Symbolcharakter. Gelb ist bei Goethe die Lichtfarbe, Blau verweist auf

---

[20] Abbildung und Beschreibung auf S. 88/89

Dunkelheit. Solche Beobachtungen werden später zu Mondrians reduzierter Palette führen. Esoterisches Gedankengut liefert also bei diesem Maler den Überbau der Abstraktion. Doch ist es erst der Expressionismus, der den Versuch unternimmt, emotionales Erleben durch Farbe auszudrücken, Farbe, die ihren Abbildungscharakter dadurch verliert, dass sie die reale Farbe ihres Objekts missachtet. Das hilft Mondrian hinter die reale Welt der Dinge zu blicken.

Dazu kommt, dass 1908 der beginnende Expressionismus die innere Gefühlswelt in den Vordergrund rückt und die reale Farbigkeit zurückstellt. Man versucht nun, hinter die sichtbaren Dinge zu dringen. Damit werden die Bilder automatisch abstrakter. 1908 benutzt Mondrian zum ersten Mal die reduzierte Farbpalette aus den drei Primärfarben Gelb, Blau und Rot. Im „Roten Baum" von 1908 verzichtet Mondrian ganz auf die Naturfarben und benutzt fast nur noch Rot und Blau mit wenigen gelben Pinselstrichen. Noch ist der Baum als solcher gestaltet, doch ist das Astwerk schon zu einem wilden Netz verwoben.

Die Entwicklung Mondrians zur Abstraktion lässt sich am eindrucksvollsten an Hand des Baummotivs zeigen, das um 1910 größere Bedeutung annimmt und schließlich zu seinem Hauptmotiv wird. Hier vollzieht sich der Übergang zur Gegenstandslosigkeit. Zur selben Zeit tauchen kubistische Formen auf, die deutlich auf den Einfluss von Picasso und Braque hinweisen.

Er beginnt nun Landschaftselemente, vor allem Bäume auf ihre stereometrischen Formen zurückzuführen. Die gerüsthaften Elemente werden vom Motiv abgelöst und verselbständigt.

Piet Mondrian, Paysage (Landschaft), 1912.

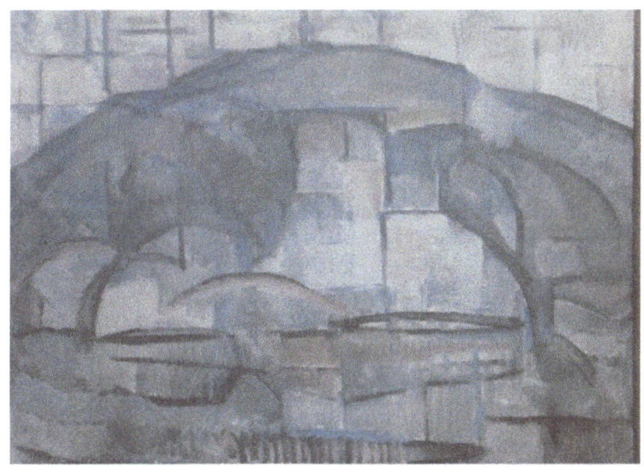

1912 malt er eine "Landschaft" (Paysage), die sich aus kubistisch quadratischen Flächen zusammensetzt, die aus horizontalen und vertikalen Linien ein Raster bilden. In den größeren quadratischen Formen kann man vage Gebäude erkennen. Drum herum sind durch runde Linien Baumkronen und Büsche auszumachen. Diese Szenerie wird von einem großen Hügelrund eingefasst. Ein lichtgrauer Himmel, ebenfalls leicht gerastert, schließt das in monochromem Blaugrau gehaltene Bild ab. Mondrian hat eine stark abstrahierte Landschaft in ein quadratisches Gitter eingepasst, das die einzelnen Elemente verbindet.

„Ich konstruiere auf einer Fläche Linien und Farbkombinationen mit dem Ziel, die allgemeine Schönheit möglichst bewusst darzustellen. Die Natur (beziehungsweise was ich sehe) inspiriert mich; ich möchte jedoch der Wahrheit möglichst nahe kommen und deshalb alles abstrahieren, bis ich zum Fundament (ein immer noch äußerliches Fundament) der Dinge gelange." Piet Mondrian, 1914

Noch 1916 nimmt er ein früheres Motiv wieder auf: „Bauernhof nahe Duivendrecht", mit dem er sich 10 Jahre zuvor intensiv beschäftigt hatte. Auf den ersten Blick scheint er hinter die gewonnene Abstraktion zurückzugehen. Schaut man aber genauer hin, so erkennt man in der Spiegelung im Wasser die verschwommenen Äste des Baumes sowie die Gebäude. Gerade der große Baum, der sich über die Gebäude wölbt, zeigt ein Raster, das sich von einer Darstellung der Natur entfernt.

Piet Mondrian, Bauernhof nahe Duivendrecht, 1916

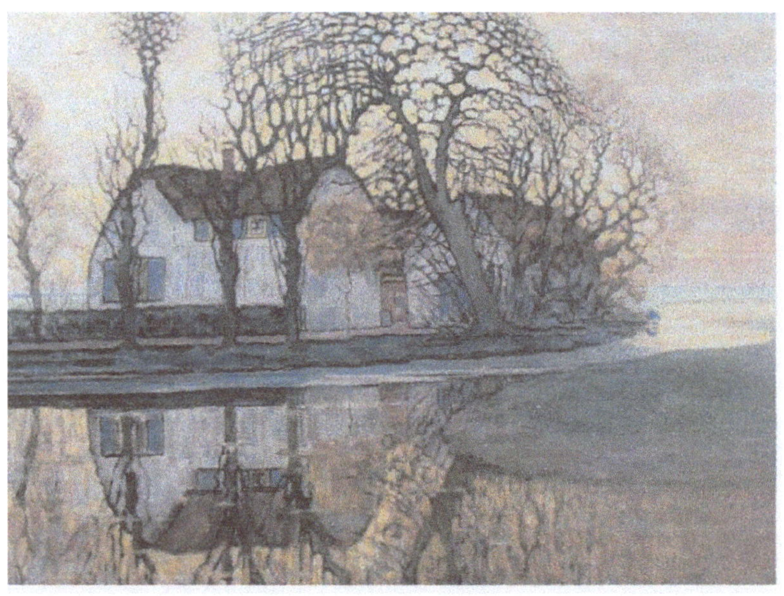

Von nun an wird man in der zunehmenden Abstraktion kaum noch einen Baum erkennen können. Die Radikalität der Kubisten muss Mondrian angeregt haben, die reale Welt hinter sich zu lassen. Ausgerechnet an Bäumen, diesen dem Menschen so verwandt erscheinenden Inkarnationen der Natur, versucht der Maler nun Schritt für Schritt diese Natur zu überwinden. Stamm und Äste werden auf grafische Kürzel zu bloßer Andeutung, auf kurze, aber kräftige Einzelstriche reduziert, das Laubwerk ist kaum noch in mattem Grau zu erahnen. Auf der nächsten Stufe, 1914, schwirren die freigesetzten Linien dann ohne erkennbare Ordnung kreuz und quer über die Bildfläche. Seine Baumstudien haben sich nun völlig aufgelöst in geometrische Formen, die zunächst noch recht ungeordnet abstrakte Baumstrukturen umspielen, den Baum als solchen hintanstellen und zur reinen Komposition werden. Er selbst spricht von der „Destruktion des Natürlichen", der Suche nach einer universellen Bildform.

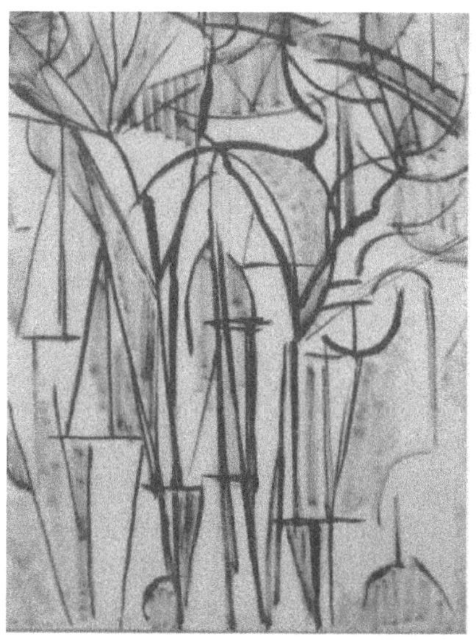

Composition
(Bäume 2), 1912

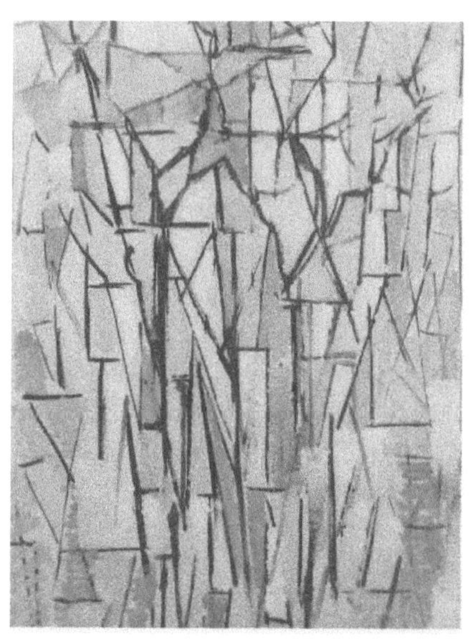

Baumstudien,
(for Painting No.2), 1912

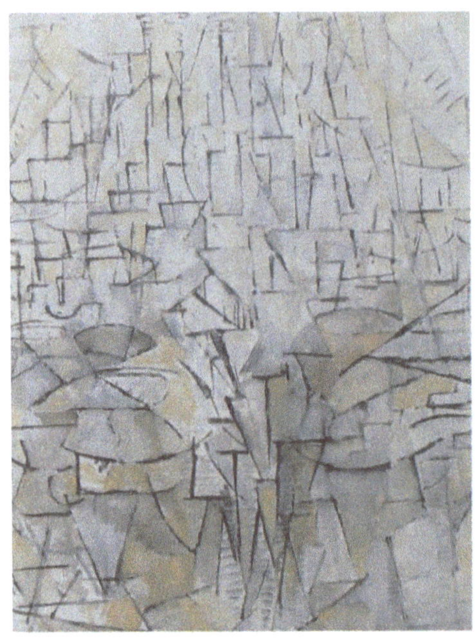

Tableau No.4
Composition No.VIII
/ Composite 3, 1913

Ab 1921 beginnt Mondrian mit seinen "neoplastischen" Arbeiten. Er selber nennt sie so, denn es handelt sich nicht länger um Abstraktionen, die sich auf Gegenständliches beziehen. Diese Werke stellen eine neue Art von Kunst dar. Solche Bilder beschränken sich auf vertikale und horizontale Linien, die quadratische oder rechteckige Formen durch schwarze Linien umschließen. Er beschränkt sich auf die Primärfarben Rot, Gelb und Blau und die Nicht-Farben Schwarz, Weiß und Grau. Die so entstehenden streng orthogonalen Gitter füllt er farbig, so dass Struktur und farbige Gestaltung zu einem harmonischen Ergebnis führen. Mondrian ist zum Konstruktivisten geworden, doch geht es ihm um eine Harmonie, die nicht aus der Abbildung von Figurativem entwickelt wird. Mondrian ist über Bäume zu seinem Raster gelangt, und doch weisen seine „neoplastischen" Bilder diese Herkunft entschieden zurück.

Piet Mondrian, Komposition mit großer roter Fläche,
Gelb, Schwarz, Grau und Blau, 1921

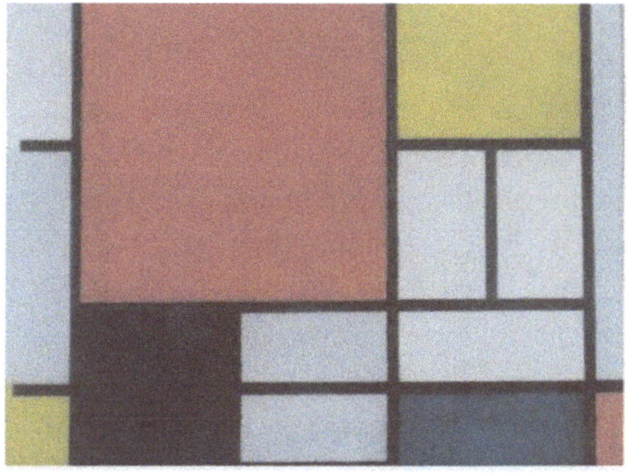

Die „neoplastischen" Bilder folgen einer geometrischen
Ordnung. Sie hat ihre Grundlage in den schwarzen Bändern. In ihnen sprechen sich die Grundrichtungen des Vertikalen und Horizontalen aus. Sie bilden ein Netz, das von
farbigen Flächen gefüllt wird, wodurch ein Gleichgewicht
entsteht, das an keine Symmetrie gebunden ist. Für Mondrian ist aber nicht das einzelne Bild von Bedeutung, sondern
der Prozess, durch den es immer aufs Neue zu einer Balan-
ce des Dargestellten kommt. Für den Künstler lag das Cha-
otische, Ungeordnete in der Natur. Dieser Zustand musste
durch den nun gefundenen Weg in eine vom Gleichgewicht bestimmte Ordnung überführt werden, die von der
Materie befreite, zum Geistigen führte. Diese Interpretation
wird durch Äußerungen Mondrians unterstrichen: „Vertikale
und horizontale Linien sind der Ausdruck von zwei gegen-
sätzlichen Kräften, welche überall sind und alles beherrschen. Ihr wechselseitiges Verhältnis macht das Leben aus."
Und: „Wenn man die Gestalt der reinen Realität erschaffen
will, so muss man die natürlichen Formen auf die konstanten

Elemente der Form reduzieren, die natürlichen Farben auf die elementaren Farben."

"Komposition mit einer großen roten Fläche" ist eines seiner ersten "neoplastischen" Bilder. Wir sehen in ihm sofort ein Ganzes. Es unterliegt keinem System. Alle Bilder dieser Phase, die wir heute als „Mondrians Stil" betrachten, ähneln einander nicht. In ihnen zeigt sich eine unendliche Variation dieser Grundidee. Jedes dieser Bilder verwirklicht einen einzigartigen Zustand des Gleichgewichts, hat eine spannungsvolle Ausgewogenheit. Und wie jeder Baum als solcher einzigartig ist, so ist jedes „neoplastische" Bild von Mondrian einzigartig.

Mit dem 1921 geschaffenen Prototyp eines „neoplastischen" Werks hat Mondrian das wohl meistkopierte und am häufigsten adaptierte Bildmuster der Moderne geschaffen. Kaum ein Motiv dürfte in der Gebrauchsgrafik, in der Werbung und im Design häufiger zitiert werden als Mondrians grafischer Setzkasten mit den darin verteilten Grundfarben. Die vom Bildrand abgeschnittenen Farbfelder, aber auch die über den Bildrand hinausdeutenden Koordinaten lassen die Assoziation zu, dass das Bild nur einen Ausschnitt aus einem größeren Zusammenhang zeigt, dass die Komposition über die Bildränder hinaus in den umgebenden Raum zielt. So ist es nur konsequent, dass diese Bilder sich zum realen Raum erweitern, zu Räumen, die der Künstler mehrfach selbst gestaltet hat, so sein eigenes Atelier, das in einer Ausstellung der Stuttgarter Staatsgalerie aufgebaut war. Wie stark der Einfluss Mondrians auch auf die Produktentwicklung ist, zeigen seine „neoplastischen" Motive auf Kleidung wie Pullovern, auf Taschen, Fächern, Tassen, Geschirrtüchern und Brillenetuis, die auch heute noch angeboten werden.

Piet Mondrian ist einer der Künstler, die einen langen Weg gehen mussten, um bei der reinen Abstraktion anzukommen. Seine „Reise" dauerte 30 Jahre, von 1891 bis 1921.

Folgende Anekdote bringt die Konsequenz seines Weges zum Ausdruck: Wenn Mondrian sich in ein Pariser Café begab, so soll er sich stets so gesetzt haben, dass er den Bäumen draußen den Rücken zukehrte. Er hat sie hinter sich gelassen, war angekommen. Für Mondrian gibt es von diesem Zeitpunkt an nur noch Geometrie ohne jeden Bezug zur Außenwelt.

Mondrians Weg geht aus von der holländischen Landschaftsmalerei, die eine flache Gegend zeigt, über die sich ein weiter Himmel wölbt. Das ist kein Zufall. Doch dann taucht eine vertikale Linie auf, der einzelne Baum oder der Kirchturm. Auf diese Weise kommt der Maler zu seinen Koordinaten, zum Raster, das auf dem rechten Winkel beruht, eine in der Tat calvinistische Strenge, die nicht im Widerspruch steht zu der Beschäftigung mit der Theosophie in früheren Jahren.

„Ich brauchte lange Zeit, um zu entdecken, dass die Eigenheiten von Form und natürlicher Farbe subjektive Gefühlszustände hervorrufen, die die reine Wahrheit verdunkeln. Die Erscheinung der natürlichen Formen ändert sich, aber die Realität bleibt. Um reine plastische Wirklichkeit zu schaffen, muss man die natürlichen Formen auf ihre kon-

stanten Formelemente zurückführen, die natürlichen Farben
auf ihre Grundfarben."   Piet Mondrian [21]

Mondrian und die Abstraktion: „Von Anfang an begnügte er sich mit einem ikonographischen Minimum. Im Unterschied zum Kubismus von Braque und Picasso, der eine
neue Bildschrift erfindet, eine Semiotik, die auch bei höchs-
ter Reduktion noch als Sprache funktioniert, gibt es bei
Mondrian mit einem Schlag nur noch geometrische Spuren,
die keine sinnlich fassbare Bedeutung mehr haben." [...]
„Mondrian sucht eine Kunst ohne Referenz in der Außenwelt." [...] Nachwehen der früheren calvinistischen Bilder-
stürmerei in Holland. Einen derart ausgeprägten Ikonoklas-
mus finden wir nicht einmal bei Kandinsky, lässt dieser doch
immer wieder Bruchstücke der Beobachtung wie ein Echo
auftauchen. Auch Malewitsch geht anders vor. Er erwartet
vom Betrachter eine Voreinstellung, die sich bei der Spiri-

---

[21] Ausstellung: Piet Mondrian- Natur und Konstruktion.
Museum Wiesbaden. (26.Oktober 2018 – 17 Februar 2019)
     Literatur zu Piet Mondrian:
     Gottfried Knapp: „Jenseits der Natur beginnt die Kunst.
Die Ausstellung ‚Mondrian und De Stijl' in München bebil-
dert eindrucksvoll den Weg zur Abstraktion." / SZ
17./18.4.11
     Werner Spies: „In der Brennkammer der Passion. Die
Rückkehr zum Gegenstand ist ausgeschlossen: Das Centre
Pompidou zeigt in Paris, wie sich Piet Mondrian mit dem
ikonographischen Minimum begnügte." / FAZ 13.01.11
     Kia Vahland: „Mehr Farbe. Piet Mondrian prägte die All-
tagsästhetik wie kaum ein anderer Maler. Eine Hamburger
Schau zeigt, welche visuellen Abgründe uns erspart blieben." / SZ 20.2.14

tualität von Ikonen absichert." „[Gruppe de Stijl] [...] den überindividuellen Anspruch einer geometrischen Kunst" [...] Mondrians Gesetzestafeln, die Entscheidung für Primärfarben und orthogonale Konstruktion" [...] Deshalb musste von Doesburgs Verwendung der Diagonalen als Todsünde gelten, die zur ständigen Trennung führte." [...] „Am Anfang des Werks steht, in der Tradition der holländischen Landschaftsmalerei, die flache Gegend, über die sich ein weit aufgerissener Horizont wölbt. Dieser Beginn ist alles andere als zufällig. Der Darstellung der Landschaft haftet etwas Pathetisches an. Eine vertikale Linie, die auftaucht, der einzelne Baum oder der Kirchturm setzen sich schnell früh als zweite, definitive Koordinate im Bild durch." [22]

Zu Mondrian und anderen:
Die Natur geometrischer Strukturen

Frei von Emotionen
die Gelassenheit
geometrischer Strukturen –
Manifestation des sich
von der Natur abgewandten
Nichts.   Befreiung von
den fossilen Resten,
der Gestik von Jahrtausenden.
Reduktion, Verdichtung:
Abstraktion eliminiert Leben
und verdankt ihr Sosein
doch der Natur

---

[22] Werner Spies: „In der Brennkammer der Passion. Die Rückkehr zum Gegenstand ist ausgeschlossen: Das Centre Pompidou zeigt in Paris, wie sich Piet Mondrian mit dem ikonographischen Minimum begnügte." FAZ 13.01.11

Hybride Wesen: Metamorphose von Baum und Mensch

Gian Lorenzo Bernini (1598-1680): Apoll und Daphne, 1622-25

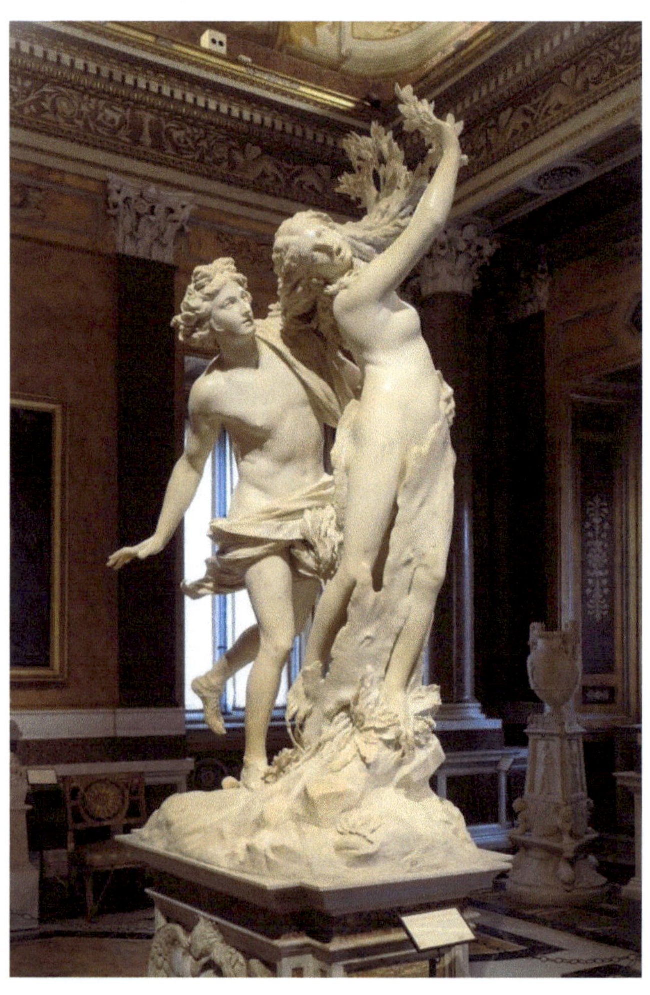

Auffallend viele der in den 1940er und 1950er Jahren entstandenen Skulpturen zeigen Prozesse der Veränderung im Sinne einer Metamorphose. Es entstehen Mischwesen aus Mensch und Natur. Ovids Metamorphosen stehen am Anfang: Die Geschichte von Apollo und Daphne, die sich ihm durch die Flucht entzieht. Bei Ovid ist ein Konflikt der Götter Ursache für eine Liebe, die nicht erwidert wird.

Es gibt also eine Vorgeschichte. Apollo hatte Eros, den Gott der Liebe, wegen seiner geringeren Kunst im Bogenschießen verspottet. Daraufhin schoss Eros einen seiner spitzen Pfeile auf Apollo, der daraufhin in Liebe zu der Nymphe Daphne entbrannte. Daphne aber traf ein stumpfer Pfeil, der sie für jeden Liebhaber unzugänglich machte.

Und so floh Daphne und bat ihren Vater, den Flussgott Peneios, in letzter Minute um Hilfe, worauf sie augenblicklich Wurzeln schlug und sich in einen Lorbeerbaum verwandelte. Aber als Gott der Musik und des Bogens bestimmte Apollo, dass von nun an ein Lorbeerkranz seine Leier, seinen Köcher und das Haupt der Sänger ziere. Der Lorbeer wurde zu Apollos heiligem Baum.

Gian Lorenzo Bernini hat 1622-1625, nahe am Text des Ovid, die Metamorphose der Nymphe als Skulptur gestaltet. „Da fällt eine schwere Erlahmung / Ihr auf die Glieder, die schwellende Brust überzieht sich mit feiner / Rinde; es wachsen die Haare zu Blättern, zu Zweigen die Arme; / Auch die Füße, soeben so rasch noch, sie hangen in trägen / Wurzeln, das Haupt wird Wipfel: was bleibt ist glänzende Schönheit." Apollo liebt auch den Baum: "er legt an den Stamm seine Rechte; / Unter der Rinde, der neuen, erspürt er noch immer des Herzens / Flatternden Schlag. Da umschlingt er die Zweige wie Glieder mit seinen / Armen und küsst das Holz, das noch jetzt von den Küssen zurückbebt.“ [23] Die Skulptur steht heute in der Villa Borghese in Rom, mit fast 2,5 Meter Höhe überlebensgroß aus Carrara-Marmor.

Um die ganze, grazile Schönheit der bewegten Skulptur zu erfassen, muss man sie umschreiten, beginnend mit dem noch im Laufschritt dahineilenden Apollo. Sein Gewicht ruht auf dem rechten Bein, während sein linkes Bein sich noch im Prozess des Laufens befindet. Dem entsprechend ist der rechte Arm nach hinten gebeugt, während der linke Arm bereits zur Umarmung Daphnes ansetzt. Geht man weiter, so hat man den nackten, mädchenhaften Körper der Nymphe im Blick die, sich windend, mitten in der Verwandlung begriffen ist. Im Gegensatz zu Apollo aber ist Daphne schon fest mit dem Boden verwachsen. Baumrinde wächst schon seitlich hoch bis zur Hüfte, und aus den Armen treibt schon der Lorbeer Äste und Blätter. Trotz der Verweigerung Daphnes strahlt die Skulptur eine innige Harmonie aus, die sich aus den aufeinander bezogenen Körperhaltungen ergibt. Auch der Schrei der Verzweiflung, der dem leicht geöffneten Mund der Nymphe zu entweichen scheint, stellt kein Gegengewicht dar.

---

[23] Übersetzung: Hermann Breitenbach in Ovid: Metamorphoses / Verwandlungen, dtv zweisprachig, Zürich 1991[6]

Germaine Richier (1902-1959)

L'Homme-forêt (Waldmensch), 1945
Bronzeguss 2007

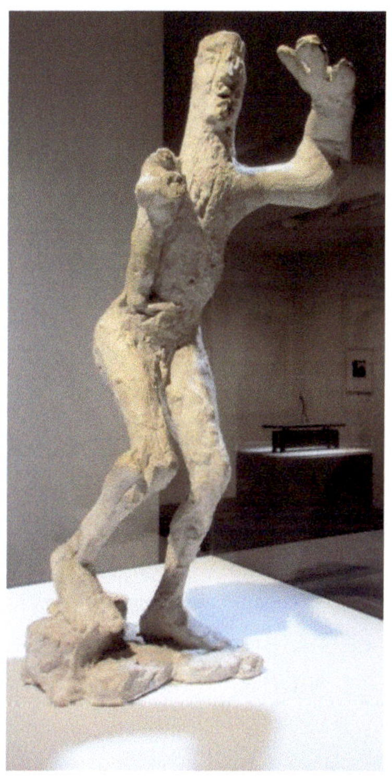 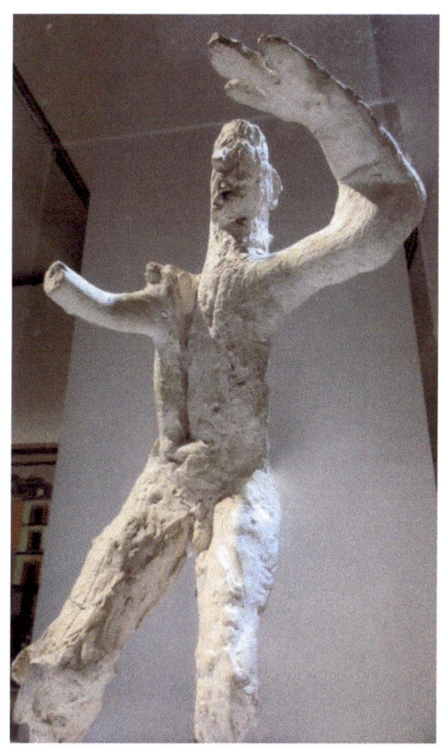

Der Körper des Waldmenschen gleicht einem Baum, der beschnitten, verwundet, fragmentarisch erscheint. Die Rinde, die Borke ist zerklüftet, zerschunden. Ein Ast-Arm ist abgebrochen. der andere greift in Überlänge nach oben, zum Kopf, zur Baumkrone. In seiner Gestik liegt etwas wild Entschlossenes, so als wolle er das Leben umarmen, ein Mensch werden, sich lösen, heraustreten aus der Verwurzelung, in eine zur Geschichte der Daphne umgekehrte Metamorphose eintreten. Sein rechter Fuß ist stärker gebeugt und ruht auf dem Ballen, während der linke Fuß flach auf dem Untergrund steht. Es war offenbar die Absicht der Künstlerin, dass ihre Figuren einerseits etwas Stilles, in sich Ruhendes darstellen und doch in einem bewegten Prozess begriffen sind. Das stimmt überein mit der Skulptur Berninis von Apollo und Daphne aus einer ganz anderen Zeit, die eine klassische Schilderung eines solchen Vorgangs darstellt. Richier dagegen geht es um die Nähe von Mensch und Natur, um ihr Auf-einander-bezogen-Sein.

Germaine Richier, La Forêt („Der Waldmensch"),
1945-1947, Bronze
Geschenk von Marguerite Aimé Maeght an das Picasso Museum in Antibes

Dieser „Waldmensch" ist schlank und gleichzeitig stämmig. Die schrundige Haut ist die Borke des Baumes, die jeglicher Glätte und jeglichen Gleichmaßes entbehrt. Ein Arm in Überlänge windet sich wie ein Ast den Körper entlang zum Kopf, zur Baumkrone. So wird der Baum zum Menschen, übernimmt die Formen des Menschen, kehrt dessen Inneres nach außen. So lebt der Mensch aus und mit den Formen der Natur.

Die Figuration „Der Wald" ist eine Skulptur von eineinhalb Meter Höhe. Der Schriftsteller und Philosoph Georges Limbour (1900-1970), der die Figur in noch unvollendetem Zustand in Richiers Atelier sah, erinnert sich, dass die Künstlerin ihm am Schluss seines Besuchs noch unbedingt etwas zeigen wollte. Sie löste feuchte Tücher von einer Figuration, die sie damit vor ihrer endgültigen Fertigstellung, sie sprach von „Geburt", schützen wollte.

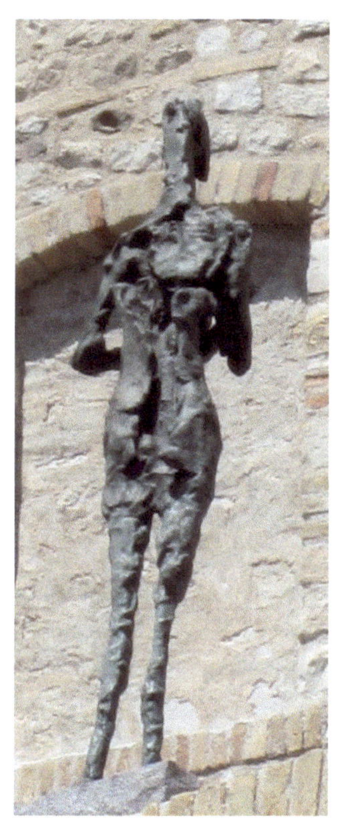

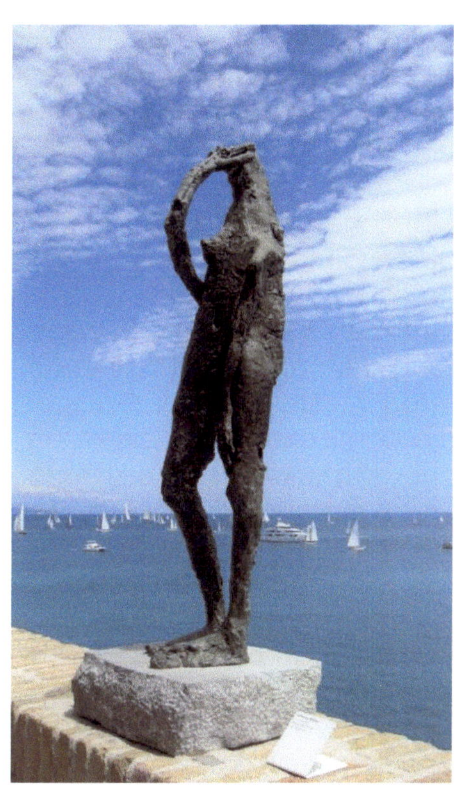

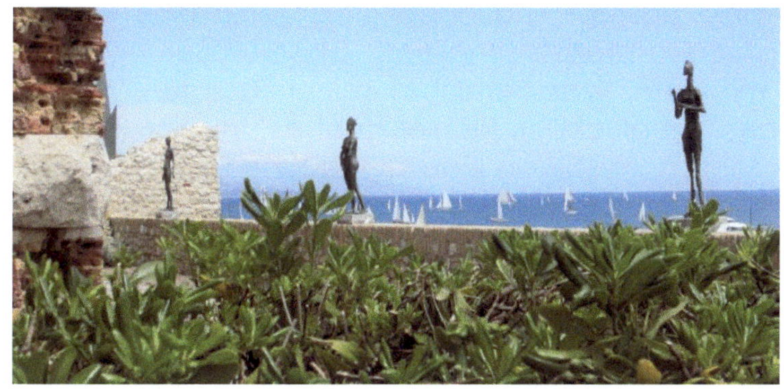

Diese Arbeit, noch im Prozess des Werdens begriffen, bestand aus einem sorgfältig ausgewählten Ast eines Baumes, aus Lehm, Draht und wohl auch aus Moos, das noch auf dem Ast lag. Diese unterschiedlichen natürlichen Elemente waren zweifellos vergänglich und das Ergebnis einer plötzlichen Inspiration der Künstlerin und würden später durch Gips ersetzt.

Ein Jahr später, 1948, begegnete Limbour der Bronzefassung der Skulptur auf einer für Germaine Richier ausgerichteten Ausstellung der Galerie Maeght. Er erinnerte sich an die Komposition aus einer Anzahl unterschiedlicher, natürlicher Materialien. So erkannte er im rechten Arm den Abdruck eines knorrigen Asts, der Arm und Schulter formte. Es handelte sich um eine Art von Collage, mit dem Unterschied, dass hier Objekte der Natur, des Waldes, vollständig in eine menschenähnliche Figuration integriert wurden. Der Prozess auch bei dieser Figur ist ein umgekehrter zu dem der Daphne, die vom menschlichen Wesen in die Natur, in einen Lorbeerbaum, überführt wurde. Richier soll ihre Absicht bei der Kreation der Mischwesen so beschrieben haben, dass sie nicht versuche, Bewegung vorstellbar zu machen. Sie wolle vielmehr den Eindruck erwecken, dass ihre Figuration ruhig dasteht und doch gleichzeitig eine Bewegung, einen Lebensprozess, impliziert. Diese Äußerung verbindet sich mit dem, was Bernini in seiner Skulptur "Apollo und Daphne" geglückt ist. Richier geht es um eine Erweiterung des Menschenbildes in eine psychische Dimension, die Deformation infolge von Verwundung zur Darstellung bringt und eine Verfremdung mitformuliert. Ihr Werk sei im Wesentlichen surrealistisch, wird sie schließlich konstatieren.

Germaine Richiers Figuren im Musée Picasso in Antibes sind mit einer rauen Borke bedeckt, mit Wucherungen und

Knorpeln. Auch hier liegt der Gedanke an Bäume, an eine Verwandtschaft von Mensch und Natur, insbesondere von Mensch und Baum nahe.

Germaine Richier, La grande Mante (Große Gottesanbeterin), 1946

Vermenschlichung eines Insekts oder Verwandlung einer menschlichen Figur in ein Insekt? Kopf und Körper haben eindeutig anthropomorphe Züge. Die Extremitäten allerdings haben etwas Insektenhaft-Bizarres an sich. Die Fangarme suggerieren die Haltung einer Orante, einer Anbetenden, was im deutschen Namen des Insekts schon angelegt ist. Ihr Insekten-Mensch grenzt ans Fantastische, Surreale, scheint einer prähistorischen Welt anzugehören, die die Künstlerin in den Wäldern um ihr Atelier wahrgenommen haben muss.

Wer ist Germaine Richier, die die Wechselbeziehung von Mensch und Natur, das Hybride, so stark in ihr skulpturales Werk einbezieht?

Die Künstlerin wird 1902 in der Nähe von Arles geboren und stirbt 1959 in Montpellier. Sie wächst in einer Weinbauernfamilie auf, was sicher wichtig ist für den Bezug zum Gewachsenen, zur Natur, wo sie früh den knorrigen Rebstöcken begegnet, die später wieder aktiv in ihr Bewusstsein treten.

Der Rebstock
beschnitten
früh und
Jahr für Jahr
windet und

krümmt sich
verknotet und
wie es scheint
uralt und ohne
Leben – und doch
treibt er aus
später als andere
und gut beschnitten
treibt er Blätter und
Trauben hinein
in den bunten Herbst.

Verkrümmt und
verknotet – so fühlt sich
der Mensch
in seinem Innern –
und das ist es, was
die Künstlerin
wohl aus der Kindheit
in ihre Kunst trieb.

Gegen den Willen ihrer Eltern setzt sie eine Ausbildung zur Bildhauerin durch, studiert unter anderem bei Emile-Antoine Bourdelle, einem Schüler von Auguste Rodin, wo sie in die Tradition der Bildhauer eingeführt wird. Mit ihr studiert zur selben Zeit Alberto Giacometti, dessen Existenzialismus mit der Philosophie von Richier verwandtschaftliche Züge aufweist. Richiers Figuren können in der Tat als der Sicherheit beraubte Existenzen betrachtet werden. Ihre schrundig aufgerissenen, in Drahtverspannungen eingepassten Figuren verweisen auf ein Menschenbild, das beim Übergang von Mensch und Natur eine zentrale Rolle spielt. Ihre hybriden Mischwesen zeigen eine starke Identifikation mit der Natur, die den Menschen zum Teil der Schöpfung werden lässt, ihn nicht über die Natur stellt. Insofern ist Germaine Richier eine sehr moderne Künstlerin, die heute vielleicht von einem Laienpublikum leichter verstanden werden kann als zu ihren Lebzeiten.

Die Hamburger Kunsthalle, die 2021 eine Ausstellung mit dem Titel: „Von Mischwesen – Skulptur in der Moderne" von dem Kunsthistoriker Jasper Warzecha kuratieren ließ, bezieht sich in erster Linie auf die 1940er und 1950er Jahre, „die geprägt waren von politischen und sozialen Umbrüchen." Dies habe auch die Kunst beeinflusst, die sich „mit den Themen Veränderung und Transformation, aber auch mit dem Urtümlichen der Natur befasste" und sich als Gegenpol verstand und sich von den dominierenden Gestalten nationalsozialistischer und faschistischer Kunst absetzte. Im Fokus der Hamburger Schau stand Germaine Richier mit dem „großen Schachspiel" (1959/60). Es handelt sich um fünf surrealistische Figuren von König, Dame, Läufer, Springer und Turm, die sich durch eine gebrochene Formensprache auszeichnen und als Mischwesen aus Mensch, Tier und leblosen Objekten erscheinen. Hier ist die Künstlerin, kurz vor ihrem frühen Tod, noch einen Schritt weitergegangen und hat Skulpturen geschaffen, die den Übergang von Mensch und Natur, ihre Vermischung verunklart und sich jeder Eindeutigkeit der Interpretation entzieht. Es handelt sich um ihren höchst persönlichen Surrealismus.

Die Formensprache der Natur erweist sich als Metapher für den Kreislauf des Lebens von Werden und Vergehen und betont auch die Resilienz, die Widerständigkeit gegenüber Verwundung, Verletzung, Bedrohung, Gefährdung, die das Geschehen des Zweiten Weltkriegs stärker ins Bewusstsein gerückt hat.

Fritz Wotruba

Noch während des Krieges haben Germaine Richier und Fritz Wotruba sowohl im Kunstmuseum Winterthur (1942), als auch in der
Kunsthalle Basel (1943) zusammen
ausgestellt. Und so ist es nicht verwunderlich, dass auch Fritz Wotrubas Skulpturen auf organisch
gewachsene Strukturen Bezug
nehmen. Seine in Hamburg ausgestellte Skulptur „Torso" (1953/54)
erinnert in ihrer reduzierten Form
und der strukturierten Maserung,
den sich wiederholenden waagrechten Kerben an einen Baum,
der aus einzelnen Teilen zusammengefügt wurde und der doch zugleich die Schreitbewegung einer
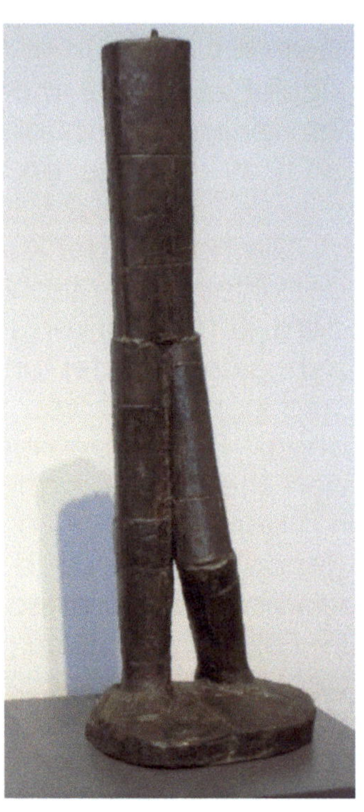
menschlichen Figur abbildet. Eine solche Bewegung ist dem
Baum verwehrt, der am Ort verwurzelt bleibt. Auch Wotrubas Figuren weisen auf den verwundeten Menschen hin,
der auch als Torso Teil der Natur bleibt.

Ioannis Avramides (*1922) [24]

Anders wirken Werke des griechisch-stämmigen Ioannis
Avramides (*1922). Er arbeitet mit der reduzierten Form der
Säule, der Stele, die seinem griechischen Erbe entspricht.
Sein „Schreitender" (1966) ist Fragment insofern, als er nur

---

[24] Im Park der Villa Domnick steht die „Große Figur" von
1963, die in diesen Zusammenhang gehört (S. 27/28)

Beine und Körper äußerst reduziert auf einem kubischen Sockel zeigt und in weitest gehender Abstraktion auf einen klassisch idealisierten Körper bezieht. Sein „Schreitender" steht in totalem Gegensatz zum "Schreitenden" von Alberto Giacometti. Wo bei Giacomettis Skulpturen die schrundige Außenhaut Wirkung zeigt, ist es bei Avramidis Glätte. Der gezeigte Schritt ist zudem klein und bleibt Andeutung, die Figur ein Torso.

Karl Hartung (1908-1967)

Karl Hartung hat 1950 eine Skulptur geschaffen, die in ihrer geglätteten, von der Grundform der Stammentwicklung einer Buche, einer Gabelung ihres Stammes ausgeht, also die Natur zum Ausgangspunkt nimmt. Sein „Schreiten (Torso)" erinnert dennoch an den menschlichen Gang und bildet eine Art Urform ab, die den Baum mit dem Menschen verbindet. Hier ist die Gemeinsamkeit von Mensch und Natur das Thema, nicht die Verletzung, Verwundung, von der zuvor die Rede war. Hier schwingt vielleicht auch die Vorstellung einer vermeintlich urtümlichen Natur mit, die anknüpft an die von Goethe angenommene Evolution der Pflanzen aus einer Urform.

Im Skulpturenpark von Schloss Gottorf / Schleswig-Holstein steht eine Skulptur des Künstlers unter dem Titel „Urgeäst" (1950), die wie der fragmentarische Teil eines gefällten Baumes auf dem Boden aufliegt. Auch hier lassen die „Äste" an menschliche Gliedmaßen denken, was umso überzeugender erscheint, wenn man die Titel von weiteren Skulpturen der Zeit (ebenfalls in Schloss Gottorf) nimmt. So ist „Taille" aus dem Jahr 1955 ein sehr reduziertes, in seiner vereinfachten Form geradezu klassisch anmutendes Fragment

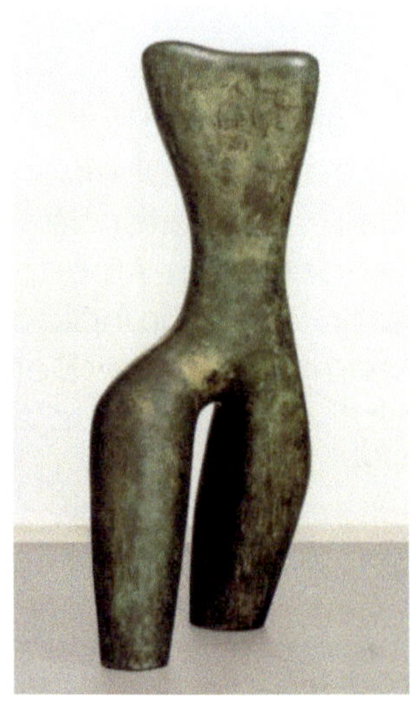

„Schreiten (Torso)", 1950

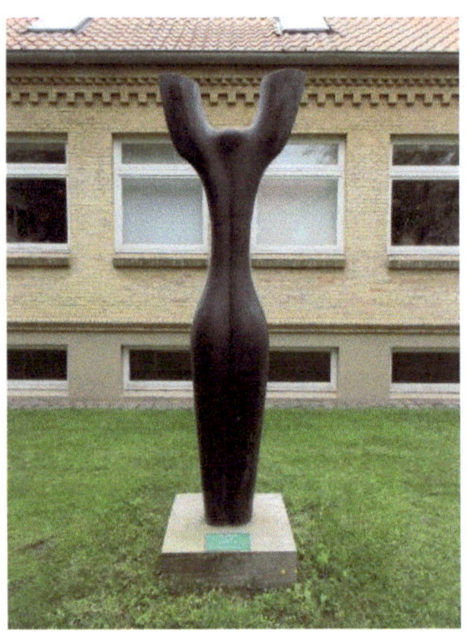

„Taille", 1955

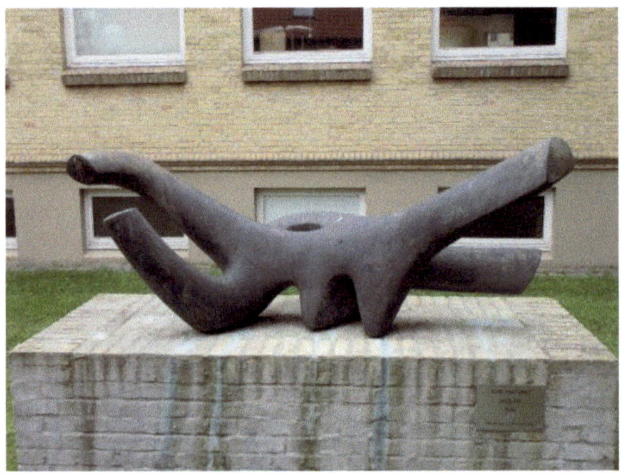

„Urgeäst", 1950

eines weiblichen Körpers, das eine Verwandtschaft zu dem Stamm eines gut gewachsenen Baumes nicht leugnen kann. Auch die „Große Liegende" (1951) mit gerundeten biomorphen Formen, die schon leicht an eine räumliche Collage grenzen, ist auf dem Weg zur Abstraktion. In der „Großen Sitzenden" von 1951/52 ist der männliche Körper klar Thema, doch tragen die Gliedmaßen und auch der

154

stark abstrahierte Oberkörper Züge eines Baumes. Weiter entwickelt ist die „Flügelsäule" etwa zehn Jahre später (1960/61), die die menschlichen Umrisse in einem skulpturalen Netz umgarnt und offenbar Flügel mit einschließend, nicht mehr allein der menschlichen Gestalt Ausdruck verleiht.

Henry Moore (1898-1986)

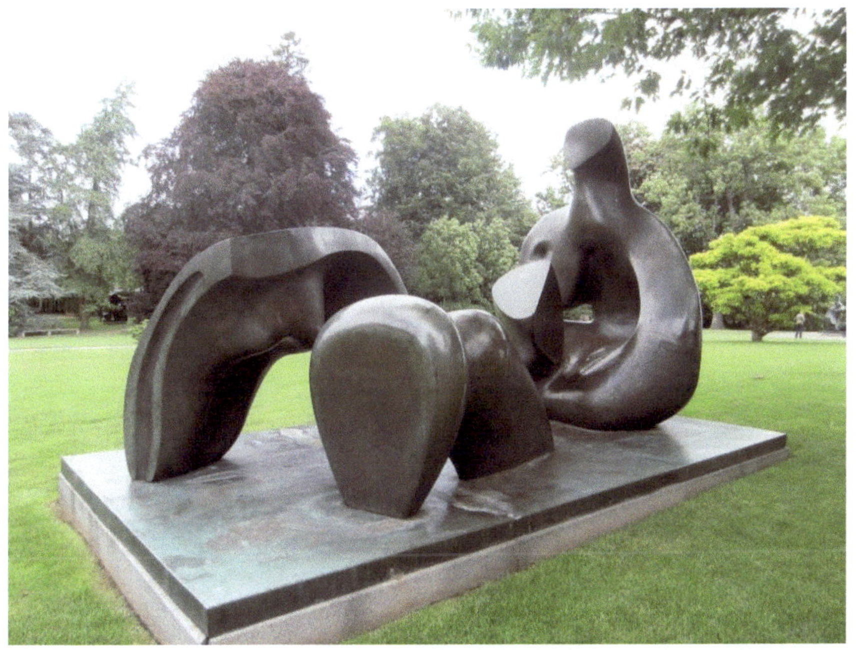

„Four-Piece Composition: Reclining Figure" (Liegende) (1934), in Bronze 1963-64

Die „Große Liegende" von Karl Hartung steht in einer langen Tradition. Schon ein Grabrelief aus der Totenstadt von Palmyra wird von Henry Moore aufgegriffen. In den

Jahrhunderten dazwischen hat das Motiv zu Meisterwerken geführt. Henry Moore nimmt 1934 in einer Figur aus Alabaster „Four-Piece Composition: Reclinig Figure" eine Trennung der Figur in vier Teile vor, die sich hier an geometrischen Grundformen orientiert. Im Skulpturenpark von „Louisiana" sind einige der schönen „Liegenden" zu betrachten. Man muss diese Figuren umschreiten, sie auch aus einer gewissen Distanz betrachten. Hier liegt stets eine Deformation vor, wie sie der Kubismus vorgibt. Doch wird vielleicht durch ihre Platzierung zwischen Bäumen ein solches Auseinanderfallen abgemildert. Der Betrachter vollzieht selbst eine Synthese.

Mathias Goertz (1915-1990)

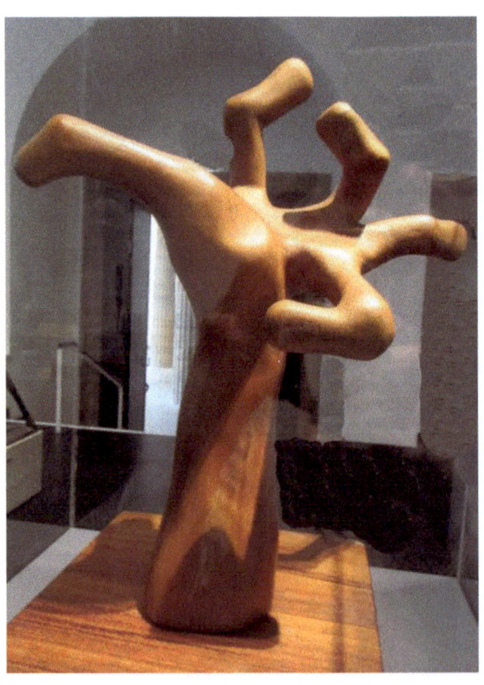

Mathias Goertz,
„Meine Hand", 1952

Hier wird die Natur zum Ursprung und Ziel für die eigene Kunst. Die Hand steht fragmentarisch für einen ganzen Baum, aber auch für den Mythos des Künstlers als gottähnlichem Schöpfer. Hier ist die Verwandlung zum Baum fast vollendet. Die fünf Äste erinnern an die fünf Finger, lassen aber auch an eine Baumkrone denken. Die Verwandlung der menschlichen Hand wird hier zum verkürzten Selbstporträt des Künstlers.

Hans (Jean) Arp (1886-1966)

Auch dem für den Betrachter völlig abstrakt arbeitenden Hans Arp ging es um den Menschen, doch verweigerte er jede Abbildung von Mensch, Natur und Kosmos. Letzterer spielt bei ihm eine größere Rolle, wie aus einem Titel wie „Träumender Stern" hervorgeht.

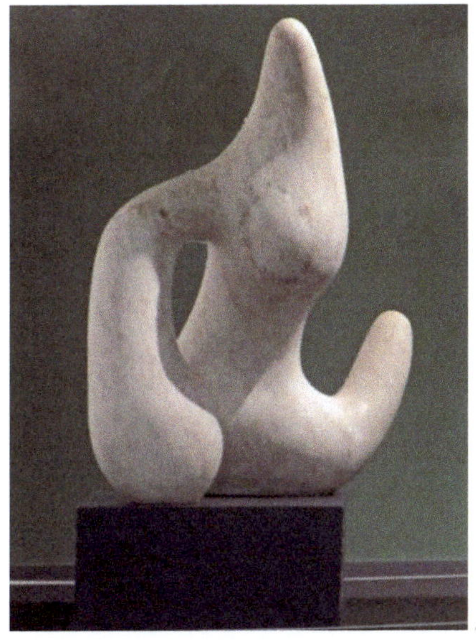

„Träumender Stern"
1958

Er erklärte sein Schaffen damit, dass er schaffen wolle wie eine Pflanze, die eine Frucht zur Reife bringt. Und so gleichen seine Skulpturen biomorphen Formen, die aus der Eiform abzuleiten wären, anders formuliert, solle das schöpferische Potenzial, das in der Natur stecke, zur Darstellung kommen. Er möchte vom Gegenstand weitgehend unabhängige Formen mit einfachsten Naturformen in Einklang bringen. Das unregelmäßig bewegte Oval gehört zu seinen Grundvokabeln. Er soll einmal gesagt haben, dass er seine Figurationen manchmal in den Wolken wahrnimmt, die in steter Bewegung, vegetabile Formen menschlichen anzugleichen scheinen.

Hans Arp geht also von einer abstrakt formulierten Metamorphose von Werden und Wachsen aus. Und er gibt organischen Plastiken den Titel: „Menschliche Konkretion", so

der Skulptur in „Louisiana": „Human Concretion on an Oval Bowl" (1948).
In der „Venus from Meuden" (1956), einem Torso, lässt sich noch entfernt ein femininer Körper erkennen. wie auch im „Flügelwesen" von 1961 (Abbildung).

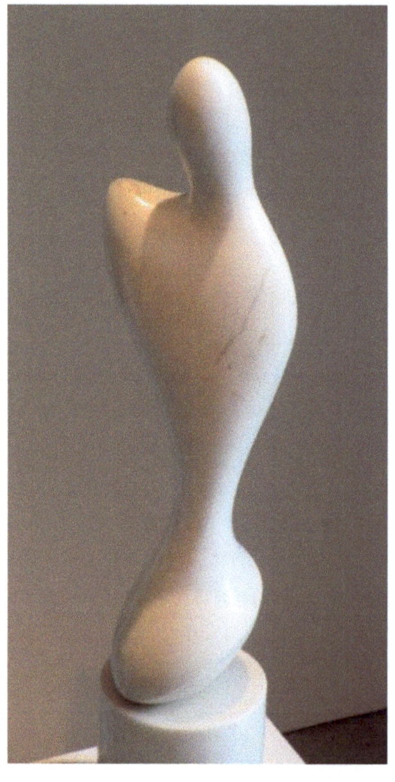

Die Menschwerdung einer plastischen Form stellt bei Hans Arp keine abstrahierende Stilisierung der menschlichen Gestalt dar. Eine solche Verfremdung hat wie der Titel etwas traumhaft Irreales. Man hat von „knospenhafter Formwerdung" gesprochen. Diese biomorphen Formungen sind bar jeder Verwundung oder Verletzung. Es sind Träume eines Poeten.

Das aus dem Italienischen kommende Wort Torso bezieht sich ursprünglich auf Teile eines Baumes, den Strunk, den Stumpf, den Stamm, auch auf eine Frucht und lässt sich in einer dem Ursprung des Wortes naheliegenden Weise auf Werke von Hans Arp anwenden. So löst sich sein „Torso mit Knospen" von 1961 weitgehend von der menschlichen Anatomie. Baum und Knospenschwellung entsprechen hier einer völlig biomorphen Formauffassung.

Literatur:

„Skulptur. Von der Renaissance bis zur Gegenwart", Band II (Köln 2006), besonders S.998-1069

Musée Picasso Antibes. A guide to the collections (Paris 2008)

Yoyo Maeght, The Marguerite and Aimé Maeght Foundation – Art and Life (2010)

Jasper Warzecha: Von Mischwesen. Skulptur der Moderne. Mit einem Beitrag von Karin Schick. Hamburger Kunsthalle 2021

Alberto Giacometti (1901-1966): Wald und Lichtung

Germaine Richier und Alberto Giacometti, die, wie schon erwähnt, zur gleichen Zeit bei Emile-Antoine Bourdelle, einem Schüler von Auguste Rodin, studierten, teilen die existenzialistische Sicht auf den Menschen. Auch wird man in der schrundigen Oberfläche der Figuren Gemeinsamkeit vermuten. Beide Künstler sind von der Umgebung ihrer Kindheit in ihrem Werk beeinflusst. Richier wuchs in einer Weinbauernfamilie auf, wo dem Mädchen die knorrigen Reben geläufig sein mussten. Später hatte sie ein Atelier, das an einen Wald grenzte. Giacomettis Herkunft ist ein enges Tal in Graubünden, das von Nadelwäldern und Gebirgsgipfeln eingegrenzt wird. So sind beide geprägt von Natur, den Bäumen und dem Menschen.

Der Bildhauer Alberto Giacometti (10.Nov.1901 geb.) im Bergell, stirbt am 11. Jan 1964 in Chur.

Alberto Giacometti

Stampa im Bergell
zwischen Gipfel und Ebene
wenig einladend zum Bleiben -
Steile schafft Enge
die der graue Tag noch verstärkt.
Hier sind Albertos
Figuren zu Hause
schreitend
verharrend
verankert gefangen
im schweren Granit
ist ihr Innen
nach außen gerichtet
verdichtet -
dem Stein verbunden
verflüchtigt sich die Form
löst sich die Zeichnung
im grauen Nebel der Tage.

In Bezug auf Giacometti spricht Sartre von einer „Kopernikanische Wende“ in der Bildhauerei.

„Es ist unmöglich, heute etwas nach der Natur
zu arbeiten.
Es unmöglich, mit etwas zu Ende zu kommen.
Es ist nichts Endgültiges möglich [...]
Aber ich komme der Sache ein wenig näher, denn:
Je mehr man scheitert, desto mehr erreicht man.“
Alberto Giacometti

Giacometti ist ein Fragender, Suchender, Zweifelnder, Verzweifelnder. Seine überlängten, zerbrechlichen Figuren, die wie verloren auf Sockeln in der Leere des Raums stehen, wirken so zart, dass man sich ihnen nähern, sie betasten möchte, doch lassen ihre groben zerklüfteten Oberflächen, ihr Aussatzartiges, Schrundiges sie im wahrsten Sinne des Wortes unbegreifbar machen, fast unnahbar erscheinen.

Eine Begegnung mit einem Menschen ist für den Künstler eine beinahe metaphysische Erfahrung. Giacometti kam offenbar durch eine Erfahrung des Alltags zu seinen schattenhaft schmalen Gestalten. Er sah eine Bekannte in der Ferne auf sich zukommen, und erblickte in dieser Distanz das Existenzielle des modernen Menschen, seine Ausgesetztheit und Verletzlichkeit. Damit steht er dem Existenzialismus eines Paul Sartre nahe, der, so Sartre, als erster auf den Gedanken kam, „den Menschen darzustellen, wie man ihn sieht, das heißt aus der Distanz. Die Figur, die unter seiner Hand entsteht, ist „zehn Schritte", „zwanzig Schritte" entfernt, und was immer sie auch tut, dort bleibt sie." Einer Figur von Giacometti kann man sich nicht nähern, so Sartre, im Gegensatz zu klassischen Skulpturen, in denen man sich nach Detailwahrnehmung verlieren kann. Giacomettis Figuren müsse man aus respektvoller Entfernung betrachten. Er will ihnen eine Schutzzone geben.

Eine Weile sind seine Figuren winzig, gehen in eine Streichholzschachtel. Doch dann stehen sie auf, im Verhältnis zu ihren schmalen Körpern voluminösen, meist kubischen Sockeln. Die Arbeiten werden größer und dünner, behalten aber ihre schrundige Oberfläche, die dem lebendigen Strich seiner Zeichnungen zu entsprechen scheint. Diese Figuren kreiert er mittels Armaturen aus Eisenstäben und Gips. Erst zu einem späteren Zeitpunkt werden sie in Bronze gegossen. Der Raum, in dem eine Figur von Giacometti steht oder schreitet, ist so wesentlich wie die Figur. Mit seinen voluminösen Sockeln orientiert sich der Künstler am Kubus, der die Grundform für die altägyptischen hockenden Figuren ist. Gerade in der Figur des ägyptischen Schreibers sieht er eine innere Verwandtschaft zum Schriftsteller, zum Künstler.

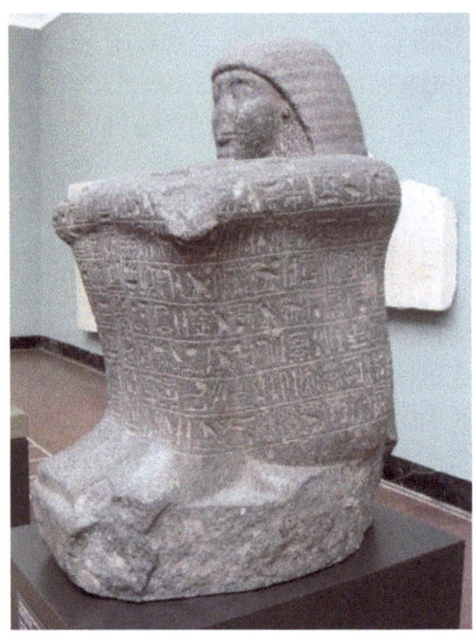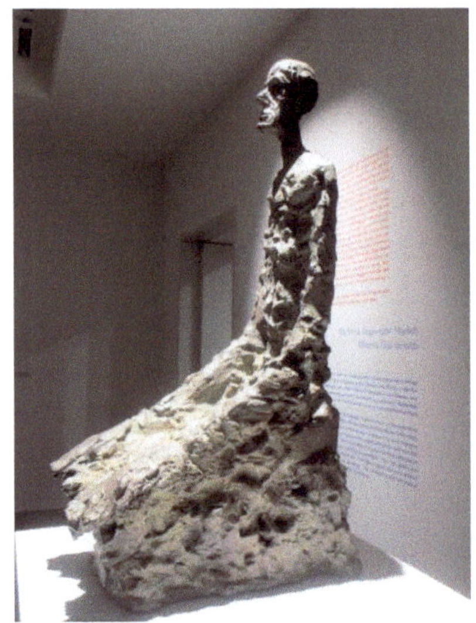

Giacometti stellt seine überschlanken Figuren betont in den Raum und verschafft ihnen so die oben besprochene Distanz. Er hebt sie auf diese Weise aus dem realen Raum und versetzt sie in einen visionären Innenraum. Damit rühren seine Skulpturen in gewisser Weise an das Sakrale altägyptischer Plastiken, die dem Andenken von Toten gewidmet sind.

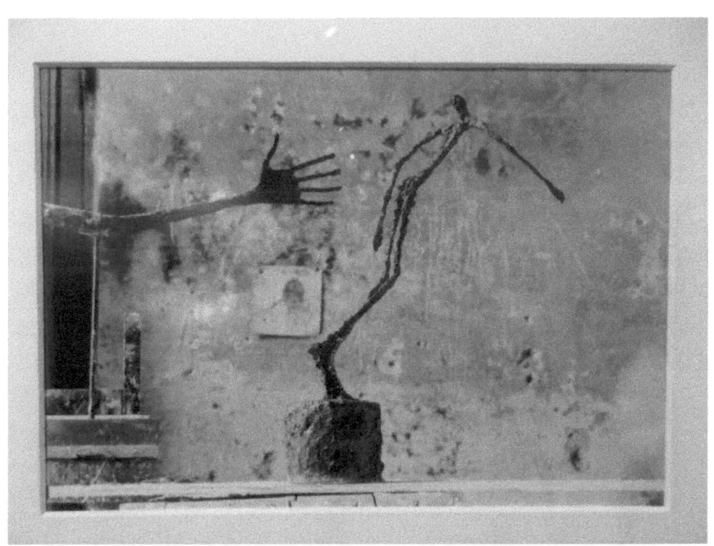

Giacomettis Figuren erhalten durch ihre überschlanke Längung und ihre schrundige Oberfläche eine geradezu gespenstische Lebendigkeit bei gleichzeitiger Fragilität. So der „taumelnde Mann". Dazu eine Fotographie, die diesen taumelnden, strauchelnden Menschen mit einem anderen Werk des Künstlers verbindet, dem fragmentarischen „Arm", der aus dem Nichts den Taumelnden in die Flucht zu treiben scheint. Der Mensch in seinem Geworfensein, das verbindet das Werk Giacomettis mit dem Existenzialismus.

Joseph Hanimann spricht von einem „viel zu menschlichen Menschenbild" und fügt hinzu: Sie schreiten frei von Raum und Zeit von einer Ewigkeit in die nächste." [25] Sie sind zeitlos, keiner bestimmten Zeit zuzuordnen.

---

[25] SZ 20.8.20: „Ein viel zu menschliches Menschenbild. Sie schreiten frei von Raum und Zeit von einer Ewigkeit in die nächste: Alberto Giacomettis berühmte Passanten sind zum ersten Mal in einer Ausstellung versammelt." Von Joseph Hanimann

„Der Schreitende", „L'homme qui marche" bewege sich so „als wäre das Dahinschreiten in die Welt seine einzige Bestimmung". Die anatomische Ungenauigkeit teilen diese Figuren mit den stilisierten Darstellungen altägyptischer Statuen, bei denen der vorgesetzte Fuß und die entsprechende Körperdrehung keinerlei Auswirkung auf den scheinbar immobilen Restkörper haben. Das erste Werk dieser Art entsteht 1932 und ist noch vom Surrealismus beeinflusst, die „Femme qui marche". Hier ist es noch eine Frau, die schreitet, später stehen Giacomettis Frauen auf festen, oft kubischen Sockeln, verbunden mit klobigen Füßen und bewegen sich nicht mehr, während die Männer Schreitende bleiben, eher mit dem Alltag verknüpft erscheinen. Das Schreiten des Mannes ist unermüdlich, geradezu schicksalsbetont auf ein Ziel hin, das er nie erreicht. Für Giacometti ist menschliches Streben durch Ausweglosigkeit gekennzeichnet. Frauen sieht der Künstler eher in sich selbst ruhend.

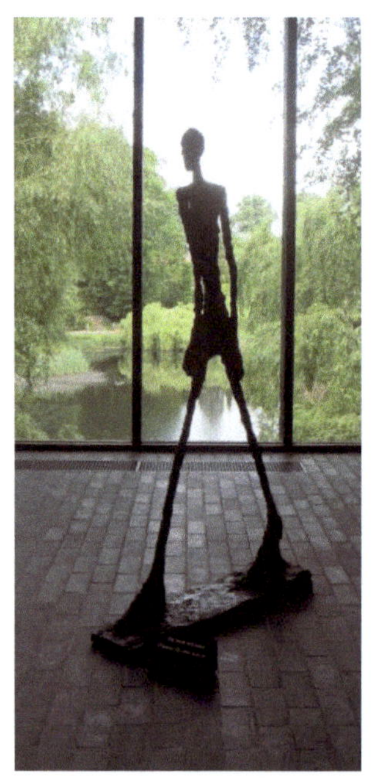

„L'homme qui marche"
Schreitender), Bronze 1960

Individuelle Züge verschwinden bei genauer Betrachtung nicht völlig aus diesen Skulpturen, und doch entsteht ein überschlankes, aufs Äußerste reduziertes Menschenbild, dessen schrundige Außenhaut für innere Verletzungen stehen kann oder doch für das Unergründliche eines Menschen. Altägyptische Darstellungen, einschließlich der in

Gräbern bildlich dargestellten Rituale und archäologischen Torsi habe ihre Wirkung.

Wie seine Zeitgenossen hatte er das *Musée d'Ethnographie du Trocadero* in Paris besucht, wo afrikanische, ozeanische, indische und asiatische Plastiken ausgestellt waren, was ihm einen Bezug zu afrikanischer Stammeskunst eröffnete. Etruskische Kunst war ihm wohl schon früh bekannt, da er im Bergell der italienischen Grenze nahe war.

Abgelöst von mythologischen Vorstellungen – er schuf keine mythologischen Figuren – blieb seine Kunst offen in Form und Inhalt und hat doch etwas Sakrales.

Die Kunst ist nur ein Mittel, zu sehen. Was ich auch abschaue, alles greift über mich hinaus und verwundet mich, und ich weiß nicht genau, was ich sehe. Es ist zu vielschichtig.
Alberto Giacometti

Das Wichtigste für Giacometti waren die Augen, der Blick, verbunden mit dem Akt des Sehens. Beim Zeichnen umkreist er das Auge immer aufs Neue, übermalt, reduziert, zerstört, verdichtet zu einem Geflecht von Linien. Und der Prozess beginnt immer wieder von vorn. Es ist der Versuch, eine Person zu fassen, während sie gleichzeitig verschwindet. Gelingen und Scheitern sind ein und dasselbe, „je mehr ich scheitere, desto mehr gelingt mir etwas", sagt Giacometti über sich selbst.

Es sind die Büsten der Frauen, in erster Linie von Annette, wo in der frontalen Betrachtung eine wirkliche Begegnung durch die Wiedergabe eines aktiven Blicks geschieht, wie in den Zeichnungen. In ihrer Wachheit zeigen sie das blickende Gesicht. Und darum geht es dem Künstler.

„La Place" (1947-48; Guss 1948-1949)

„Auf der Straße faszinieren und interessieren mich Menschen stärker als irgendeine Skulptur oder irgendein Gemälde. Jeden Augenblick strömen Menschen aufeinander zu und sondern sich voneinander ab, dann wieder suchen sie die enge Nähe zueinander. Unablässig ist ein Gestalten und Umgestalten lebendiger Kompositionen von unglaublicher Mannigfaltigkeit im Gang. [. . .] Die Totalität dieses Lebensgefühls wiederzugeben, ist der Ansporn für mein gesamtes Schaffen."

Die fünf Figuren stehen auf einer Bronzeplatte, einer gemeinsamen Plattform, die als Sockel dient und gleichzeitig für einen freien, unbegrenzten Platz steht. Die vier drahtdünnen, kleinen schreitende Männer bewegen sich auf einen gedachten Mittelpunkt zu. Sie füllen mit einer schmalen, kleinen stehenden Frau den leeren Raum. Die Figuren, obwohl als Gruppe platziert, sind allein, gehen ihre eigenen Wege. Sie drücken die ganze existenzielle Einsamkeit des Gesellschaftswesens Mensch aus.

Im Grunde entziehen sich Giacomettis Personen dem anekdotischen Erzählen, fügen sich nur schwer in einen konkreten räumlichen Kontext. Das gilt auch, wenn, wie in „Figur zwischen zwei Häusern" (1950) ein Ort und damit ein Außen, angedeutet wird. Eine weibliche Figur ist in einem länglichen Bronzekasten unterwegs. Sie schreitet in dem offenen Mittelteil aus einem schwarzen Raum in einen anderen. Man hat einen Bezug zu Schneewittchen im Sarg erkennen wollen, das Durchschreiten der Sphären von Leben und Tod. Auch eine Tendenz Giacomettis, zeitliche Abfolgen in räumliche Verhältnisse zu übertragen, wird angedeutet.

„Der Wagen", 1950

Eine andere Skulptur zeigt eine lebensgroße Frau zweifach erhöht auf einem „Wagen" (1950) und einer kleinen Plattform, wodurch sie etwas Hieratisches, Hervorgehobenes annimmt. Die Frau in ihrer Vertikalität ist aus dem Alltag hervorgehoben, dem Himmel näher, wie auch in den Tannen der Skulpturen desselben Jahres. Der Wagen nimmt das Motiv eines ägyptischen Streitwagens von um 1500 v.Chr. auf. Die Skulptur zeigt die Spuren von Giacomettis Händen.

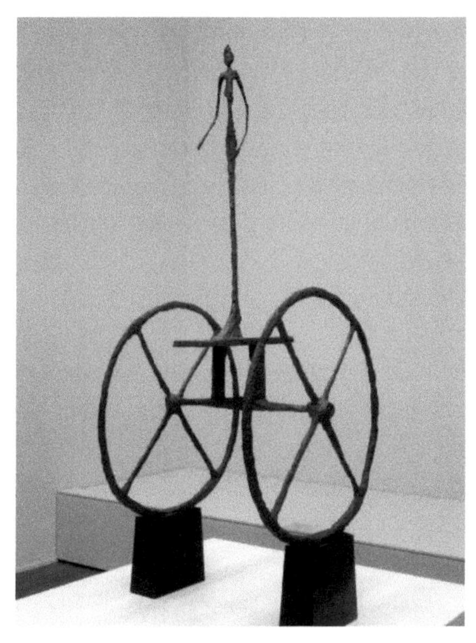

Erst mit „La Place" (1948) findet Giacometti zur eigentlichen Darstellung im Raum. Mit diesem neuen Konzept kommt er in seine Heimat nach Graubünden. Und hier findet er mehr oder weniger zufällig zu einer neuen Verknüpfung von Motiven.

Landschaft stellte schon früh ein bedeutendes Thema im Werk von Alberto Giacometti dar. Er hat immer wieder eine große Zahl von Aquarellen von seiner Heimat im Bergell und oben in Sils Maria geschaffen. Das Haus seiner Kindheit ist eingeschlossen zwischen schroffen, steilen Hängen, Bergkämmen und Graten, die von Nadelwäldern durchbrochen werden. Wälder und Almen sind die Spielplätze des jungen Alberto. Im Winter dringt kein Sonnenstrahl ins Tal. Während seines ganzen Lebens kehrt er immer wieder in diese Gegend zurück. Er ist dort verwurzelt, auch wenn man ihn gemeinhin mit der modernen Großstadt verwachsen sieht, in der sich seine Figuren entwickelt haben. Nun bekommen sie ein Äquivalent, wodurch sich der Mensch mit der Natur, insbesondere mit Baum und Stein verbindet. Wie bei Germaine Richier ist die Kindheit ein entscheidendes Element, das den Menschen mit der Natur, insbesondere mit dem Baum verbindet.

Die Erinnerung an seine Kindheit und Jugend und der erneute Blick durch das Fenster seines Ateliers auf die vertraute Landschaft lösen zunächst unbewusst etwas in ihm aus, das die beiden Pole seines Lebens miteinander verbindet.

Der Titel einer Ausstellung der *Fondation Giacometti* in Paris im Jahr 2022 nimmt diesen Gedanken auf, der im Baum eine Frau erblickt und in einem Stein einen Kopf und formuliert: „Un arbre comme une femme, une pierre comme une tête".

Sein Blick aus seinem Atelier in Stampa fällt auf den Wald. Die Tannen stehen da wie seine im Boden verwurzelten Frauen. In ihrer Vereinzelung gleichen sie den Figuren der Großstadt und doch ist eine Zusammengehörigkeit bezüglich des Raums erkennbar. Dazu kommt, dass Frauen wie Nadelbäume in ihrer Aufrichtung himmelwärts weisen, ein Umstand, der Sakrales zumindest andeutet. Die Felsformationen der steilen, schroffen Berge andererseits erklären die auffällig kompakten, breitschultrigen Büsten von Männern wie seinem Bruder Diego. Das Gebirge lässt das Sonnenlicht flimmern, zeigt ein Vibrieren, das an einen atmenden Körper denken lässt. Die einzelnen Köpfe gleichen den Steinen, die sich vom Fels gelöst haben. Die schrundigen Oberflächen all seiner Skulpturen haben etwas von den schroffen Felsen, in deren Schoß das Kind Alberto aufwuchs, dem Ort, an den er bis ans Lebensende jeden Sommer zurückkehrt. Für Giacometti enthält gerade das Alltägliche auch das Unbekannte, das Wunderbare. In einem Brief an seinen New Yorker Galeristen, Pierre Matisse, schildert er den Vorgang, der im Sommer 1950 zu den drei Skulpturen führte:

„La Clairière (Composition avec neuf figures) (Place, neuf figures)"

„La Clairière (Composition avec neuf figures) (Place, neuf figures)"

"La Forêt" (Place, sept figures et une tête)".

Wie zufällig hatte Giacometti Figuren auf dem Boden abgestellt, um Raum auf seiner Arbeitsplatte zu bekommen, als ihm auffiel, dass sich zwei Gruppen bildeten, die gerade so dastanden, wie er es sich vorgestellt hatte. Er musste nichts mehr verändern. „La composition - 7 figures et [une] tête" erinnerte ihn an eine Stelle im Wald, die er während vieler Jahre in seiner Kindheit gesehen hatte, deren Bäume mit ihren nackten und hoch aufgeschossenen Stämmen, die oft fast bis zum Gipfel ohne Äste waren, ihn faszinierten. Sie waren ihm schon immer als Personen erschienen, die völlig bewegungslos dastanden und miteinander sprachen, während hinter ihnen Blöcke aus Gneis auftauchten. Diese Felsformationen führten zu seinen Büsten, kleinere Steine zu seinen Köpfen. In dem besagten Brief an seinen New Yorker Galeristen, Pierre Matisse, schreibt Giacometti:

„During March and April 1950, I made three figures each day (sketches) with different sizes and heads. I stopped without having achieved exactly what I set out to do, but was unable to destroy the figures which stood upright at that time and also to leave them isolated and lost in space. I started by making a composition with three figures and a head, a composition that almost happened in spite of myself, (or rather it was formed before I thought of it) but almost immediately afterwards I wanted things that were not as rigid, yet I was not able to see how to create them: A few days later, in looking at the other figures which, to clear the table, were placed here and there on the floor, I saw that they formed two groups that I felt corresponded to what I was looking for. I assembled the two groups on bases without making any changes, and then I worked on the figures, I never changed their place nor their size. To my surprise, the composition with nine figures seemed to create the feeling experienced the previous autumn of the view of a clearing (it was more slightly wild meadow, with trees and shrubs, at the edge of the forest) which I found very appealing. I wanted to paint it, to make something of it and I left regretting losing it ..." [26]

Die Skulptur „La Forêt" [Wald] besteht aus sieben Frauengestalten, die keineswegs identisch sind hinsichtlich von Körper und Gesicht. Sie stehen auf unterschiedlichen Sockeln, sind mehr oder weniger tief verwurzelt wie die Bäume

---

[26] Alberto Giacometti, Letter to Pierre Matisse, in Écrits, op.cit., 1990, p.58

im Wald. Am Rande positioniert ist die Porträtbüste eines Mannes, der unbeteiligt erscheint und doch die Kulisse der Berge abgibt. Auch unter den Frauen entsteht kein Blickkontakt. Die Leere zwischen den Figuren lässt einen eigenartigen Raum entstehen, der durch die unterschiedlichen Größen der Skulpturen und ihre unruhige Oberfläche noch gesteigert erscheint. Diese Darstellungen haben etwas Zeitloses, das an Transzendenz grenzt.

"La Forêt" (Place, sept figures et une tête)"

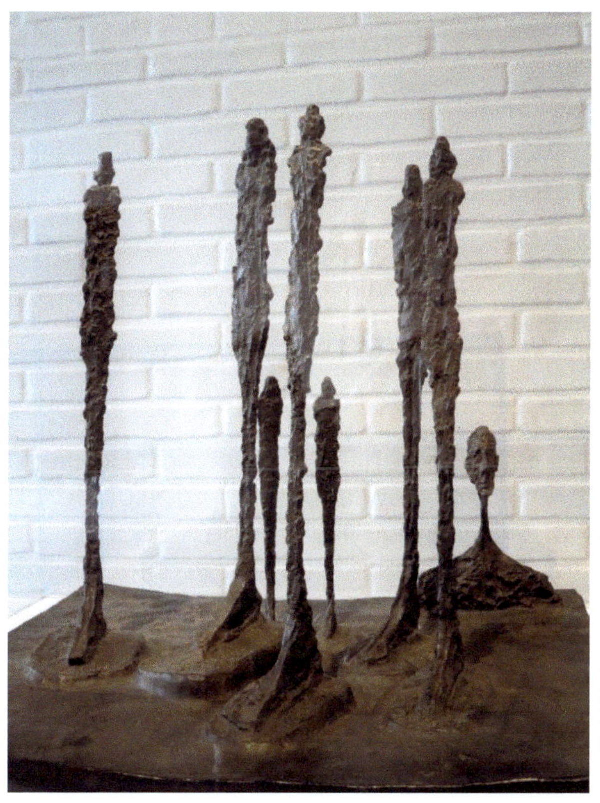

„La Clairière (Composition avec neuf figures) (Place, neuf figures)"

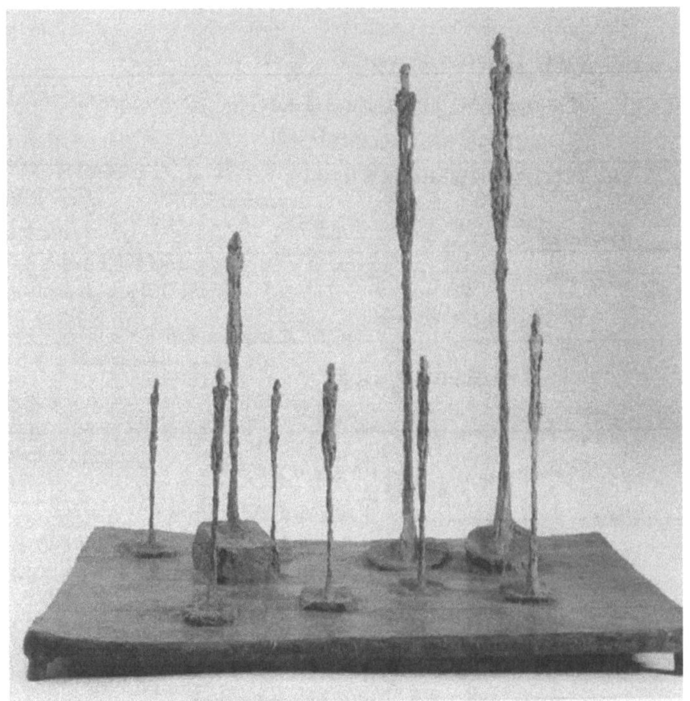

"La Clairière" besteht aus einer Komposition von neun Frauenfiguren, die bewusst von unterschiedlicher Größe sind und auf unterschiedlich hohen Sockeln stehen, was den Raum lichtet, dem deutschen Titel „Lichtung" entspricht. Die Anordnung entsteht laut eigenen Aussagen in der Tat rein zufällig. In der im gleichen Sommer entstandenen Skulptur „Der Wald" stehen die Wald-Frauen dichter und werden von Stein und Felsgebirge am Rande begleitet, wobei der Kopf des Mannes aus einer Berg-Büste herauswächst.

In „La Forêt", „La Clairière" und in „Composition avec trois figures et un tête" sind alle Figuren dem Betrachter zugewandt und bilden eine Szene wie aus einem Stück von Beckett. Noch stärker ist die parallele Ausrichtung etwa gleichgroßer 120 Zentimeter hoher Frauengestalten in einer Reihe in „Femmes de Venice" von 1956 in der Fondation Maeght. Sie stehen dort nebeneinander auf jeweils klobigem Fuß und unterschiedlichen Sockeln und unterscheiden sich deutlich voneinander. Die vier Frauen bilden einen Zaun, eine Wand, eine bedrohliche Front. Aber diese Wand ist auch durchlässig, und so wirken die vier Frauen zart, zerbrechlich und an die Wand gestellt, was eigentlich einen Widerspruch darstellt zu der soeben konstatierten Wehrhaftigkeit. Schrundige und dennoch differenzierte Oberflächen, die im Licht des Südens eine flirrende Wahrnehmung erzeugen, Fragilität und Wehrhaftigkeit zugleich. Dieselben Figuren sind in „Louisiana" nördlich von Kopenhagen in einer lockeren Formation aufgestellt, die dadurch erzielte Wirkung knüpft an „La Forêt" an. Was die Ausrichtung der Figuren auf den Betrachter betrifft, so ist es interessant, dass Giacometti 1961 mit Samuel Beckett hinsichtlich der Ausstattung von „Warten auf Godot" zusammengearbeitet hat. Sie waren befreundet.

Im Hof der Fondation Maeght in Saint-Paul de Vence haben die Figuren Alberto Giacomettis einen Raum erhalten, der die Plattform als solche in einen großen Maßstab transferiert und so das Experiment der Bronzeplatte in einen realen Raum überträgt, der zudem die Grundkonstellationen von schreitendem Mann und stehender Frau exemplarisch vorführt.

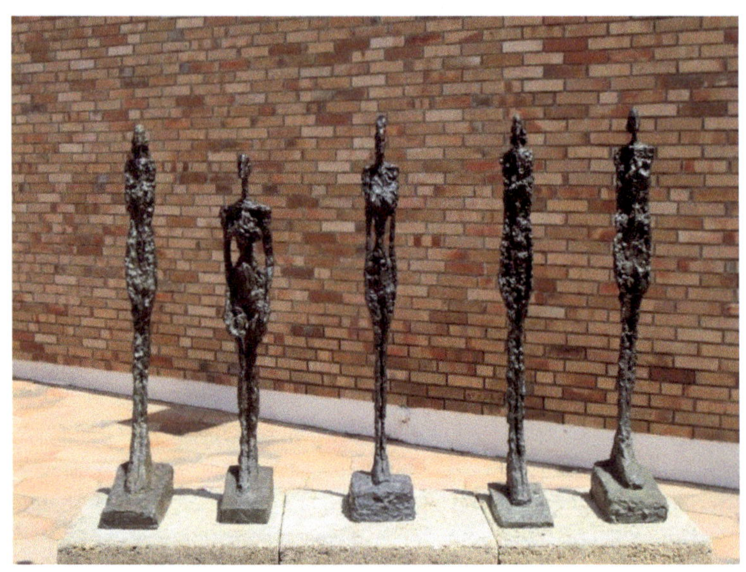

Fondation Maeght: „Femmes de Venice", 1956

Literatur:

„Skulptur. Von der Renaissance bis zur Gegenwart",
Band II (Köln 2006), besonders S.998-1069

Yoyo Maeght, The Marguerite and Aimé Maeght Foundation – Art and Life (2010)

Jasper Warzecha: Von Mischwesen. Skulptur der Moderne. Mit einem Beitrag von Karin Schick. Hamburger Kunsthalle 2021

Joseph Hanimann: „Ein viel zu menschliches Menschenbild. Sie schreiten frei von Raum und Zeit von einer Ewigkeit in die nächste: Alberto Giacomettis berühmte Passanten sind zum ersten Mal in einer Ausstellung versammelt." in: SZ 20.8.20

„Die Anmut der Vergänglichkeit. Der Bildhauer Alberto Giacometti." Von Maria Franziska Schüller in: SWR2, 23.03.03 Profile

Wald und Lichtung II

In dem durchlichteten Wald, der zur Steppe sich weitet, erprobt der Mensch den aufrechten Gang. Hier bildet sich die menschliche Kommunikations- und Lebensgemeinschaft. Mit der Rodung des Waldes geht eine Entzauberung einher und schließlich die Entstehung eines neuen Dickichts, von Menschen gemacht, eines zivilisatorischen Dickichts.

Die Welt geht ans Netz und sie geht der gleichförmigen Globalisierung ins Netz. Was hier verschwindet, ist die äußere Transzendenz des Menschen, eine Transzendenz ohne metaphysische Konstruktion. Die Wälder spiegeln uns die Fremdheit zurück, die auch in unserem Verhältnis zu uns selbst waltet.

Geschichte ist das Gewimmel aus Geschichten, deshalb notorisch unübersichtlich. Eine Lichtung schlagen bedeutet deshalb auch, im Gewimmel der Geschichten seine eigene Geschichte entdecken, energisch festhalten und ihren Faden fortspinnen.

In Iris Wolffs Roman mit dem Titel „Lichtungen", in dem der Wald einen Wendepunkt im Leben des Protagonisten Lev darstellt, taucht das Wort „Lichtung" in einem besonderen Zusammenhang auf: „In allem gab es diese Dunkelstellen [Wälder], wo die Erfahrungen aufhörten und die Erinnerung anfing. Etwas blieb, und etwas ging verloren, manches schon im Augenblick des Geschehens, und wie sehr man sich auch bemühte, es tauchte nie wieder auf. Erinnerungen waren über die Zeit verstreut wie Lichtungen. Man begegnete ihnen zufällig und wusste nie, was man darin fand."

Alberto Giacometti
Der Zeichner

I
Oberfläche eines Gesichts
Signatur der Linien
ein Umkreisen
ein Herantasten
mit zitternden Händen
arbeiten an einer
Chiffre für den Menschen
Erahnen von Sakralem
Annäherung
an das Wesentliche.

II
Das Gesicht als Gewebe
ein Koordinatensystem
von Linien
von Furchen und Falten –
Insektenbeinen gleich
oder den Fußspuren
von Vögeln im Schnee.
Eingeschrieben
in die Leere
der Augenhöhlen
ein versuchtes
Fassen des Blicks.
Ein immer aufs Neue
scheiterndes Überbrücken
einer unüberbrückbaren Distanz
zwischen Ich und Du.

Alberto Giacometti
Versuch eines Porträts

Er malt.
Er schreibt.
Er malt und er schreibt.
Er malt, wenn er schreibt.
Ich schreibe, weil er malt.

Er sitzt da mit dem Stift, mit der Feder, sein Gegenüber fixierend, in ständigem Blickkontakt, es mit dem Blick bannend wie die Schlange ihre Beute. Sein Gegenüber, der andere Mensch, ist ihm ausgeliefert, liegt vor ihm in seiner Nacktheit, die nicht genug ist, denn er blickt tiefer, möchte tiefer eindringen, daher die ungeheure Konzentration. Er beginnt mit zarten kleinen Strichen, die auf ihre Art Insektenbeine darstellen könnten, die als unsicher bezeichnet würden bei einem Kind, bei einem Greis, es sind eher zufällige Zeichen, möchte man meinen, denen jede Festigkeit fehlt, so als suche er nach der berühmten Stecknadel im Stroh, so als taste er sich heran, ohne jede Aussicht auf Erfolg. Es ist ein Herantasten an das Unbekannte, das Unsichtbare, an das, was hinter den Linien des Gesichts verborgen ist. Seine Striche akkumulieren, verdichten sich zu Dunkelheiten, lassen lichtere Stellen stehen, spinnen allmählich ein Netz, ein Gewebe, in dem die Augenhöhlen herausragen, in dem der Blick ausgespart, das Auge umkreist und umworben wird. Es entsteht ein Gewebe von Lebenslinien, abgebrochenen Lebenslinien, die immer aufs Neue wieder aufgenommen werden, zwischen denen sich ein Etwas andeutet, um wieder verwischt, verschleiert, getilgt zu werden, worauf er wiederum beginnt, die entstandene Leere in Angriff zu nehmen. So pendelt der Stift zwischen übermalter, verschleierter Leere, dem Hohlraum der bloßgelegten

Augenhöhlen. Es wird kein wirkliches Ende geben, kein eindeutiges Ergebnis. Er könnte so fortfahren in seiner Annäherung an dieses Gesicht, an diese Augen, diesen Blick, in dem das Leben enthalten sein sollte, wenn man so will, der göttliche Funken, die Seele, die Urformel allen Lebens ... und er weiß, dass er dieses Ziel nie erreichen wird und kann, und er setzt seine Arbeit fort, beginnt irgendwann willkürlich mit einem neuen Blatt und versucht eine neuerliche Annäherung an eben dasselbe Gesicht, denn es wäre vermessen, sich an verschiedenen Gesichtern zu versuchen, wo sich doch dieses eine Gesicht schon nicht ergeben will, dessen Züge er längst auswendig kennt. Und eigentlich hätte er ja alles erreicht, gelänge es ihm, den Blick dieser Augen in ihrer Tiefe auszuloten. Hätte er damit nicht die Seele des Menschen, aller Menschen ergründet? Und obwohl er weiß, dass es ihm nie gelingen wird, setzt er seine Mühsal fort, die seinem Wesen entspricht, die seine Identität ausmacht, die ihm Lebensberechtigung zu sein scheint.

Wer weiß schon, wer könnte auch nur erahnen, was während dieser Stunden in ihm vorgeht, wenn er sich herantastet an dieses eine allumfassende Gesicht, das die Ungeheuerlichkeit des Menschseins enthält, die ganze Großartigkeit der Freiheit, die dem Menschen mit dem Willen zur Tat und zur Verweigerung derselben gegeben ist, mit dem Willen zum Wort und zum Schweigen. Es wäre denkbar, dass er, während er seine Zeichen setzt, sein Netz zieht ähnlich der Spinne, während er Linien auslegt wie Fäden der Ariadne, dass er sich dabei durch all die labyrinthischen Wege tastet, denen Menschen von jeher gefolgt sind, hinkend, kriechend, blind oder sehend, sehend und dennoch blind ... und dass er all diese Schicksale durchlebt, durchleidet, verinnerlicht in diesen nebelhaften Verdichtungen und Lichtungen, diesen Helligkeiten und Dunkelheiten, diesem Ga-

loppieren und Stille-Stehen, diesem immerwährenden Be-
mühen, dieser unglaublichen Anstrengung und der letzt-
endlichen Vergeblichkeit, die er so gerne aufheben wollte
und die er nur insofern bewältigt und bezwingt, als er fort-
fährt zu zeichnen, zu malen und im Gesicht seines Gegenüber zu forschen und sich heranzutasten an das Unglaubliche, Widersprüchliche, das Unfassbare des menschlichen
Geworfenseins.

Wie Ödipus endet er, sich entlangtastend an den Begrenzungen unserer Sinne, den Grenzen unseres Begreifens.
Wie Ödipus´ Tochter wird er letztendlich scheitern an der
Ambivalenz jeglichen Tuns. Und doch ist sein Tun im Sinne
des Mythos gewaltig.

Mensch und Baum als Metapher:

Lebensbaum

Der Lebensbaum in prähistorischer Zeit

Die Kultwand von Bodman-Ludwigshafen

3860 v.Chr. ist das Haus abgebrannt. Die Wand stürzte
auf den Seegrund. Sieben Frauenfiguren mit plastischen
Brüsten wurden entdeckt und rekonstruiert. Stark reduzierte
Umrisszeichnungen dieser Frauen wurden mit weißer Kalk-
farbe auf die Innenwand besagten Hauses gemalt und im
Landesmuseum in Konstanz als Rekonstruktionen gezeigt.
Zwischen den vereinfacht, fast schon abstrakt dargestellten
Figuren sind kleine gestaffelte W- und M- Motive ange-
bracht [Kleine Strichbäumchen mit aufwärts- oder abwärts

geneigten Zweigen], die Lebensbäume darstellen und auf kultische, lebensspendende Ahnfrauen verweisen. So bildet sich der Ursprung des Lebens und einer Ahnenkette ab.

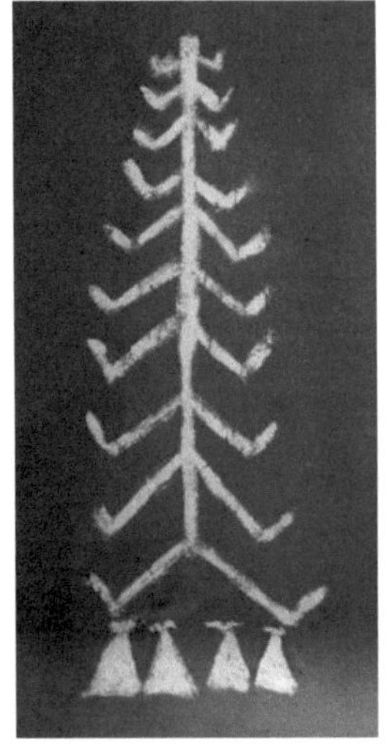
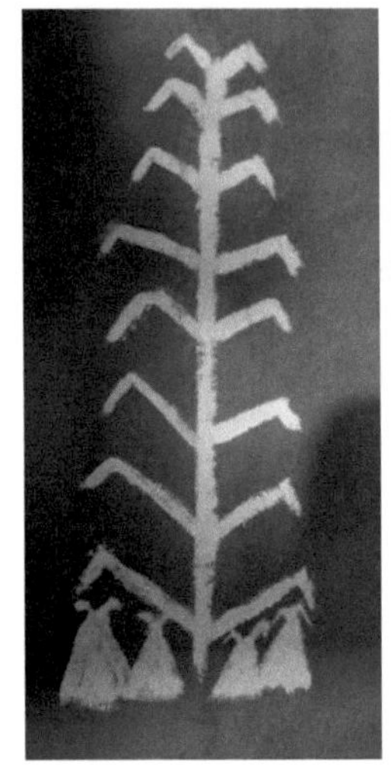
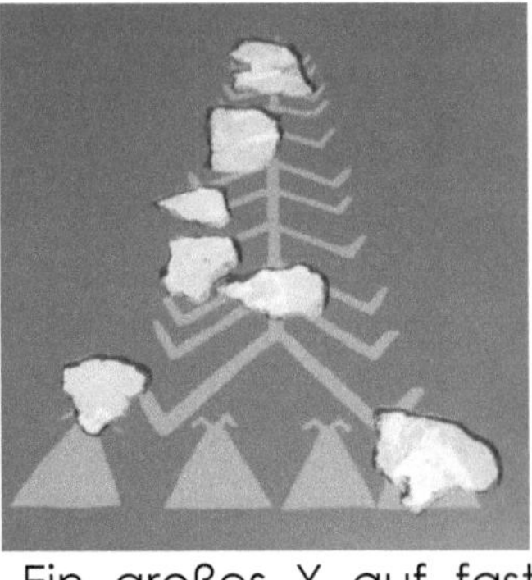

Ein großes X auf fast rechteckigen Körpern der Frauen bezieht sich auf Kleidungsstücke, die von Punkten gefüllt sind, die eine filigrane Kleidung andeuten. Eine Figur hat einen mit Punkten in einer Linie gefüllten Halsausschnitt.

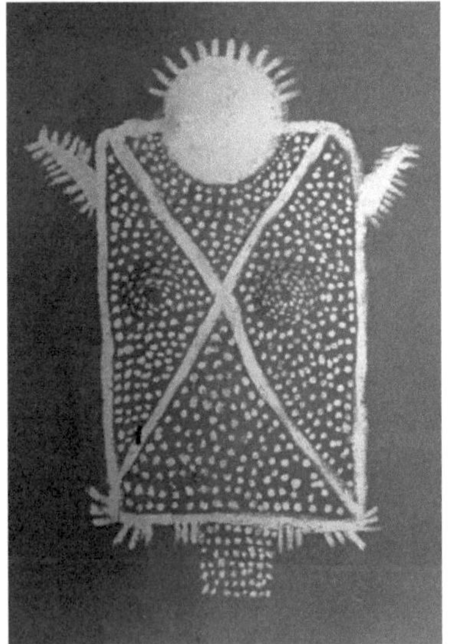
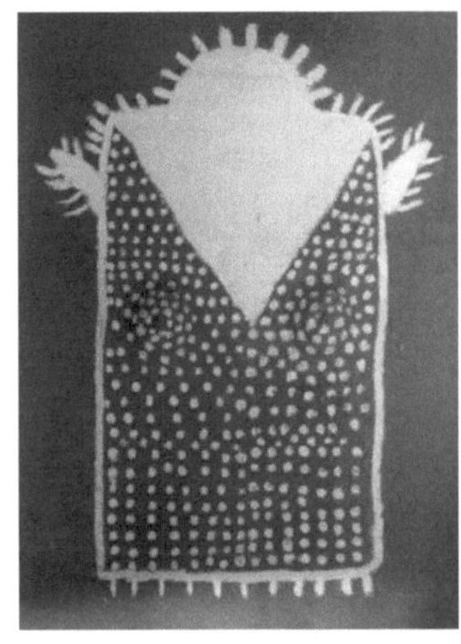

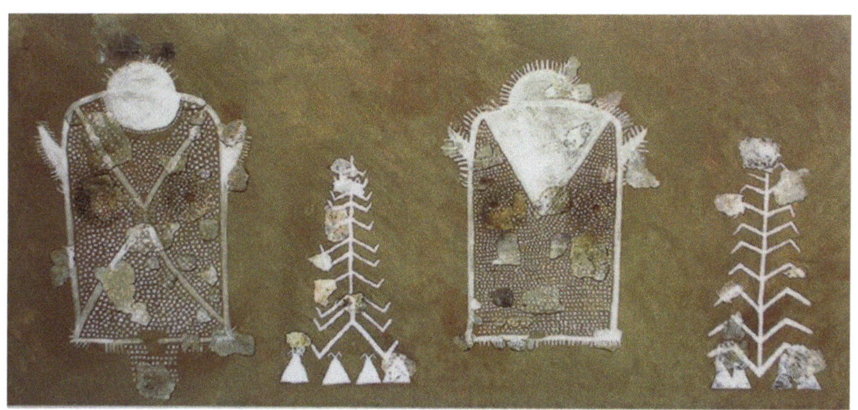

Winzig kleine Ärmchen mit dreifingrigen Händen treten seitlich hervor. Strichelungen unten deuten Fransen der Kleidung an. Einige Figuren haben Köpfe, die weiß leuchtenden Sonnen gleichen. Die Gürtel sind individuell gestaltet, schließen die Figur nach unten hin ab. Ein Halsausschnitt ist V-förmig.

„Lebensbaum": Bäumchen symbolisieren Frauen in Gebärhaltung. Die letzte, noch lebende Generation wird dargestellt als vereinfachtes Symbol für Frau, als weibliches Symbol für Frauen in Gebärhaltung.

Auch in Çatal Höyük (um 6 000 v.Chr.) wurde die Gebärende in ähnlicher Wiese abstrahiert als Wandzeichnung dargestellt. [27]

---

[27] Heinrich Klotz: Die Entdeckung von Çatal Höyük. Der archäologische Jahrhundertfund. (München 1997)

Motto

... dass ich dir werd ein guter Baum, und lass mich Wurzel treiben ... [28]

Der Baum ist in der christlichen Kunst von jeher auch als Bild des Lebens zu verstehen. Außer dem Baum der Erkenntnis wird der Baum des Lebens hervorgehoben. Im Paradies wachsen allerlei Bäume. In der Mitte stehen der Baum des Lebens und der Baum der Erkenntnis. Gelegentlich steht in der Kunst ein gesunder, kräftiger Baum neben einem dürren, während ersterer den Baum des Lebens abbildet, steht letzterer für den der Erkenntnis. Eine Palme zwischen zwei anderen Bäumen, symbolisiert das Kreuz. Der Baum steht auch für das Wort, das Gesetz Gottes.

Der Lebensbaum in der christlichen Kunst Mitteleuropas

Der Lebensbaum, den das Christentum im Neuen Testament entwickelt hat, stellt den Stammbaum Jesu dar wie im Evangelium des Matthäus, Kapitel 1,1-17:

1. Dies ist das Buch von der Geburt Jesu Christi, der da ist ein Sohn Davids, des Sohnes Abrahams, 2. Abraham zeugte Isaak, Isaak zeugte Jakob. Jakob zeugte Juda und seine Brüder. [...] 6. Jesse zeugte den König David. Der König David zeugte Salomo von dem Weib des Uria. [...] 16. Jakob zeugte Joseph, den Mann Marias, von welcher ist geboren Jesus, der da heißt Christus. 17. Alle Glieder von Abraham bis auf David sind vierzehn Glieder. Von David bis auf die

---

[28] aus: „Geh aus, mein Herz, und suche Freud" / Paul Gerhardt, 1653

babylonische Gefangenschaft sind vierzehn Glieder. Von der babylonischen Gefangenschaft bis auf Christus sind vierzehn Glieder. 18. Die Geburt Christi war aber also getan.

Die Spitze aber eines solchen Baums, einer solchen Pyramide, führt im Falle des Stammbaums Jesu zu dem absoluten Ursprung, dem Einen, den das Christentum Gott nennt.

Auch das Evangelium nach Lukas listet die Stammväter Jesu auf. Nach Lukas 3,23-38: *23. Und Jesus war, da er anfing, ungefähr dreißig Jahre alt, und ward gehalten für einen Sohn Josephs, welcher war ein Sohn Eli's, 24. der war ein Sohn Matthats, der war ein Sohn Levis, der war ein Sohn Levis, der war ein Sohn Melchis, der war ein Sohn Jannas, der war ein Sohn Josephs [...] 39. der war ein Sohn Enos, der war ein Sohn Adams, der war Gottes.* Die Liste von Gott bis Jesus enthält hier 77 oder 78 Namen. [29]

Die Absicht der beiden Auflistungen ist es, Jesus von Nazareth als den von JHWH vorbestimmten Messias darzustellen. Die Hauptstationen der Stammlinie des Stammbaums unterstreichen sowohl Matthäus, als auch Lukas durch eine Zahlensymbolik, bei der die Zahl 7 und ihr Vielfaches von zentraler Bedeutung sind. Die Reihung der Vorfahren von Abraham bis David stimmen in beiden Evangelien weitgehend überein. Sie folgen der Genealogie der Väter in der Genesis (Gen. 12-49) und den Auflistungen des Buches Ruth 4,18-22 endend in: *Isai zeugte David* und 1. Chronik 2-9, der Stammlinie Jakobs und Juda's.

---

[29] Zitate nach der Bibelübersetzung von D. Martin Luther

Seit dem 5. Jahrhundert und während des Mittelalters ist die Deutung des Kreuzes Jesu (lat. *lignum crucis*, Holz des Kreuzes) als Lebensbaum (lat. *lignum vitae*, Holz des Lebens) ikonographisch belegt. Dem *Baum der Erkenntnis* wird im Sinne der Typologie das Leben spendende Kreuz gegenübergestellt.

Der „Baum Jesse", der Stammbaum Jesu, hat seine erste Blütezeit im 12. und 13. Jahrhundert. In der Zeit von 1460 bis 1530 findet sich das Motiv nochmals häufig. Diese Darstellungen gehören in Zeiten, in denen eschatologisches Denken vom Ende der Zeiten verbreitet ist. Das Motiv dient der Veranschaulichung der Heilsgeschichte, die sich mit der Hoffnung auf eine bevorstehende Wiederkunft des Messias verbindet.

Bad Doberan

Der Kreuzaltar (um 1360/70) in der Backsteinkirche der Zisterzienser ist ein doppelseitiger Flügelaltar, über dem sich ein ebenfalls doppelseitiges monumentales Triumphkreuz erhebt. Hier verläuft die Trennung von Mönchschor und dem Chor der Laienbrüder, die früher durch einen hohen Lettner verstärkt wurde. Die Laien waren mit dem Gekreuzigten konfrontiert, die Mönche mit Maria und dem Kind. Das fünfzehn Meter hohe Kreuz aus Eichenholz ist als Lebensbaum gestaltet und wird von stilisierten grünen Blättern begleitet, die jeweils in eine spiralige Rosenform münden, die von Pinienzapfen begleitet wird. Pinien stehen für ewiges Leben. Das Kreuz wird durch Christus zum lebendigen Baum. Man erinnere sich an das bekannte Weihnachtslied: *Es ist ein Ros entsprungen aus einer Wurzel zart, wie uns die Alten sungen, von Jesse kam die Art,* das auf Jesaja 11,1-2 zurückgeht: 1. *Und es wird eine Rute aufgehen von dem*

Kreuzaltar der Klosterkirche von Bad Doberan

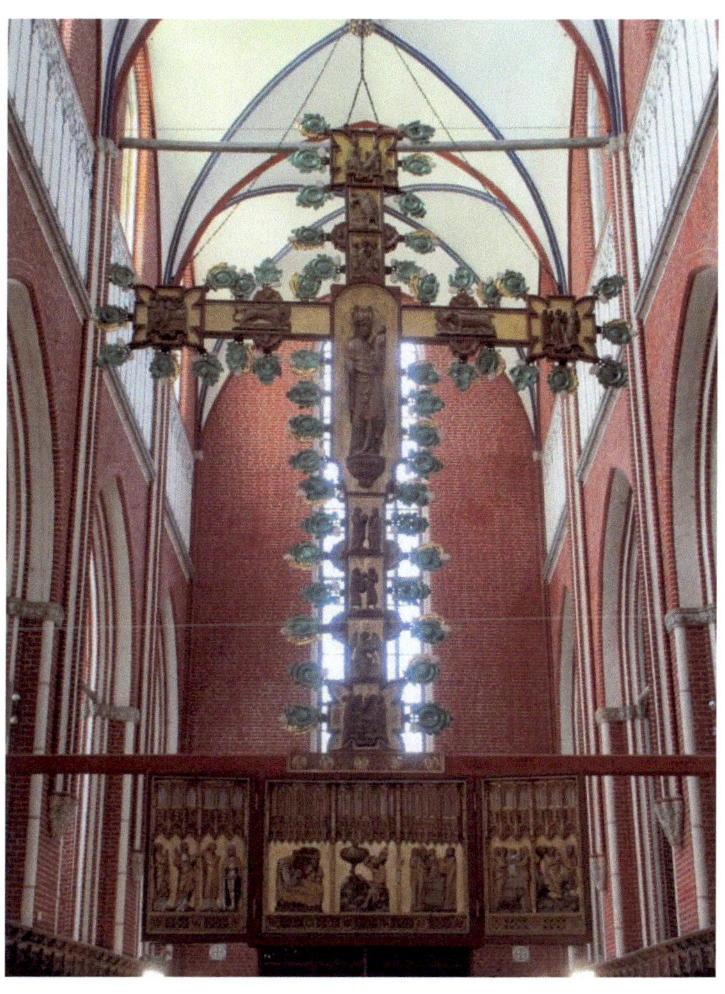

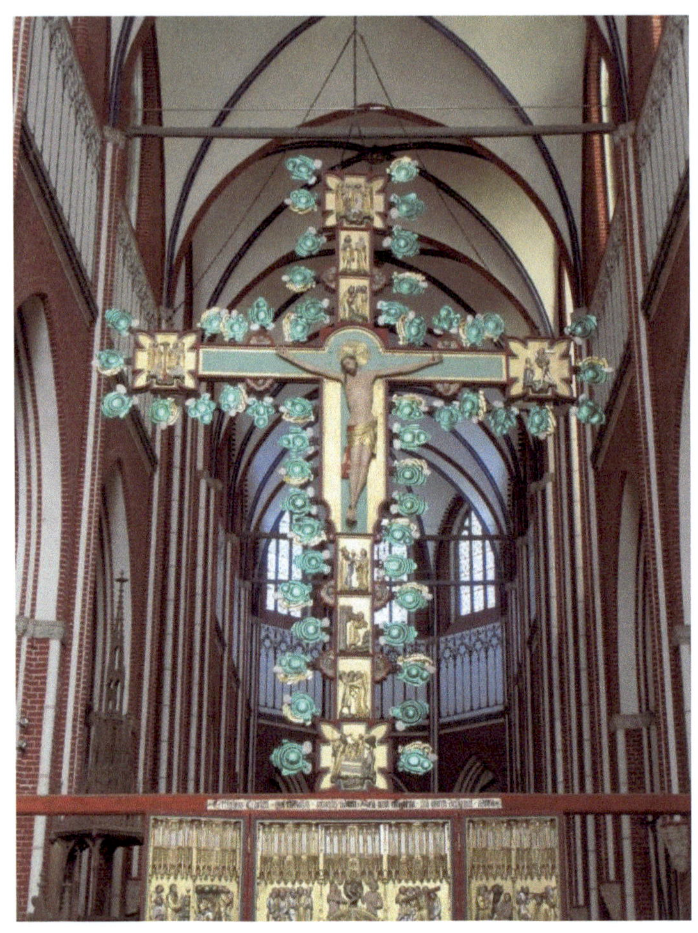

Der Altar, auf dem das Kreuz ruht, erzählt beidseitig mehr als dreißig biblische Geschichten. Hier werden Szenen aus dem Alten Testament solchen des Neuen Testaments gegenübergestellt, ein typologisches Programm nach mittelalterlicher Vorstellung, das die Erlösung durch Christus im Alten Testament schon angekündigt sieht. Das grünende Kreuz wandelt sich so vom Marterpfahl zum Symbol der Auferstehung Christi und zum Lebenssymbol.

Wismar, St. Nikolai

Hier in der Nikolaikirche in Wismar erscheint am Westende der Kirche eine Darstellung des Lebensbaums, der hier aus einem vierblättrigen Medaillon erwächst, das einen Engel mit Schriftrolle zeigt, Symbol für den Evangelisten Matthäus, der, wie oben geschildert, in seinem Evangelium die Stammväter Jesu aufgelistet hat.

Ganz in der Nähe in einem Seitenschiff füllt der „Baum Jesse", der Stammbaum Christi, eine ganze Wand. Die einzelnen Ahnen sind in Kreisen aus Ästen wie in einem Medaillon eingefasst. In Wismar ist Maria mit der Krone und dem Kind von einem Strahlenkranz umgeben, so dass sie keine direkte Berührung mit den Zweigen des Baumes hat. Joachim, der Vater Marias, ist aber direkt im Medaillon darunter. Der Urvater wächst auch hier aus einer Baumwurzel, der „Wurzel Jesse" – so wie es in dem bekannten Weihnachtslied heißt.

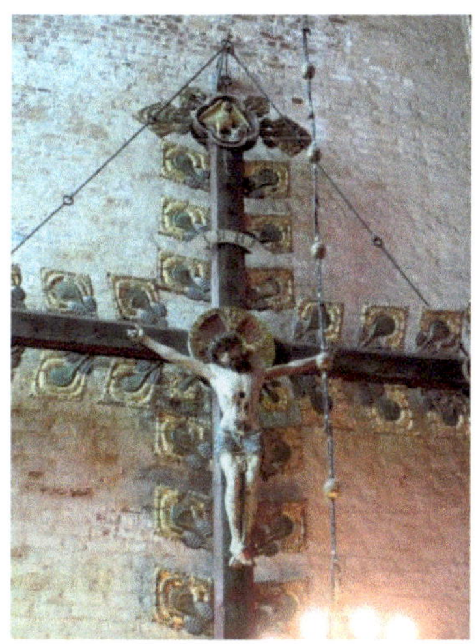

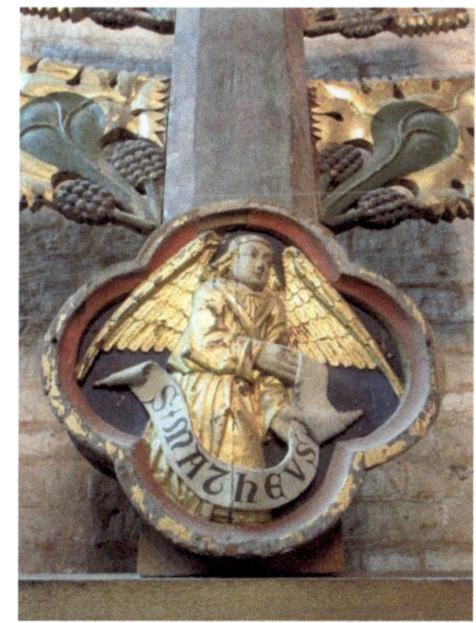

Dom zu Schwerin

Ähnliche Darstellungen finden sich auch im Dom zu Schwerin. Hier ist das Triumphkreuz in gelbgrünen Tönen gehalten und wird von Blättern eingefasst, aus denen abstrakt gehaltene Früchte wachsen. Die Enden des Kreuzes münden in die Symbole der Evangelisten, ganz oben Matthäus, ganz unten Lukas, es handelt sich um die Evangelien, die die Ahnen Jesu auflisten. Daneben stehen in lebensgroßem Format die trauernden Gestalten von Maria (links) und dem Jünger Johannes (rechts).

Dom zu Halberstadt

In St. Stephanus zu Halberstadt wurde auf die vegetabilen Elemente von Blatt und Frucht verzichtet, aber die Evangelistensymbole sind in derselben Position belassen.

Ungewöhnlich ist eine Skulptur in der Nähe des Westportals. Aus einer Säule im Raum zwischen den beiden großen Bögen unter der Empore wächst aus einer Wurzel ein mit Äpfeln behangener Baum. Um den Stamm windet sich eine Schlange. Aus dem Astwerk des Baumes erwächst eine Figur, deren eine Hand nach einem Apfel greift. Es ist Eva. Doch trägt die Figur eine Krone, was die Wandlung von der verführten Menschenmutter Eva zu der Himmelskönigin Maria ausdrücken soll. Und diese Heilsbotschaft ist eng verbunden mit den roten und weißen Streifen des Domherrenwappens, das vor dem Wurzelwerk des Baumes Aufmerksamkeit erheischt.

Obwohl der *Baum der Erkenntnis* in der Bibel nicht als Apfelbaum spezifiziert wird und die Frucht nicht mit einem Apfel, so hat sich der Apfelbaum in den Kulturen als solcher

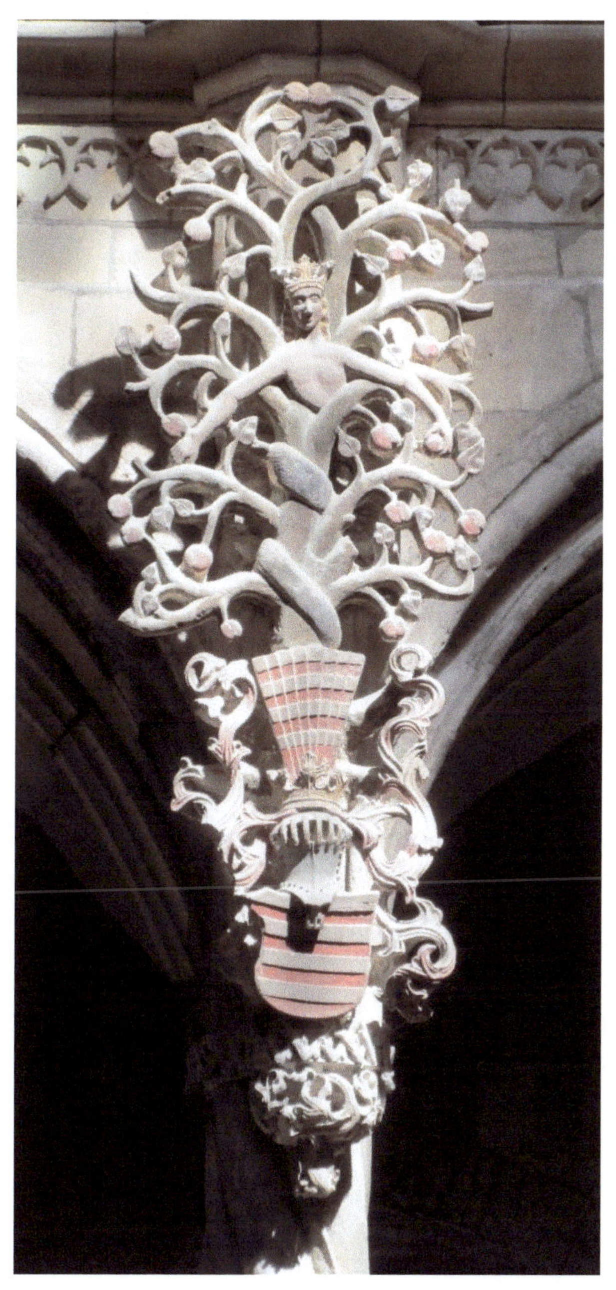

etabliert. Auch der Trojaner Paris erhält von Aphrodite einen Apfel als Geschenk, der ihm die schöne Helena zur Gefährtin machen soll, was dann zum Trojanischen Krieg führen wird. Und auch in der bildenden Kunst, zum Beispiel bei Edvard Munch, wie oben ausgeführt, wird die biblische Erzählung mit dem Apfelbaum verwoben, wo sich die Problematik in der Beziehung der Geschlechter unter dem Baum artikuliert.

„Baum Jesse" aus Stein über dem Hauptportal, der Lamberti-Kirche in Münster. Es ist ein prächtiges Hochrelief aus der Mitte des 15. Jahrhunderts

Am Grunde des Baums liegt als Wurzel Jesse (Isai), der Vater Davids, der König von Juda, der meist liegend und schlafend dargestellt wird. In Jesaja 11,1-10 wird vom zukünftigen Messias gesagt, dass er als Spross aus dem Baumstumpf Jesse erwachsen werde. Der Stammbaum Jesu wird somit als richtiger Baum dargestellt. Auf den symmetrisch angebrachten folgenden Zweigen erscheint zunächst David mit der Harfe. Ihm folgen weitere Könige von den Stämmen Israel und Juda. An St. Lamberti sind diese Könige als Stellvertreter dargestellt und in spiralige Zweige eingebettet, die Medaillons ähneln. Abschluss und Krönung des Baumes bildet eine Gottesmutter mit Kind. Über ihr, flankiert von Engeln, Gottvater mit der Geste des Herrschenden, des Segnenden. Vielleicht ist es wichtig zu bemerken, dass dieser transzendente Bereich vom Baum als solchem etwas abgehoben erscheint, obwohl auch aus dem Strahlenkranz noch Laub wächst.

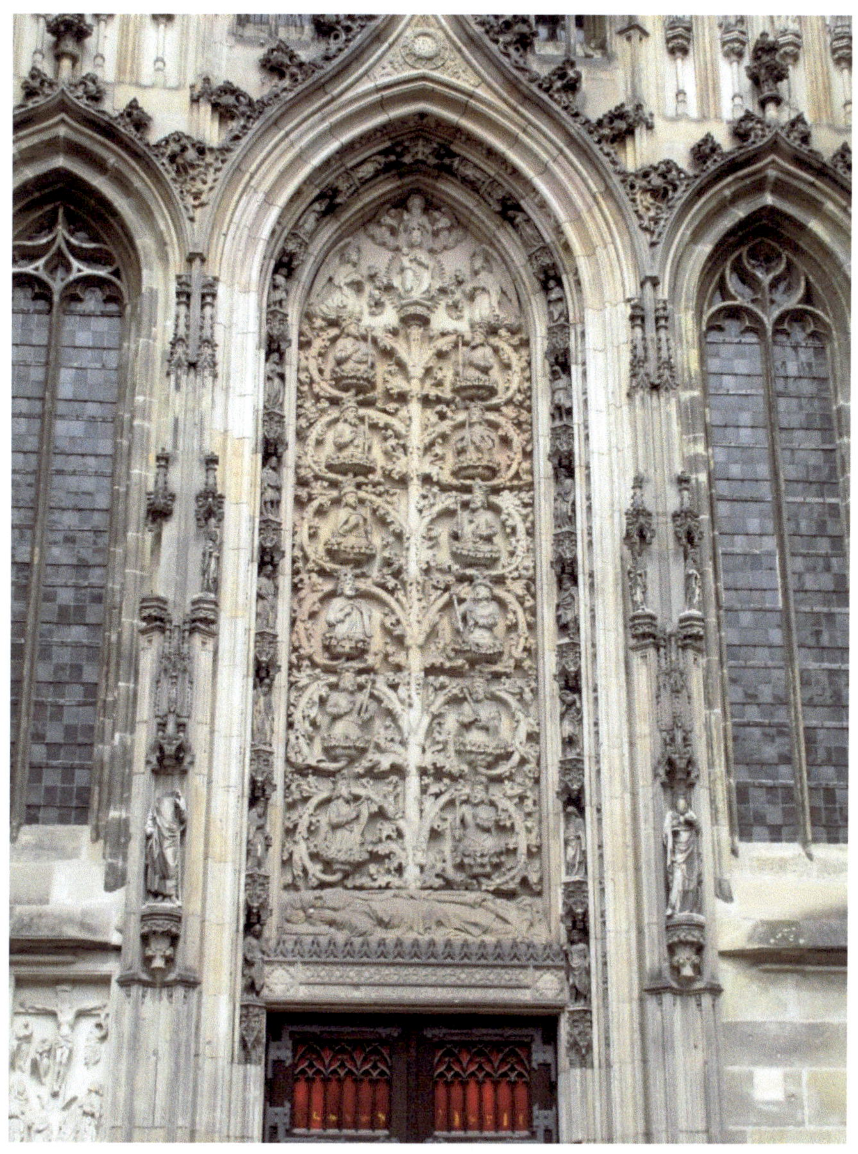

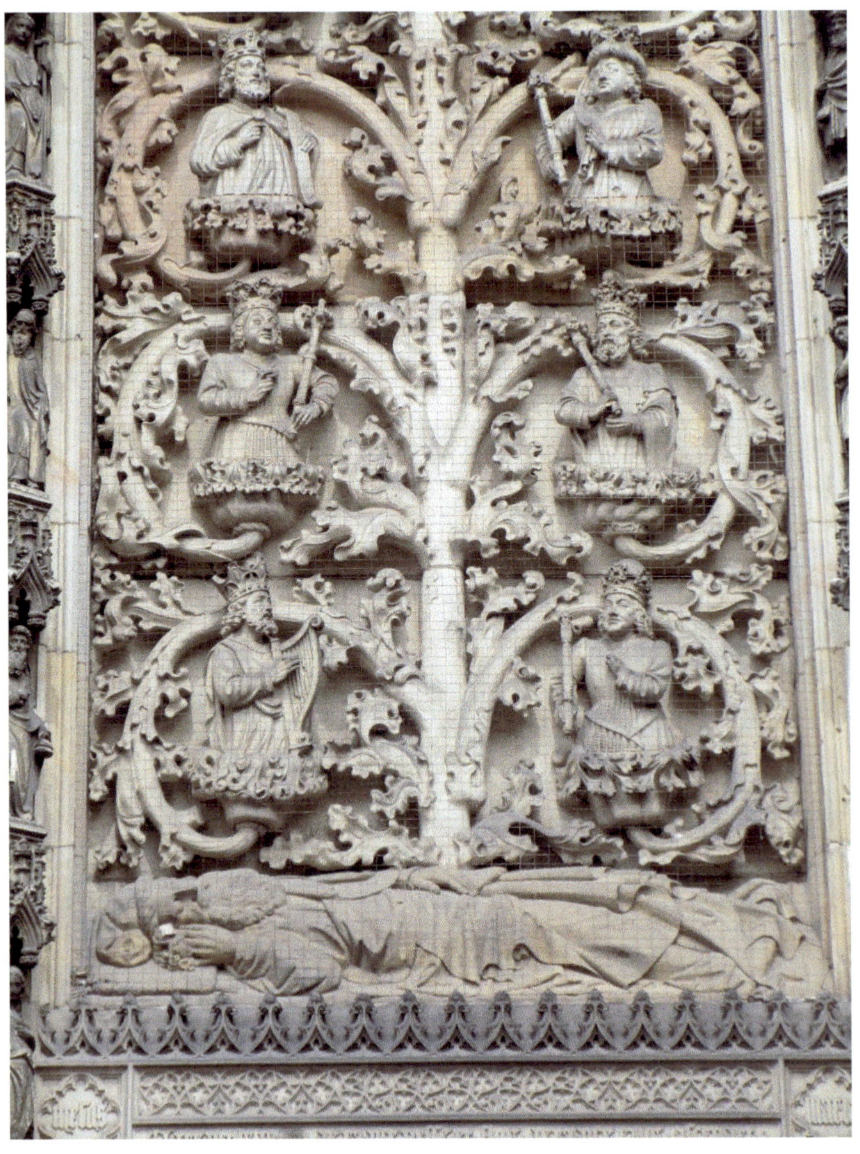

192

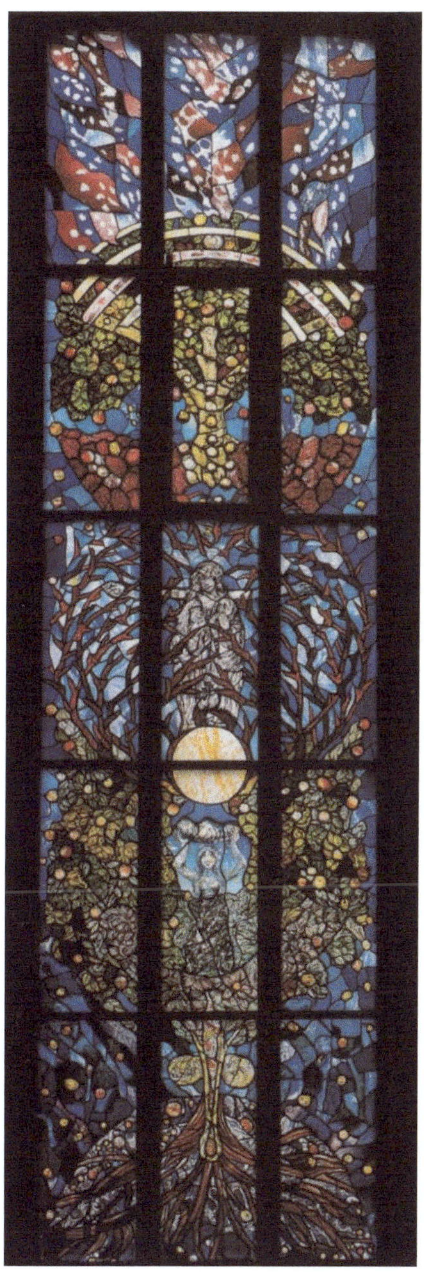

Für die Tageskapelle der Stiftskirche in Stuttgart hat der Künstler Hans Gottfried von Stockhausen ein „Fenster der Hoffnung", 1999-2002, entworfen. Auch hier liegt der Komposition der Baum zugrunde, eine zeitgemäße Interpretation, die das Prinzip Hoffnung anvisiert.

Hans Gottfried von Stockhausen
„Fenster der Hoffnung",
1999-2002

Aus der Wurzel
deren Stränge
rot leuchten wie Blut
aus der Wurzel
wächst der Baum
mit leuchtender Frucht –
Erntezeit –
winterlich kahl die Äste
rot wie Blut wächst
aus der Mutter Maria
das Kreuz Christ empor
umfängt die Menschheit
mit göttlicher Gnade –
Zeitenwende –
Und wieder erstrahlt
ein Baum leuchtender

als zuvor mit prallen
Früchten – darüber
wölbt sich ein Himmel
ungreifbar in Farbe
und Form – eine
Welt voller Hoffnung.

Der Lebensbaum in der Ikonographie Anatoliens -
der Ikonographie von Christentum und Islam

Alte christliche armenische Kirchen

In alten armenischen Kirchen
das blühende, sprießende Kreuz,
das zum Baum des Lebens sich
entfaltet, das die Hoffnung
auf Erlösung trägt.

Der Baum steht am Anfang
als Zeichen des Paradieses,
auf das sich die Sehnsucht richtet –
das Paradies, eine Projektion,
die in die Vergangenheit
und als Utopie in die Zukunft weist.

Von außen schmucklos
ist die Kirche fast schon
verfallen, doch
wie eine Druse
verbirgt sie das Wunder.

Ein Lebensbaum wächst
aus dem Löwen, königliche Kraft.

Löwe und Adler - die Macht
von Himmel und Erde –
die Wurzel, Wappen
eines königlichen Geschlechts,
das sich in himmlischen
Reichen spiegelt.

In Kreis und Kugel verschlungen
filigrane Rhizome - das Vollkommene
als A und O, als Anfang und Ende,
dazwischen der Lebensentwurf
als Blüten und Früchte
tragender Baum.

In alten armenischen Kirchen
das blühende, sprießende Kreuz,
das zum Baum des Lebens
wird, der in die Vergangenheit
und in die Zukunft verweist.

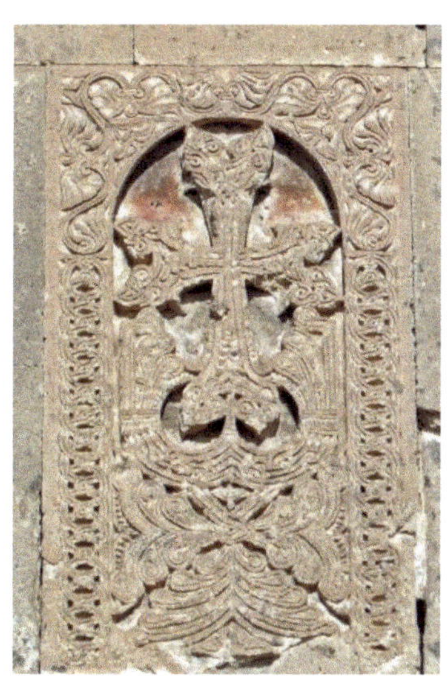

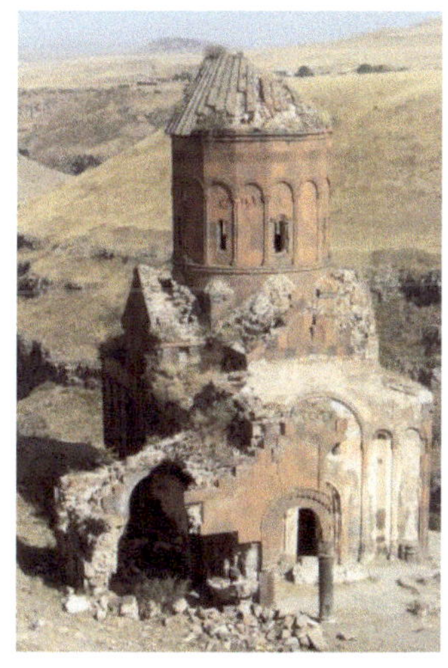

Ruine einer Kirche in
Ani / Ostanatolien

Das Motiv des Lebensbaums

Das Motiv des Lebensbaums hat uns durch die Kulturen Ostanatoliens begleitet – der Lebensbaum, der schon in der Wurzel den Sternenhimmel als Flechtwerk enthält und sein Rhizom am Himmel spiegelt!

Der Lebensbaum fasst vielleicht als Metapher am besten zusammen, was sich unter all den vielfältigen Erfahrungen unserer Ostanatolienreise damals herauskristallisiert hat. Es verbindet die Religionen, die monotheistischen Religionen, die sich in diesem Raum entwickelt haben.

Der Baum ist die Metapher für das Paradies, den Garten, der Wasser voraussetzt, den Brunnen. Und so ist die in Stein geschnittene Paradiesvorstellung am Hauptportal der *Hagia Sophia* in Trabzon (Trapezunt) am Schwarzen Meer durch Bäume verschiedener Art gekennzeichnet.

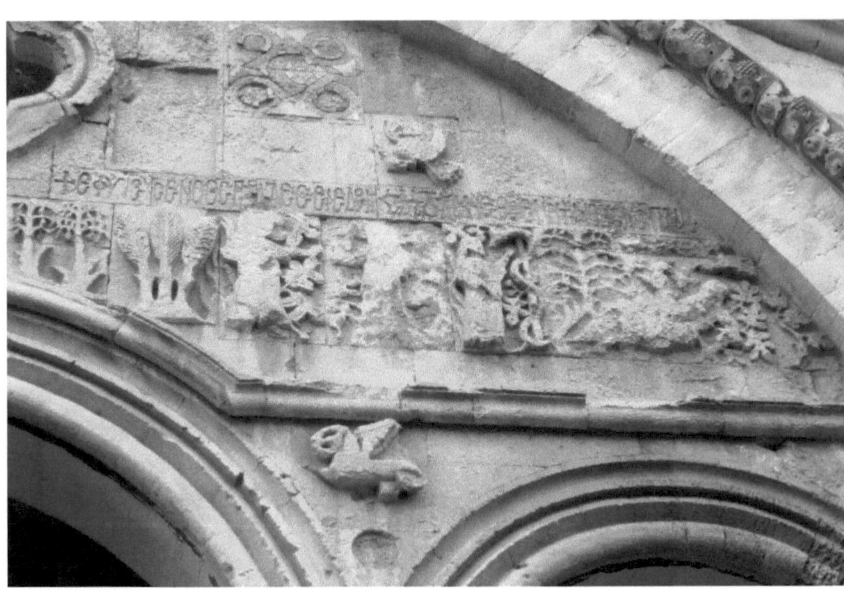

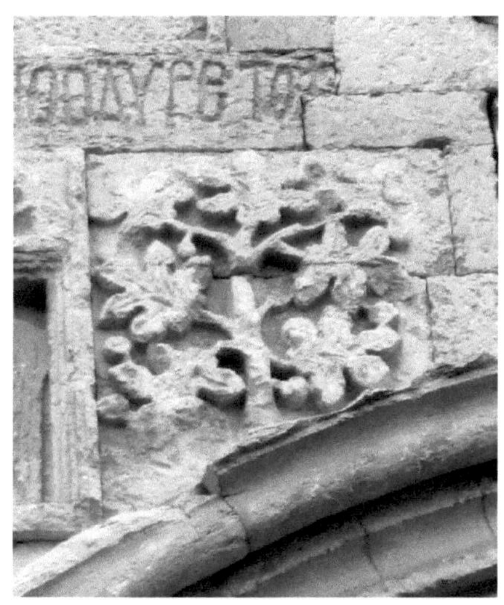

Trapezunt , im 13. Jahrhundert Hauptstadt des gleichnamigen byzantinischen Exilkaiserreichs. Die Kirche *Hagia Sophia* entstand im 13. Jahrhundert unter Kaiser Manuel II. nach der Eroberung von Konstantinopel durch westeuropäische Kreuzfahrer. Sie orientierte sich bewusst an ihrem berühmten Vorbild in Konstantinopel.

In der Çifteminareli Medrese (islamische Hochschule, allerdings nie vollendet) in Erzurum korrespondiert die Wurzel mit einem himmlischen Pendant. Im Išak Paša Sarayi (Ishak Pascha Palast), - in seiner jetzigen Gestalt aus dem 18. Jahrhundert - unterhalb des Berges Ararat (wo angeblich Noahs Arche festen Grund fand) stoßen wir auf Darstellungen von Lebensbäumen, die in ihrer geometrisch-ornamentalen Form nur noch entfernt an ihr Vorbild in der Natur erinnern, aber auch auf solche, die die abstrakten Formen floral umspielen oder als Abbilder von Bäumen im naturalistischen Sinn erkennbar sind. Die geometrischen Formen stilisieren gelegentlich die Wurzel zur wappenähnlichen Figuration: Wappen als Herkunft und somit Identität stiftend.

Hier erinnert man sich an den Baum Jesse, Christus *geboren aus einer Wurzel zart*. In den georgischen und armenischen Kirchen fallen Kreuze auf, in die Kirchenwände ein-

gelassene Steinplatten, die das Kreuz zu Blattformen auf-
keimen lassen, das Kreuz zum Leben schaffenden Symbol
werden lassen. In Ostanatolien sind wir unterschiedlichen
Formen des Christentums begegnet, die früh mit dem Islam
konfrontiert waren, und so tritt vor allem in der Rückbesin-
nung auf das Gesehene das Verbindende in den Vordergrund, wie es sich in Ornament und Metaphorik darbietet.

Çifteminareli Medrese

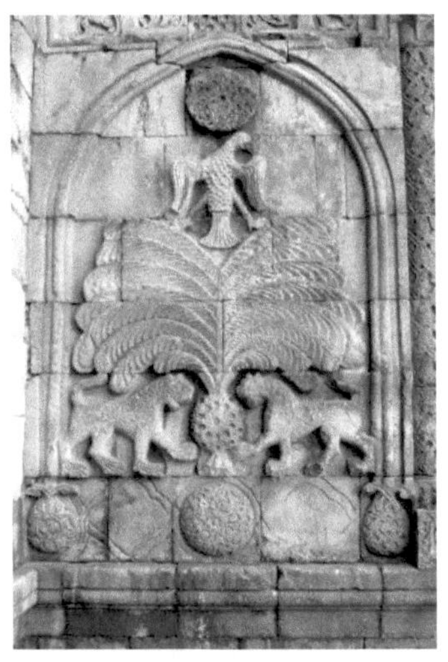

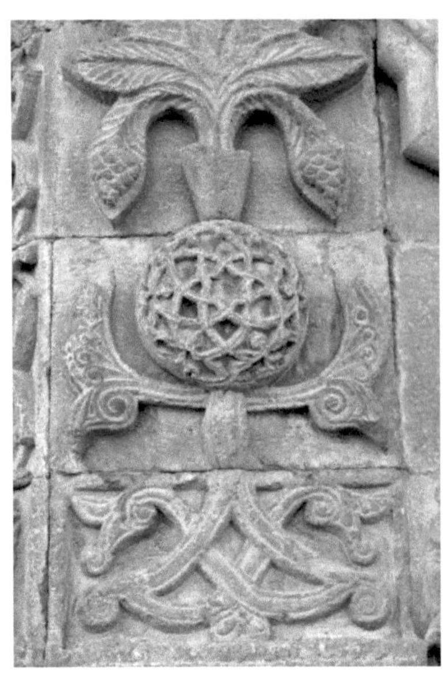

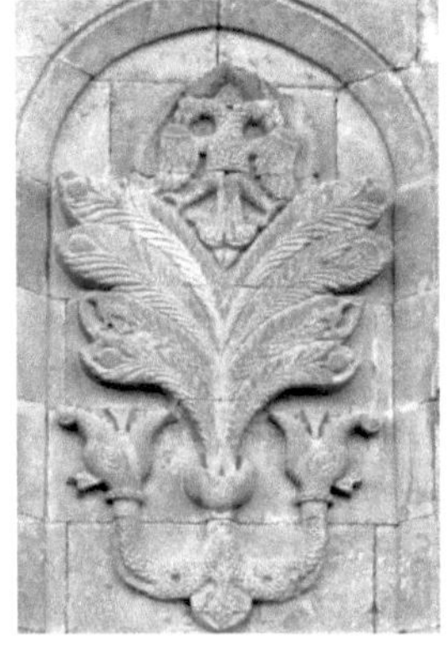

Die Çifteminareli Medrese ist eine seldschukische Koranschule, die nicht vor
1291 datiert wird, mit Doppelminarett in
der Hauptstadt Erzurum (armenisch Ar-
zen) in der gleichnamigen Provinz. Sie
liegt 1300 km östlich von Istanbul und ist
mit circa 800 000 Einwohnern eine der

zehn größten Städte der Türkei. Sie befindet sich auf einem Hochplateau 1950 Meter über dem Meer. – Die Stadt, gegründet von dem römischen Kaiser Theodosius II. um 415 n.Chr., hatte eine bewegte Geschichte. Unter byzantinischer und seldschukischer Herrschaft entwickelte sie sich trotz des rauen Klimas und der Erdbebengefahr bis zum 15. Jahrhundert zu einer wichtigen Station auf der Seidenstraße von Persien zum Schwarzen Meer. Moscheen, Medresen und Türben aus der seldschukischen Zeit (12./13. Jahrhundert) haben sich erhalten

Die Symmetrie der Minarette
Spiegelung einer Ordnung –
der Gedanke der Schöpfung
zieht sich als Sternengeflecht
über das Chaos der Welt.

Ein römisch-christlicher Raum,
der Kreuzgangsgedanke,
der das Paradies in sich birgt
mit den vier Flüssen, den vier
Ecken der Welt, die den Brunnen
vorgibt als Nabe. Die Galerie
romanischer Kirchen, die dem Pilger
zur Schlafstätte wurde, hier dient sie
dem Schüler zur Wohnung – beide
erhoffen sich Kraft von einem solchen
charismatischen Ort des Heils.

Und der Lebensbaum, der schon
in der Wurzel den Sternenhimmel
als Flechtwerk enthält und
sein Rhizom am Himmel spiegelt!

Natur wird in den abstrakten Formen
der Geometrie einem vom Menschen
nur unzureichend erkennbaren Gesetz
unterworfen: Umschreibung der
in der Metapher fassbar gemachten
Erfahrung.

In Stein geschnitten
die Sternenmuster
ineinander verflochten
die floralen Motive,
die in ihrer abstrakten Form
zur Kalligraphie mutieren,
so werden Bilder zu Zeichen
einer Botschaft, die sich
wortlos mitteilt.

Muster und Zeichen verbunden,
eingebettet in die konkav-konvexen
Stufen der Portalgewände.
Es geht nicht um das Einzelne.
Was zählt ist das Ganze,
die Gemeinschaft der Gläubigen.
Lebensbäume -
Lebensentwürfe
in eine geometrische Ordnung
gebracht.

Lebensbäume sind
Lebensentwürfe - eine
abstrakte Ordnung.

(Haiku)

Die Araber sind besessen von der Geometrie. In der Abstraktion lassen sich die großen Wahrheiten besser zum Ausdruck bringen. Das gilt auch für die Kalligraphie. Die Abstraktion, die Geometrie: eine Umschreibung, eine Reduzierung, Verknappung, Symbolisierung, eine Metapher.

Der Baum trägt
im Knoten die Knospe,
das Werden und Wachsen,
ein Sich-Verbinden und Verknüpfen,
sich auseinander lösen,
sich entwickeln: ein Einswerden
des Vielfältigen in der alles
umfassenden Idee.

Das grüne Licht der Moschee –
aus Leuchtern tropfen Lichtkristalle
von niedrigen Decken
auf den grünen Teppich.

Grün ist die Farbe der Bäume,
sie kündet von der Fruchtbarkeit
durch das lebendige Wasser.

Auf den Gebetsteppichen
eingewoben der Lebensbaum,
die menschliche Kondition
spiegelnd.

Išak Paša Sarayi (Ishak Pascha Palast)
/ Ostanatolien und das Motiv des Lebensbaums

Mitte des 17. Jahrhunderts werden die kurdischen Fürsten aus der Familie Çildirogullan erblich Statthalter von Bayazit. Der zwischen 1685 und 1784 erbaute Palast, eine Kombination von Bergfeste und Lustschloss, den 1840 ein Erdbeben teilweise zerstörte, ist heute eine gut restaurierte Ruine. Der Palast geht auf eine urartäische Befestigungsanlage aus dem 1. Jahrhundert v.Chr. zurück. Zwischen Hethitern und Assyrern entstand im 9. Jh. v.Chr. das Königreich der Urartäer mit der Hauptstadt Tuschpa (Tušpa, heute Van). Sie lag am Vansee. Hier wurden 400 Keilschrifttafeln gefunden. Urartu ist die assyrische Bezeichnung - in ihr steckt das sumerische Wort Ur, das in verballhornter Form im Namen des Berges Ararat erscheint, den die Bibel übernimmt. Mit Urartu meinten die Assyrer schlicht Bergland.

Der Gebäudekomplex des Ishak Pascha Palasts vereint armenische, georgische, persische, seldschukische und osmanische Architekturstile (Muqarna-Nische, Alfiz, filigrane Muster, floral aufgelöstes Flechtband) [30] und spielt mit dem Motiv des Lebensbaums, das immer wieder neu und in großer Abstraktion dargestellt erscheint. Auffallend ist die Auflösung des strengen geometrischen Stils ins Florale, sind

---

[30] Muqarne-Nische: muqarnas /persisch; dt. Stalaktitengewölbe; meist als oberer Abschluss einer Gebetsnische, Gestaltungselement sphärischer Flächen in hochgezogenen Portalgewölben oder in den Zwickeln beim Übergang zwischen einer viereckigen Basis und einer Kuppel.

Alfiz: aus Spanien übernommener Terminus für die rechteckige Umrahmung spanisch-maurischer Bögen.

Spiegelungen, eine leicht versetzte Symmetrie, Zeichen dieser späten Stilmischung.

Im Rücken des Išak Paša Sarayi (Ishak Pascha Palast) erhebt sich eine grandiose Kulisse, eine spektakuläre Landschaft.

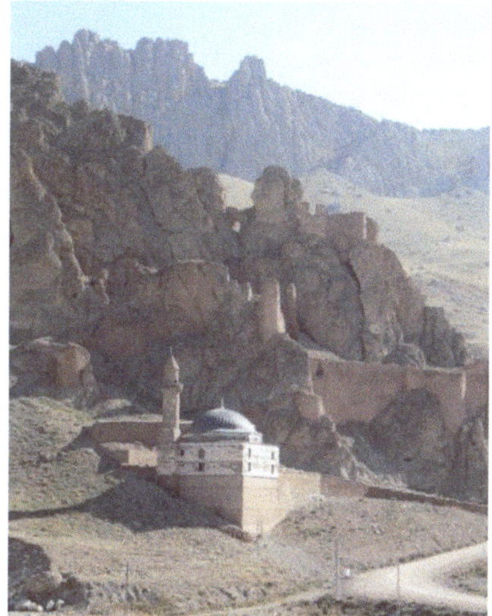

Išak Paša Sarayi (Ishak Pascha Palast) / Ostanatolien

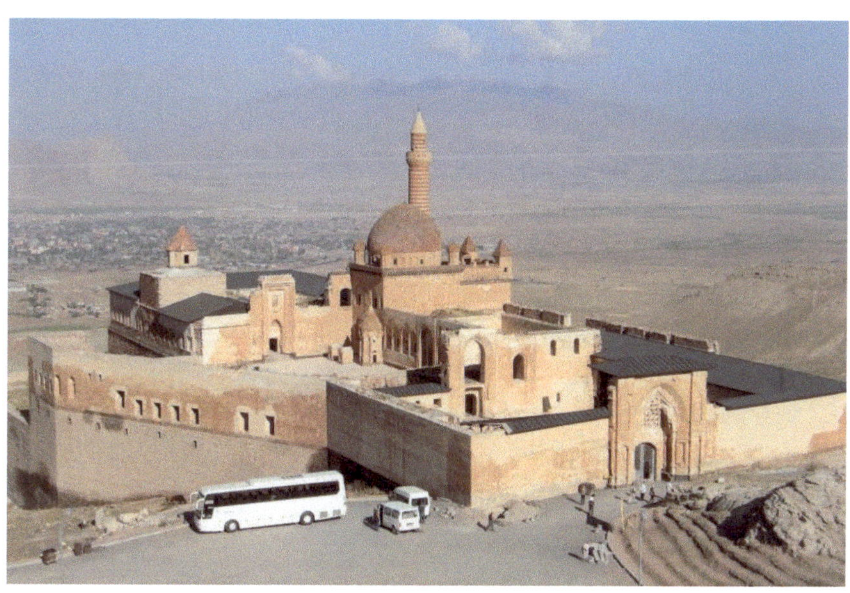

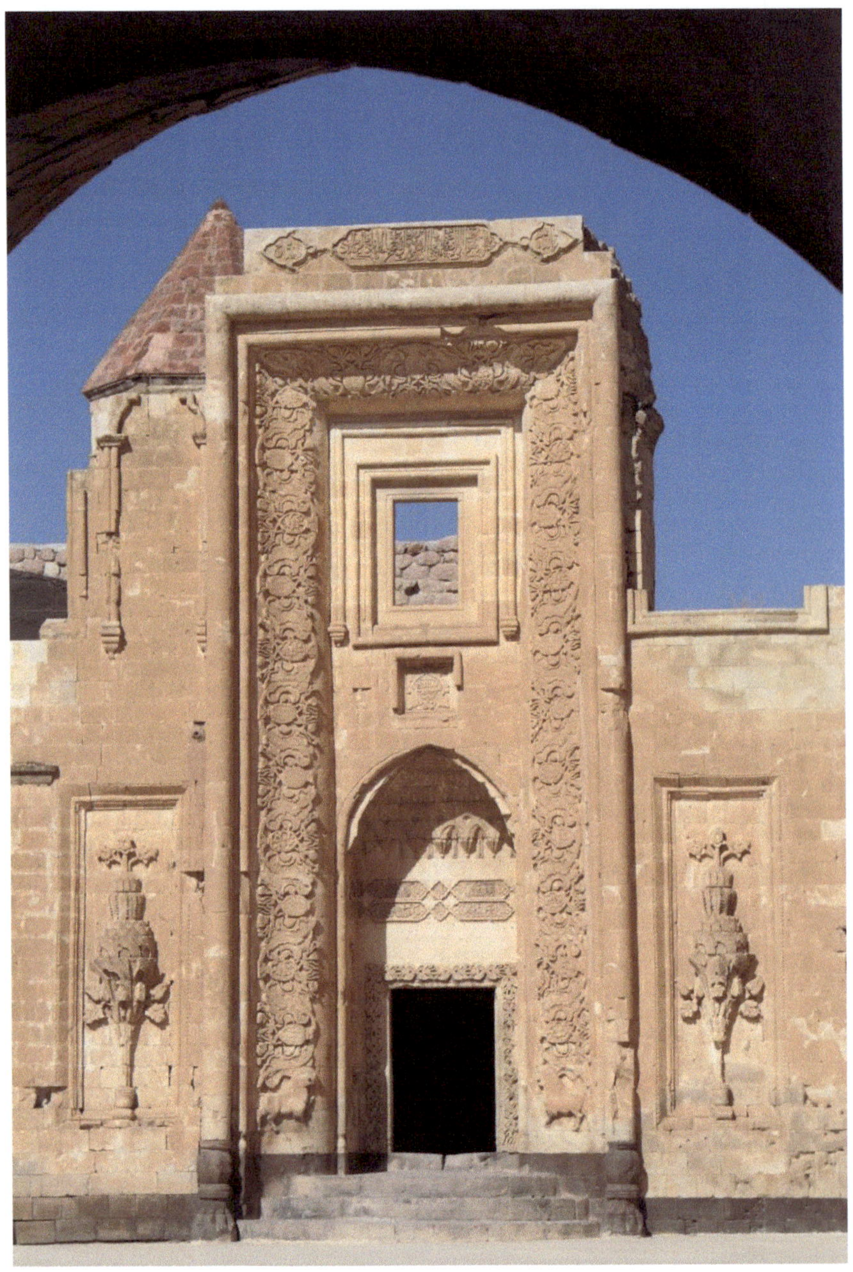

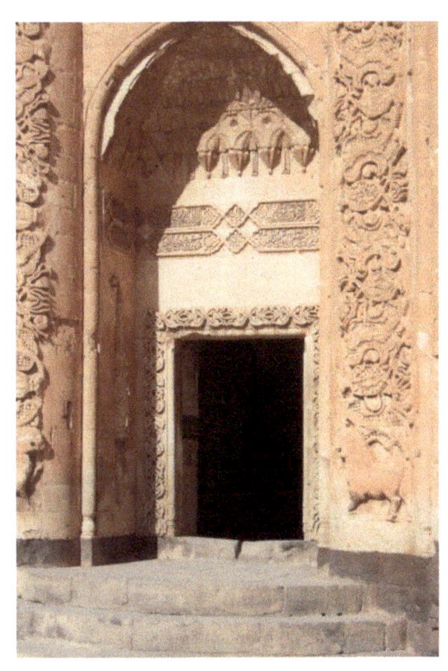

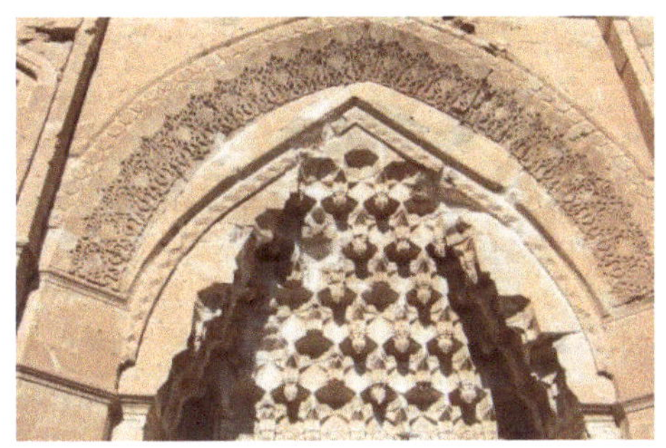

Muqarna-Nischen

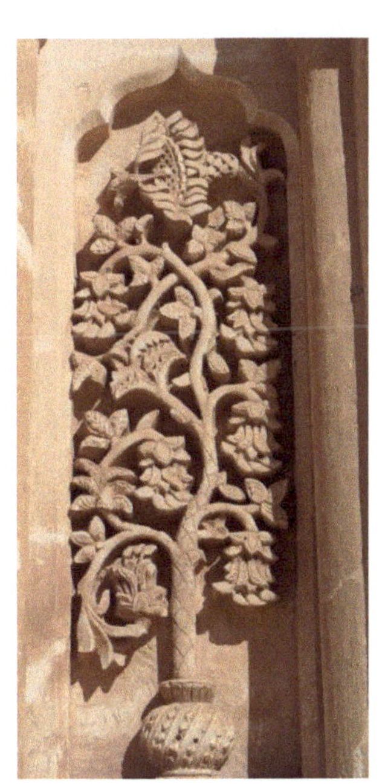

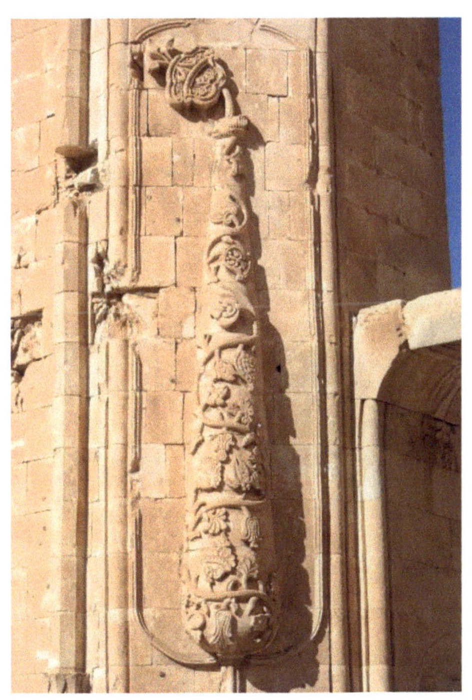

Dem Palast liegt ein labyrinthischer Plan zugrunde. Ein-
blicke, Durchblicke, die leiten, führen, in Muqarna-Nischen
Einhalt gebieten - und Symmetrie vermeiden. An den Über-
gängen, den Toren Lebensbäume, in immer neuen Variationen, als ließen sich unterschiedliche Lebensentwürfe aus
einer Geometrie entwickeln, die floral umspielt in kalligra-
phische Kartuschen münden kann.

Ursprünglich hatte der Palast 366 Zimmer, entsprechend
den Tagen eines Schaltjahres. Symbolik spielte stets eine
große Rolle. Die alten vergoldeten Tore wurden unter russi-
scher Herrschaft Anfang des 20. Jahrhunderts entfernt und
befinden sich heute in der Eremitage in Sankt Petersburg.

In der Architektur des Islam wird das Gebot „Du sollst Dir
kein Bildnis machen" strikt beachtet. Es herrscht die Abstraktion, die Geometrie: eine Umschreibung, eine Reduzierung, Verknappung, Symbolisierung, eine Metapher.

Die Geometrie wird zum Spiel.
Das Ornament zum Konstrukt
einer Ordnung. Linien verbinden
Punkte, kreuzen einander.
Über das Spielbrett schreiten,
um von der heiligen Quelle
zu schöpfen, Schatten werfend
als lebendige Figuren auf dem
Spielbrett des Lebens.

Eine Muqarna-Nische füllt das Tympanon: Stalaktiten
wölben sich zur Baumkrone, münden ins Ornament, die Kalligraphie. Aus dem grünen Rahmen, dem Stamm, öffnet

sich die Tür, als sei der Eintretende unter einen besonderen
Schutz gestellt.

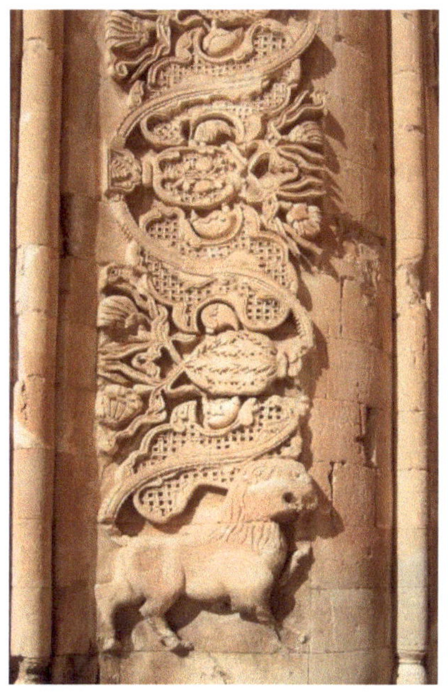

Löwen flankieren den Lebensbaum.
Blüten und Früchte tragend
und Vögel. Aus den Wurzelsternen,
die wie Wüstenrosen ein wenig Wasser
zur Entfaltung bringt, keimen Augen,
die wie Vögel in den Blättern wohnen
und in die Sterne blicken, die
unendlich weit und hoch.

Aus dem Hell-Dunkel
löst sich die Form.
Girlanden, die sich verbinden,
verknoten, das Runde gefasst
im Kantigen, der Bogen im Alfiz.

Grundelemente der Geometrie
in unendlichen Variationen.
Aneinandergereiht und,
textilen Bahnen verwandt,
ornamentale Teppiche aus Stein.

Was uns Ostanatolien lehrt
In Stein gehauene,
filigrane Motive:
christliche Tradition
eigenständig verknüpft mit
islamischen Elementen.
Berührung der Kulturen,
Annäherung an den Ursprung.
Ach, wüchse ein Begreifen:
Nathans Ring und ein jeder
verhalte sich so, als sei er ein Teil
einer größeren Wahrheit.

Blendbogen umkreisen
das Rad des Pfaus
Schriftbänder
einer gerundeten Schrift
ähnlich den Schreibübungen
der Kindheit - und
(in den Halbkreis gesetzt)
eine blaue Himmelskuppel
von ausladend breiten
Engelsflügeln umwoben.
Grünes Laub umspielt
florale Motive. Farbiger
Putz in minimalen
Fragmenten, Partikel
aus einer farbigen Welt.

Von der Zeit

Erdgeschichte und Menschheitsgeschichte

Was wir heute als Urknall bezeichnen, ereignete sich vor etwa 4,6 Milliarden Jahren. Unsere Erde war einst ein glühender Ball, der sich nur allmählich abkühlte, so dass in einem Zeitraum von 4,2 bis 3,8 Milliarden Jahren Ozeane entstehen konnten. Vor etwa 3,5 Milliarden Jahren gab es erste einfache Lebensformen. Es dauerte noch sehr lange, bis vor 600 Millionen Jahren erste Pflanzen und Tiere im Wasser lebten.

Die ersten Fische gab es vor 470 Millionen Jahren. Erste Pflanzen und Tiere an Land gab es zwischen 425 und 400 Millionen Jahren.

Erst vor rund 300 Millionen Jahren entstanden die ersten Bäume. Im Karbon - der Steinkohlezeit – wuchsen die bekannten riesigen Wälder mit Bärlapp-, Farn- und Schachtelhalmbäumen in einem feuchten und tropischen Klima. Erst nach dem Rückgang dieser Baumlandschaft und auf Grund eines trockeneren Klimas entstanden vor 270 Millionen Jahren die Vorgänger unserer heutigen Nadelbäume. Sie beherrschten über 200 Millionen Jahre das Landschaftsbild. In dieser Zeit entwickelte sich auch eine Baumart, die als erdgeschichtliche Besonderheit bis heute überlebt hat: Der Ginkgobaum. Er ist eine Übergangsart zwischen Nadel- und Laubbaumarten.

Der Ginkgo

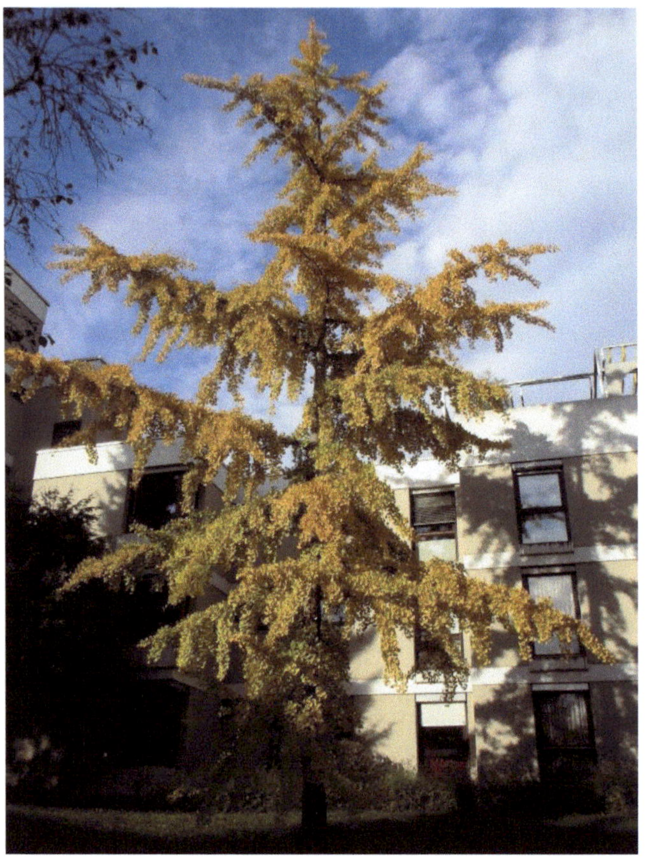

Als sich am Ende des Erdaltertums (geologische Periode des Obercarbon / Perm) vor etwa 300 Millionen Jahren die Samenpflanzen in der Form der Nacktsamer entwickelten, waren die Gingkogewächse, die Kieferngewächse und die Palmfarne die einzigen Bäume auf der Erde. Laubbäume gab es erst ab der Periode der Unteren Kreide vor etwa 135 Millionen Jahren. Ihre größte Fülle an unterschiedlichen

Formen erreichten die Ginkgoarten im Erdmittelalter, im Jura, vor etwa 190-135 Millionen Jahren. Damals waren sie auf der ganzen Welt verbreitet. Am Ende der Kreidezeit vor etwa 70 Millionen Jahren kam es zu einer drastischen Artenverarmung.

Unser heutiger Gingko biloba hat sich vermutlich am Ende der Kreidezeit zu einer eigenen Art entwickelt, dann aber als einzige Art im Quartär an wenigen Stellen in China als „lebendes Fossil" (Darwin) überdauert. Nach Linné ist der *Gingko biloba* zweilappig (bilobus: zweilappig), nach der Form der Blätter benannt. Er wuchs in der Regel in der Nähe von Tempeln und Pagoden. Man nahm an, dass er dort besondere Pflege erfuhr. Die botanischen Besonderheiten entsprechen fernöstlichen Glaubensvorstellungen. Das Prinzip der Zweiteilung des botanisch „zweihäusigen" Baumes (es gibt weibliche und männliche Bäume) und die Zweiteilung des gespaltenen Blattes stehen für die Polarität des Kosmos, für die Polarität von „Yin und Yang", Tag und Nacht, Raum und Zeit. Aus dem beständigen Kampf dieser Gegensätze entsteht nach der östlichen Auffassung das Leben. Aus diesem Grunde wird der Gingko bei den Tempeln immer paarweise angepflanzt. Der Baum ist weitgehend immun gegen Schadstoffe und Schädlinge und kann sehr alt werden. Seine unglaubliche Lebenskraft ist auch der Grund, weshalb er im Fernen Osten als Wunschbaum genutzt wird.

Im 18. Jahrhundert wurde er nach Europa und Amerika gebracht. Der Gingko ist weder ein Nadelbaum, noch ein Laubbaum und unterscheidet sich biologisch in vielerlei Hinsicht von diesen.

Als im 18. Jahrhundert die „Englischen Gärten" den barocken Stil ablösten, erhielt der merkwürdige Exot Gingko aus dem Fernen Osten einen Platz darin, was sich im 19. Jahrhundert fortsetzte, so dass der Baum sich weiterverbreitete. Goethes berühmt gewordenes Gedicht an Marianne Willemer verschaffte ihm zusätzliche Popularität. Auch entflammte des Dichters Interesse für den „Urbaum" Gingko.

Das Gingkoblatt wurde für Goethe zum Sinnbild für die „Einheit des Auseinanderstrebenden", für die gleichzeitige „Doppelheit und Einheit". Dahinter steckt Platons Idee der ursprünglichen Ganzheit der Menschen, die dazu führe, dass jeder Mensch auf der Suche sei nach seiner anderen Hälfte. Dieser Mythos ist als Symbol im Blatt des Gingko enthalten. Und so lauten die beiden letzten Zeilen Goethes an Marianne von Willemer: „Fühlst du nicht an meinen Liedern / Dass ich Eins und doppelt bin."

Vor rund 100 Millionen Jahren kamen schließlich die Laubbäume und wurden zum vorherrschenden Wald.

Die Evolution des Waldes

Vor etwa einer Million Jahren begann sich das Klima auf der nördlichen Halbkugel stark abzukühlen. Vor 600 000 bis 120 000 Jahren wechselten vier Eiszeiten mit wärmeren Zwischenzeiten ab. Nach dem Rückzug der großen Inlandvereisungen und der Zunahme der Temperatur kam die Pflanzenwelt zurück. Allerdings waren viele Pflanzenarten ausgestorben und eine Rückwanderung war durch den hohen Alpenriegel erschwert. Die Folge war eine viel artenärmere Flora als vor der der Eiszeit. In die Tundren wanderten zunächst Pionierbaumarten wie zum Beispiel Birken und Kiefern ein. Dann kamen mit ansteigenden Temperaturen Haselstrauch und Eichen. Von 5 500 bis 2 500 v.Chr. dehnten sich die Mischwälder mit Eichen, Linden, Ulmen und Eschen aus. Das dann folgende etwas kühlere und feuchtere Klima führte dazu, dass die Eichen sich auf die Ebenen zurückzogen, während die Buchen ohne menschliches Eingreifen heute die am weitesten verbreiteten Bäume wären.

Am Beispiel des oberschwäbischen Federsees lässt sich die Entwicklung des Baumbewuchses am Ende der Eiszeit vor rund 15 000 Jahren so darstellen:

Mit dem feuchteren Klima und den steigenden Temperaturen kommt es zu einer immer dichter werdenden Bewaldung. Zunächst waren es lichte Bestände aus Wacholder, Sanddorn und Zwergbirke. Dann waren für Jahrtausende Moorbirke und Kiefer dominierend. Zu den Herdentieren der Tundra, Wildpferd und Rentier, gesellten sich mit Hirsch, Elch, Biber und Reh die ersten Waldbewohner. Die Menschen mussten sich den veränderten klimatischen Verhältnissen anpassen. Die Seen brachten eine Auswahl an

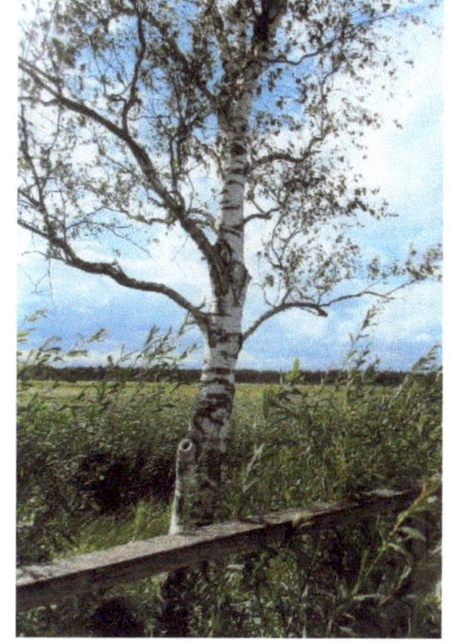

pflanzlicher Kost dazu Fische und Wasservögel.

Vor 10 000 Jahren kam es zu einer weltweiten Erwärmung. Es setzte ein bis heute wirksamer Klimawandel ein. Zu Birke und Kiefer kamen nun Haselnuss, Ulme und Eiche sowie Ahorn, Linde und Esche. Im Verlauf weniger Generationen entstanden aus dieser Pionierbewaldung große Eichenmischwälder. Mit dem Verschwinden der landschaftsprägenden Tundra verloren die in großen Herden lebenden Rentiere und Wildpferde ihre Lebensgrundlage. In dieser vom Wald geprägten Umgebung gewannen die Seen als Nahrungsquelle für die Menschen zunehmend an Bedeutung. Die Siedlungen entstanden im Verlandungsbereich des Niedermoors in Form von Pfahlbauten oder auf das Ufer begleitenden Höhen und Kuppeln.

Dank ihrer Anspruchslosigkeit ist die Kiefer die einzige Baumart, die auf den nährstoffarmen Hochmoorflächen bestandsbildend gedeihen kann. Ihr harzreiches Holz bietet für Bauzwecke Dauerhaftigkeit und Witterungsbeständigkeit. Mit ihrer Wuchssensitivität ist die Moorkiefer zugleich ein wertvolles Klimaarchiv für die Erforschung von Umweltveränderungen im Moor, insbesondere für die Rekonstruktion von Grundwasserschwankungen, die die Siedlungsgeschichte am Federsee, in Oberschwaben und am Bodensee mehrfach unterbrach. Unregelmäßigkeiten dieser Art lassen sich am Holz der Kiefer ablesen.

Die Siedlungen am Federsee, der sich damals weiter erstreckte als heute, standen in einem frühen kulturellen Bezug zum Bodenseeraum, lagen am Schnittpunkt nordalpiner und donauländischer Einflüsse. Es gab Häuser in ebenerdiger Moorbauweise und abgehobenem Wohnniveau, Pfahlbauten. Was den Hausbau betraf, so bestand das Gerüst aus tragenden Pfosten mit Wänden aus Weidengeflechten oder Spaltbohlen, die anschließend mit Lehm verkleidet wurden. Über die Dachdeckung ist wenig bekannt. Als Materialen kommen Holzschindeln, Baumrinde, Schilf aber auch Stroh (Emmer) in Betracht. Doch liefern die Ausgrabungen trotz idealer Bedingungen im feuchten Milieu des Moores kaum verwertbare Hinweise auf die Firsthöhe der Häuser, die Dachneigung und die Deckung der Dächer. So finden sich im Freigelände des Federsee-Museums neben Schilf- und Strohdächern auch Dachdeckungen mit Rinden von Bäumen, vor allem der Birke. Auch Schindeln wurden verwendet sowie Gras, was in der entsprechenden Zeit handwerklich möglich gewesen wäre. Rindendächer sind aus Mittelasien und Nordamerika bekannt. Wenn die Bäume, vorzugsweise Linden, im Mai „im Saft stehen", lassen sich lange Rindenbahnen mühelos vom Stamm schälen. Man kennt das vom Schälen der Korkeichen in Portugal. Der Bast der Linde war Rohstoff für die Textilherstellung, das Abfallprodukt, die Rinde, stand so als Dachdeckungsmaterial ausreichend zur Verfügung. Im frisch geschälten Zustand lassen sich die Rinden leicht biegen und ebnen. Beim Trocknen gehen sie aber in ihre natürliche Form zurück. Um dies zu verhindern benutzte man Klemmlatten, die man fest auf die Rinden des Dachgerüsts presste und so flache Schindeln bekam.

Am Anfang der Besiedelung standen Großbauten von mehr als 30 Meter Länge und über 150 m² Grundfläche. Doch führte der feuchte und wenig tragfähige Untergrund zu kleineren und leichteren Häusern, zunächst zu ein- oder zweiräumigen Häusern in Ständerbauweise, wobei das tragende Gerüst aus eingerammten Pfählen mit entsprechend gegabelten Ästen am oberen Ende bestand, in denen die Firsthölzer aufliegen konnten. Die Wände wurden aus Rundhölzern zusammengefügt, aus gespaltenen Stämmen, Brettern oder aus Flechtwerk, zarten, biegsamen Zweigen. Zur Isolierung diente Lehm mit dem Zusatz von Sand, Stroh oder Kuhmist. Mit Rindenbahnen isolierte man den Fußboden, der dann mit Lehm bestrichen wurde.

Bäume können sehr alt werden, wenn man sie denn lässt. Bis vor kurzem galt eine Kiefer in Kalifornien (Pinus longaeva) mit ca. 5070 Jahren als ältester Baum unseres Planeten. Solche Pflanzen sind nicht eigentlich sterblich. Diese Bäume können sich selbst erneuern. „Denn ein Baum erneuert jedes Jahr an fast allen Organen einen Teil der Gewebe: Er treibt neue Blätter und Zweige, bildet einen neuen Jahresring im Holz und neue Bastzellen in der Rinde sowie neue Wurzeln, sodass die jüngsten Organe und Organbereiche in der Regel maximal ein Jahr alt sind, wobei es sich bei den genannten Organen um Blätter, Zweige, den Stamm und die Wurzeln handelt. Neue Äste und Wurzeln können das Überleben des Baumes sichern, während gewisse Teile absterben." [31]

Es ist sind Umweltbedingungen, die den Baum vor Schädlingen, Krankheiten und Beschädigungen über einen langen Zeitraum schützen. Dazu trägt das entsprechende Klima entscheidend bei. Die nur dreimonatige Vegetationszeit der oben genannten „Langlebigen Kiefer" hält die Schädlinge in Schach. Durch die kalten Winter verlangsamt sich das Wachstum, so altert sie auch langsamer. Die Selbsterneuerung lässt allerdings die Krone altern und absterben, da der Nährstoffaustausch nicht mehr in ausreichendem Maße stattfinden kann.

Vor 200 bis 65 Millionen Jahren lebten die Dinosaurier. Sie beherrschten etwa 140 Millionen Jahre lang die Erde. Von ihnen stammen die Vögel ab, die also einen ungeheuer langen Stammbaum durchlaufen haben. Forscher fanden versteinerte Überreste zweier Vögel im Nordosten Chinas. Radiometrische und stratigrafische Analysen ergaben, dass die frühen Vögel vor etwa 130,7 Millionen Jahren in der Unterkreidezeit gelebt hatten. Sie hatten offenbar ein voll-

---

[31] Handbuch der Baumdiagnostik

ständig erhaltenes Federkleid, woraus man schließt, dass sie fliegen konnten. Älter als die Fossilien aus China sind nur die Funde des Ur-Vogels Archaeopteryx, dessen Überreste auf der Fränkischen Alb in den Solnhofener Plattenkalken entdeckt wurden und in die Oberjura-Zeit vor 152,1 Millionen bis 145 Millionen Jahren datiert wurden. Fossile Überreste von Vögeln aus dem Erdmittelalter, der Zeit der Dinosaurier, aus denen sie sich entwickelten, sind selten.

Das älteste Fossil eines Vogels der Neuzeit ist über 66 Millionen Jahre alt und wurde an der niederländisch-belgische Grenze in Kalkstein gefunden. Es stellt eine Mischform von Huhn und Gans dar.

Nachdem die Dinosaurier ausgelöscht waren, traten vor 65 Millionen Jahren die Säugetiere als bestimmende Art auf. Aber erst vor zwei Millionen Jahren kamen unsere Vorfahren ins Bild.

Vor 6 Millionen Jahren lebten die gemeinsamen Vorfahren von Mensch und Schimpanse. Wie wir heute wissen, gab es viele Vorformen von Affen und Australopitheci, die vor 4 bis 2 Millionen Jahren auf zwei Beinen gingen. Und erst vor 200 000 Jahren breitete sich der Homo sapiens, von Afrika kommend, als die beherrschende Menschenart auf der Erde aus.

Unterteilt man auf einer Urzeit-Uhr die Erdgeschichte in zwölf Stunden, dann entstehen in einem ungeheuer langen Zeitraum, nämlich zwischen 3 und 10:30 Uhr die ersten einfachen Lebensformen. Zwischen 10:30 und 11:00 Uhr entwickeln sich Lebewesen im Wasser, die sich danach bis 11:25 auch auf dem Land ausbreiten. Bis 11:50 Uhr entwickelten sich die Dinosaurier. Als sie untergegangen waren, entwickelten sich zehn Minuten vor 12 Uhr aus einem ganz kleinen Säugetier auch die größeren Säuger. Erst eine Minute vor 12 Uhr erschien der Mensch.

Die Erdgeschichte erstreckt sich über einen ungeheuren Zeitraum, und Homo sapiens kam erst in der allerletzten Minute. Das Leben der Menschen auf unserem Planeten nimmt einen kurzen Zeitraum ein im Vergleich zur vorausgehenden Geschichte der Erde. Und das Leben eines jeden Einzelnen von uns entspricht einem Wimpernschlag.

Sowohl der Baum, als auch der Vogel, bewohnen die Erde schon weit länger als wir. Fühlen wir vielleicht auch dadurch unbewusst gerade zu ihnen eine Affinität?

Der Baum als klassisches Ordnungssystem wurde der Botanik entlehnt. Das geht auf Platon zurück. Boëthius sprach im 6. Jahrhundert erstmals von einem Baum als hierarchischem Ordnungssystem. Auch dem Stammbaum Jesu liegt in der Bibel das Bild des Baumes zu Grunde. Aus der Wurzel (Jesse) wächst ein Stamm, aus ihm die einzelnen Zweige. Diese Darstellung findet sich, wie beschrieben, in Kirchen seit der Romanik wieder.

In der Naturwissenschaft der Neuzeit wurde das klassische Ordnungssystem hinterfragt. Den Baum, den auch Darwin für die Darstellung der Evolution benutzt, hat die moderne Forschung durch den Strauch ersetzt, der Zweige in unterschiedliche Richtungen aussendet. Auf die Evolution des Menschen bezogen bedeutet das, dass der Mensch sich an unterschiedlichen Orten der Erde entwickelt hat.
Das Menschenleben –
ein Wimpernschlag

in der Erdgeschichte –
in einer
Zeitskulptur
verdichtet.

Zu Rainer Vogt,
Textskulptur aus geschichteten
Manuskriptblättern

Zeitskulptur

Kubus
aus plattgedrückten Blättern
hinter Plexiglas geborgen -
so gleichen
die Tagesstreifen
der Schreibarbeit
den Jahresringen
der Bäume.
Auch diese Blätter
sind Holz,
verarbeitet,
verändert und
aufs Neue einem
unvermeidlichen
Alterungsprozeß
unterworfen:
Zersetzung,
Bleichung,
Vergilbung,
Eindunkelung.

Der Kubus aus
Tagesstreifen

wird so zum Turm.
Gleich dem von Babel
enthält er Verwirrung
und Spaltung der Zungen,
denn Textstrukturen
übereinandergeschichtet,
optisch verdichtet,
auf Spuren reduziert,
zu Hieroglyphen zerlegt,
werden zu Figuren
jenseits verbindlicher
Lesbarkeit.

Zerfall der Zeit
in der Zeit, Zerfall
des Menschen, der
die Blätter beschrieben.
Auch die geistige Struktur,
die organisch gewachsen und
sich verdichtet, zersetzt sich,
zerfällt zu Staub:
das begrenzte Leben
in der Zeit -
schwer zu ertragen
ist solche Erkenntnis.

*Und Gott sprach: Es werden Lichter an der Feste des
Himmels, die da scheiden Tag und Nacht und geben Zeichen, Zeiten, Tage und Jahre [...] Und Gott machte zwei
große Lichter: ein großes Licht, das den Tag regiere, und ein*

*kleines Licht, das die Nacht regiere, dazu auch Sterne. [...]
Da ward aus Abend und Morgen der vierte Tag.* [32]

Die Zeit in Orient und Okzident

In Syrien sind wir wieder einmal auf die unterschiedlichen Zeitvorstellungen von Orient und Okzident gestoßen. Der Islam stellt sich noch in die Tradition der Sumerer und all derer die danach kamen. Wie die Ägypter und wohl alle Menschen der Frühe hatten sie einen kosmischen Bezug, der die Länge von Tag und Nacht vom Lauf der Sonne abhängig macht. Dieser dem kosmischen Ablauf angepassten Lebensführung fügt sich der Islam in seiner Gebetsordnung. So ist die Länge des Schattens am Tage maßgeblich. Wir haben in Aleppo tatsächlich erlebt, wie der Muezzin zu rufen begann, als die Menschen um uns herum einen Schatten warfen, der etwa ihrer Körperlänge entsprach. Das war faszinierend zu sehen. Das Dämmern am Morgen und am Abend wird pragmatisch festgesetzt auf den Moment, wo ein schwarzer von einem weißen Faden unterscheidbar wird. Die Kolonialmächte, wohl in erster Linie Großbritannien, haben Uhrtürme in die Städte gesetzt, die der dem Sonnenlauf angepassten Zeit die mechanische Zeit entgegenstellen. Kann man eine bessere Metapher finden für das unterschiedliche Erleben von Orient und Okzident?

---

[32] 1. Mose 1, 14-18. (Nach der Übersetzung von Dr. Martin Luther)

Vom Messen der Zeit

Das Gnomon

Der Schattenstab der
Sonnenuhr verweist auf das
Zusammenspiel von Licht und
Schatten in der Natur wie
im Leben von uns Menschen.

 Die Wasseruhr

Geschichtet wird das
Wasser zum abstrakten Bild
zerronnener Zeit.

Die Sanduhr

Sanduhren geben
das Zeitmaß vor – zeigen an
die volle und die
abgelaufene Stunde –
unerbittlich die Zeit.

Mechanische Uhren
müssen täglich aufgezo-
gen werden – mit der Zeit
unterscheiden sich die
Zeitangaben -sie ticken
alle ein wenig anders so
wie der Mensch auch.

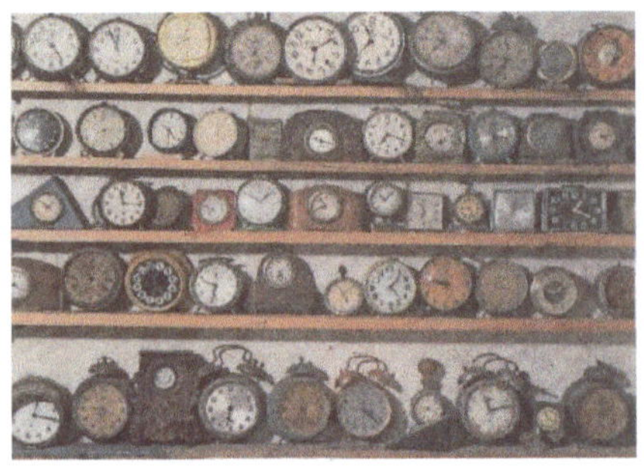

Die astronomische Uhr im Dom zu Münster / Westfalen

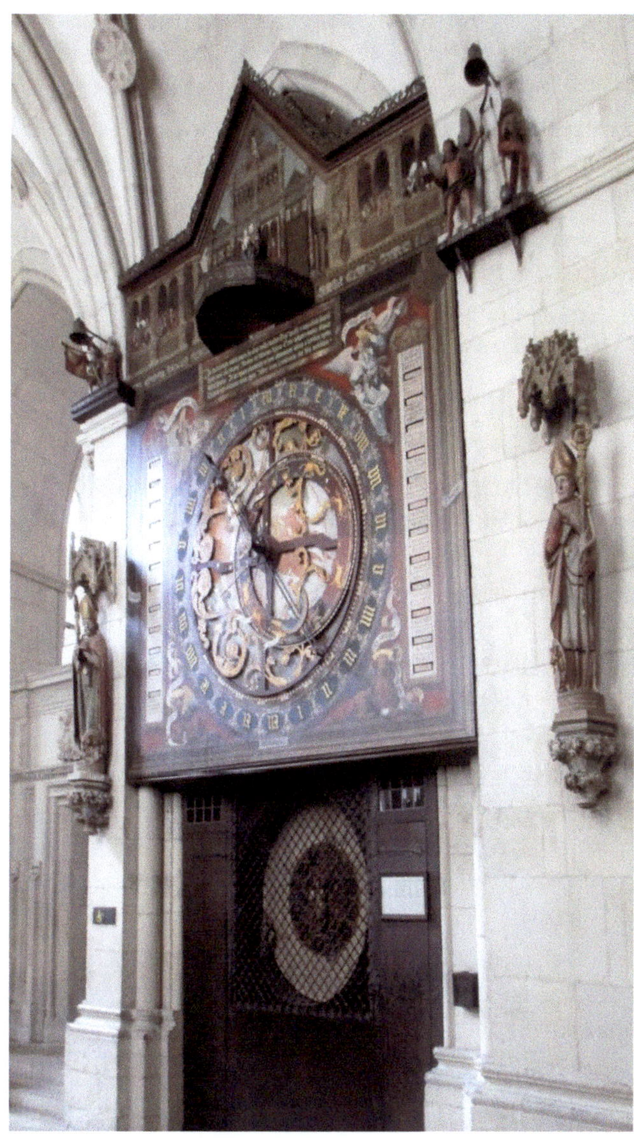

Die astrono-
mische Uhr im
St. Paulus-
Dom zu
Münster be-
findet sich im
seitlichen
Chorumgang
und ist trotz
Zerstörungen
und nachfol-
genden Res-
taurierungen
ganz beson-
ders gut er-
halten. Sie ist
das Gemein-
schaftswerk
des Mathe-
matikers und
Buchdruckers
Dietrich
Tzwyvel, des
Minoriten und
Dompre-
digers Jo-
hannes von
Aachen und
des Schmieds
Nikolaus Win-
demaker. Sie

wurde geschaffen, nachdem die radikale Bewegung der Täufer durch ihren Bildersturm 1534 die Vorgängeruhr aus dem Jahr 1408 zerstört hatte. Die Malereien stammen von dem Münsteraner Ludger tom Ring d. Ä. Die astronomische Uhr in Münster aus den Jahren 1540 bis 1542 ist eine der bedeutendsten im deutschsprachigen Raum und entspricht anderen Uhren dieser Art in den Kirchen von Hansestädten wie Lübeck, Stralsund und Rostock. Sie weist mit diesen eine Reihe von Gemeinsamkeiten auf. Die Uhr ist zudem eine der wenigen noch existierenden, sich entgegen dem Uhrzeigersinn drehenden, öffentlichen Großuhren.

Die astronomische Uhr weist eine klassische Dreiteilung auf:

In der Mitte fällt eine große Uhrscheibe ins Auge. Sie besticht durch komplexe Anzeigen und eine künstlerisch ausgezeichnete farbige Gestaltung. Hier befindet sich das Astrolabium, das zu den Stunden und Minuten die Mondphasen und Planetenstellungen anzeigt. Die oberhalb der Uhrscheibe befindliche lateinische Inschrift („In hoc horlogio mobili poteris haec aliaque multa dignoscere …") weist auf die wichtigsten Funktionen der Uhr hin:

Auf dieser beweglichen Uhr kann man dies sowie vieles andere ablesen: Die Zeit der gleichen und ungleichen Stunden; den mittleren Gang der Planeten; das aufsteigende oder absteigende Tierkreiszeichen, überdies die Anfänge und Untergänge einiger Fixsterne. Ferner auf beiden Seiten des Werkes die Herrschaft der Planeten in den astronomischen Stunden. Oben den Opfergang der drei Könige, unten das Kalendarium mit den beweglichen Festen.

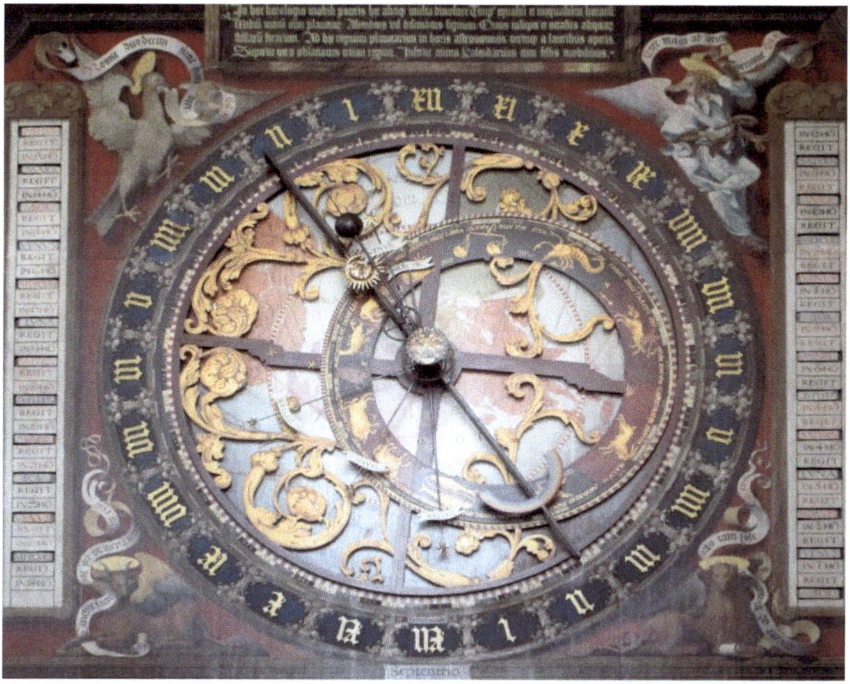

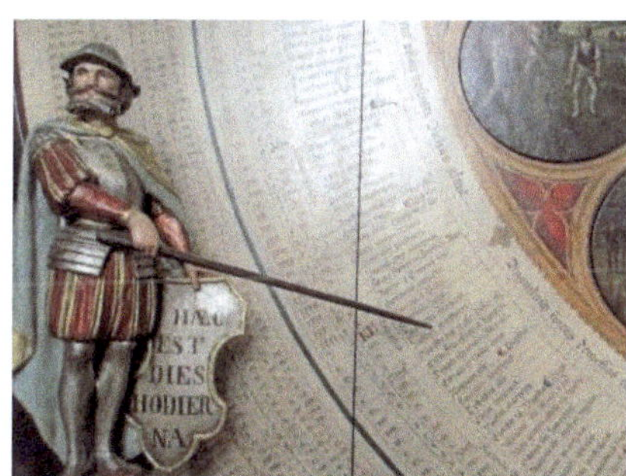

Ein Mann zeigt mit einem
Stab auf den jeweiligen Tag.

In der Mitte der Heilige Paulus
mit Buch und Schwert.

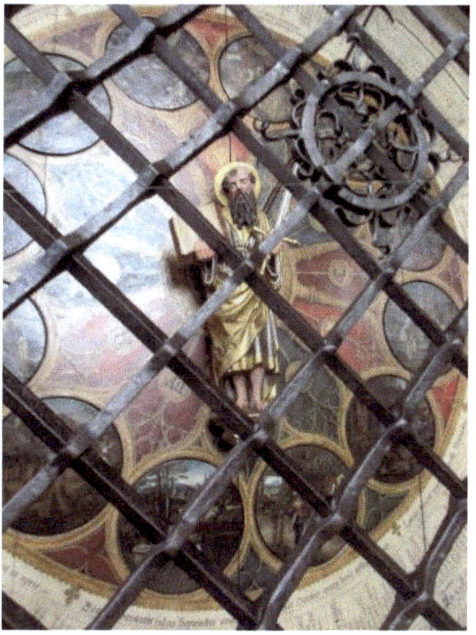

Der große Stundenzeiger folgt den Stundenmarkierungen in römischen Zahlen. Der Minutenzeiger folgt einer Reihe kleiner Zahlen auf der äußeren Kante der Scheibe. Diese Zahlen sind von 5 bis 60 in Fünf-Minuten-Schritten angeordnet. Auf einem kleineren Kreis nach rechts gerückt lassen sich die Zeichen des Tierkreises erkennen. Die Stellungen von Sonne, Mond und den Planeten bewegen sich auf einer elliptischen Bahn an entsprechenden Zeigern. In der Abbildung ist es August, das Sternbild des Löwen nähert sich dem der Jungfrau. Die Planeten Jupiter, Venus, Mars und Saturn sind an eigenen Zeigern entsprechend ihrer momentanen Stellung ablesbar. Unterlegt ist das Zifferblatt mit einer spiegelverkehrt abgebildeten Weltkarte, was den astronomischen Zwecken geschuldet ist, einer Weltkarte, wie sie der Zeit entsprach. Die Scheibe selbst ist neben dem technischen Meisterwerk auch ein künstlerisches. Die goldenen Spiralen lassen an ein Werden und Vergehen, an den Wechsel von Tag und Nacht denken, zumal die Stundenmarkierungen einem 24-Stunden–Tag entsprechen.

In den Zwickeln stehen die Evangelistensymbole mit Sprüchen, die (unvollständig abgebildet) die Zeit in einen theologischen Kontext stellen. Flankiert wird die Uhrscheibe links und rechts durch zwei Planetentafeln, die die Stunden bis zum Morgen (auf der rechten Seite, im Osten) und die Stunden der Tagesmitte bis zum Sonnenuntergang (auf der linken Seite, im Westen) anzeigen. Das Ganze ist Zeugnis eines zum damaligen Zeitpunkt höchsten Stands der entsprechenden Wissenschaften.

Der untere Teil, den ein spätgotisches ornamentales Gitter schützt, enthält das Kalendarium mit zwölf Kalendersprüchen, den Daten sowie Monatsbildern, die die jahreszeitlichen Tätigkeiten zum Inhalt haben, begleitet von zwölf lateinischen Kalenderversen. Es handelt sich um einen fortlaufenden oder ewigen Kalender, der für die Jahre 1540 bis 2071 eingerichtet ist. Durch diesen Zeitraum wird eine 532 Jahre umfassende, sogenannte Dionysische Ära dargestellt, nach deren Ablauf alle Angaben über den 19-jährigen Mond- und 28-jährigen Sonnenzyklus wieder an demselben Monats- und Wochentag eintreffen, wie im ersten Jahr der 532-jährigen Periode, 1540.

In der Mitte des Kreises, der sich als Blüte darstellt, steht der Heilige Paulus mit Buch und Schwert – er ist ja der Patron des Domes. Auf der unteren Scheibe sind die Tage eines jeden Monats verzeichnet, dazu der oder die entsprechende Heilige oder ein besonderer Gedenktag. Ein Mann zeigt mit einem Stab auf den jeweiligen Tag, in unserem Fall ist es der 4. August, der Tag des gerechten Kirchenältesten. Ursprünglich folgte die Uhr dem alten Julianischen Kalender, der im Jahr 1582 vom heutigen gregorianischen Kalender abgelöst wurde. Zum Zeitpunkt unseres Besuchs in Münster war die Uhr auf dem Stand des Gregorianischen Kalenders.

Der obere Teil der Uhr besteht aus einem Giebel, in dem Jerusalem das Zentrum bildet. Hier schauen gemalte Bürger von Münster dem einmal täglichen Umlauf der Könige zu. Links oben bläst ein Mann die Stunden, seine Frau schlägt dazu die Glocke. Rechts dreht Chronos als Gott der Zeit (1696 hinzugefügt) alle Viertelstunde das Stundenglas, und der Tod daneben schlägt seine Glocke, ein *memento mori*.

Eine solche Uhr enthält das Wissen ihrer Zeit, ist das Werk eines Teams, das über unterschiedliche Kompetenzen verfügte. Astronomie und Astrologie sind damals noch nicht getrennt. Daher spielen die Tierkreiszeichen, Mond- und

Sonnenstand, der Stand der Planeten und der Sterne zu bestimmten Zeiten eine für den Menschen wichtige Rolle. Die künstlerische Gestaltung entspricht dem von der Wissenschaft vorgegebenen Niveau.

Die Uhr der Bäume

Die Uhr der Bäume -
ein Zyklus
wie die Bewegung des Rades,
Wiederkehr des Gleichen,
des Vertrauten –
die Ahnung dessen,
was werden soll:
die Knospe keimt,
wenn die Blätter fallen,
die Frucht wächst heran
in der Blüte, und
das Feuer entbrennt,
wenn vermeintlich
das Ende naht,
ein Sich-Aufbäumen und
ein Fest der Farben, der Sinne -
was bleibt, ist Knospe:
das Licht wächst hinein
in das neue Jahr,
spiegelt sich in Eis und Schnee,
die sich wie ein wollenes Tuch
über das Werdende legen.

Wie das Laub der Bäume

Wie Bäume die Last
abwerfen
in bunten Blättern
wenn es Herbst wird –
wie Kleider, die getragen
wurden an Tagen,
die man erinnert –
Momente, die sich
einprägten wegen
einem wesentlichen
Bezug zum Leben –
die Endlichkeit des Laubs
korrespondiert mit
unserer Vergänglichkeit
doch ist es die Farbigkeit
die unser Erinnern prägt
und in solchen Herbst-
tagen lebhaft
zu Tage tritt.

Für Martin Walser

Sprachlaub fällt – im Herbst
wie die Blätter – bunt und doch
Abschied mit Wehmut.

Ich trage, wo ich gehe

Das Raster der Zeit
unerbittlich wie die Zeiger
der Uhr, das Fortschreiten
der Tage nach dem Kalender,
der Reihung der Jahre,
festgezurrt durch Zahlen
wie Namen, um die sich
Ereignisse ranken, Erfahrungen
ausbreiten, die sich sortieren
vermengen – und Bilder, die sich
über die Chronologie legen
locker, verspielt, wo es nicht
um Genauigkeit geht, wo fern
aller Präzision ein Schwingen und
Schweben sich in und über
die Zeit legt – ein Schwelgen
im Schoß des Erinnerns.

„Die Uhren rufen sich schlagend an, /
und man sieht der Zeit auf den Grund" *)

Es gibt Tage, da
schleichen die Stunden
trauernd und schwer –
verhalten rauschen
die Wogen, verloren
im fließenden Strom.
Dann wieder eilenden
Schrittes schreitet der Zeiger
voran, schlagen die Uhren
rascher und du hältst
den Atem an –

du erkennst
andere Leben und blickst
sie klaglos gelassen an
wie Blumen in einer Schale –
und fremde Augen schauen
mit fragenden Blicken dich an.

Augenblicke entscheiden
sind Zufall und Geschick
und fügen die Phasen des
Lebens, verknoten im
günstigen Falle das Glück.

*) Rainer Maria Rilke

Die Zeit im Grunde
Die Zeit im Grunde [...] die Zeit,
sie ändert doch nichts an den Sachen.
Die Zeit, die ist ein sonderbar' Ding.
Wenn man so hinlebt, ist sie rein gar nichts.
Aber dann auf einmal,
da spürt man nichts als sie.
Sie ist um uns herum, sie ist auch in uns drinnen. [33]

Thomas Manns *Zauberberg*

Ein Roman über die Zeit [34]

„Die Zeit [...] Wenn sie einem lang vorkommt, so ist sie lang, und wenn sie einem kurz vorkommt, so ist sie kurz, aber wie lang und wie kurz sie in Wirklichkeit ist, das weiß doch niemand." (Joachim Ziemßen zu Hans Castorp beim Fiebermessen, für das exakt sieben Minuten veranschlagt sind.)

„Wieso denn. Nein. Wir messen sie doch. Wir haben doch Uhren und Kalender, und wenn ein Monat um ist, dann ist er für mich und dich und uns alle um."

„Dann pass auf", sagte Hans Castorp und hielt sogar den Zeigefinger neben seine trüben Augen. „Eine Minute ist also so lang, wie sie dir vorkommt, wenn du dich misst?"

„Eine Minute ist so lang ... sie *dauert* so lange, wie der Sekundenzeiger braucht, um einen Kreis zu beschreiben."

------

[33] Die Marschallin im „Rosenkavalier" / Hugo von Hofmannsthal

[34] Thomas Mann, Der Zauberberg Band 1 (München 1924; 1967), 70,f., 88,110f.,195,204,239,26

„Aber der braucht ja ganz verschieden lange – für unser Gefühl! Und tatsächlich [...] ist das eine Bewegung, nicht wahr? Halt, warte! Wir messen also die Zeit mit dem Raume. Aber das ist doch ebenso, als wollten wir den Raum an der Zeit messen, - was doch nur ganz unwissenschaftliche Leute tun.

Von Hamburg nach Davos sind zwanzig Stunden, - ja, mit der Eisenbahn. Aber zu Fuß, wie lange ist es da? Und in Gedanken? Keine Sekunde!" [35]

Der Tag der Ankunft von Hans Castorp im „Berghof" kommt ihm lang vor: „Mir ist ganz, als wäre ich schon lange – lange bei euch hier oben." [36] Alles hier ist neu für ihn und damit dehnt sich die Zeit.

Im Gespräch mit dem Humanisten und Pädagogen Settembrini erhält die Zeit noch eine zusätzliche Komplexität. Auf die Frage, ob er die Lebensweise im „Berghof" als kurzweilig empfinde, erwidert Hans Castorp: Kurzweilig und langweilig, wie Sie nur wollen. [...] Das ist zuweilen schwer zu unterscheiden." Es sei ihm so, als wäre er „nicht nur einen Tag, sondern schon längere Zeit hier". Und dann weiß er plötzlich nicht mehr, wie alt er ist. [37]

Der Erzähler des „Zauberbergs" nimmt das Thema Zeit etwas später in einem „Exkurs über den Zeitraum" wieder auf. Ein erlebnisreicher Tag mag „die Zeit vertreiben", sie verkürzen und verleiht dem Zeitverlauf „ins Große gerechnet" „Gewicht und Solidität, so dass ereignisreiche Jahre

---

[35] Thomas Mann, Zauberberg, Band 1 und II (München 1924; 1967), Band 1, S.70
[36] Thomas Mann, a.a.O. S.88
[37] Thomas Mann, a.a.O., S.91

viel langsamer vergehen als jene armen, leeren, leichten, die der Wind vor sich her bläst, und die verfliegen. Was man Langeweile nennt, ist also eigentlich vielmehr eine krankhafte Kurzweiligkeit der Zeit infolge von Monotonie: große Zeiträume schrumpfen bei ununterbrochener Gleichförmigkeit auf eine das Herz zu Tode erschreckende Weise zusammen; wenn ein Tag wie alle ist, so sind sie alle wie einer; und bei vollkommener Einförmigkeit würde das längste Leben als ganz kurz erlebt werden und unversehens verflogen sein. Gewöhnung ist ein Einschlafen oder doch ein Mattwerden des Zeitsinnes, und wenn die Jugendjahre langsam erlebt werden, das spätere Leben aber immer hurtiger abläuft und hineilt, so muss auch das auf Gewöhnung beruhen." [38]

Während die erste Zeit auf dem „Berghof" sich für Hans Castorp lang anfühlt, werden die sieben Jahre, zu denen sein Aufenthalt sich ausweiten wird, rascher vergehen: Der Ablauf der Tage und Monate ist stets derselbe, folgt derselben Struktur. Im „fünften Kapitel" des Romans, das mit „Ewigkeitssuppe" das Zeitproblem wieder aufnimmt, heißt es über den immer gleichen Ablauf der Tage: „es ist immer derselbe Tag, der sich wiederholt; aber da es immer derselbe ist, so ist es im Grunde wenig korrekt, von *Wiederholung* zu sprechen; es sollte von Einerlei, von einem stehenden Jetzt oder von der Ewigkeit die Rede sein. Man bringt dir die Mittagssuppe, wie man sie dir gestern brachte und sie dir morgen bringen wird. […] die Zeitformen verschwimmen dir, rinnen ineinander, und was sich als wahre Form des Seins dir enthüllt, ist eine ausdehnungslose Gegenwart, in welcher

---

[38] Thomas Mann, a.a.O., S.110f.

man dir ewig die Suppe bringt. Mit Bezug auf die Ewigkeit aber von Langeweile zu sprechen, wäre sehr paradox." [39]

Und so lebte Hans Castorp „in den Tag hinein, den vielfach in kurze Stückchen geteilten und in seiner feststehenden Einförmigkeit weder kurz- noch langweiligen Normaltag, der immer derselbe war."[40] So blickte Hans Castorp am Abend „in die rasch zunehmende Dämmerung, die Dämmerung von heute, die von der gestrigen, vorgestrigen oder der vor acht Tagen nur schwer zu unterscheiden war. Es war Abend, - nachdem es eben noch Morgen gewesen. Der zerkleinerte und kurzweilig gemachte Tag war ihm buchstäblich unter den Händen zerbröckelt und zunichte geworden." [41]

„Die Zeit hat in Wirklichkeit keine Einschnitte, es gibt kein Gewitter [...] beim Beginn eines neuen Monats oder Jahres, und selbst bei dem eines neuen Säkulums sind es nur wir Menschen, die schießen und läuten." [42]

Settembrini, der Humanist und Erzieher, der in Hans Castorp seinen Zögling sieht, setzt dem Gleichmaß der Tage, wie sie sein Schüler zunehmend als Gleichgültigkeit erlebt, etwas anderes entgegen: „Carpe diem! [...] Die Zeit ist eine Göttergabe, dem Menschen verliehen, damit er sie nutze – sie nutze, Ingenieur, im Dienste des Menschheitsfortschritts." [43] Settembrini will aus dem Ingenieur wieder einen *homo faber* machen, der hier im Sanatorium nicht „verliegen" soll,

---

[39] Thomas Mann, a.a.O. S.195
[40] Thomas Mann, a.a.O. S.201
[41] Thomas Mann, a.a.O. S. 204
[42] Thomas Mann, a.a.O. S. 239
[43] Thomas Mann, a.a.O. S.258

wie es das mittelhochdeutsche Wort so anschaulich werden lässt, sondern zurückkehrt in das aktive Leben.

Und damit zurück in eine andere Zeit, die eine ganz andere Vorstellung von Zeit in sich barg, in die Kindertage mit seinem Großvater und der Taufschale, die in einem Schrank zusammen mit allerlei Memorabilien aufbewahrt wurde. Auf ihr stand das Jahr „1650" zusammen mit „[a]llerlei krausen Gravierungen", „Wappen und Arabesken, die halb Stern und halb Blume waren." Auf der Rückseite aber waren „die Namen der Häupter einpunktiert, die im Gang der Zeit Inhaber gewesen: Es waren ihrer schon sieben versehen mit der Jahreszahl der Erb-Übernahme. Der Name des Vaters war da, der des Großvaters und der des Urgroßvaters, und dann verdoppelte, verdreifachte und vervierfachte sich die Vorsilbe „Ur" [...] diesem dunklen Laut der Gruft und der Zeitverschüttung, welcher dennoch zugleich einen fromm gewahrten Zusammenhang zwischen der Gegenwart, seinem eigenen Leben und dem tief Versunkenen ausdrückte." [44]

Kann man die Zeit erzählen?

Der „Zauberberg" kann als Roman über die Zeit gelesen werden und um Rüdiger Safranskis Formulierung zu übernehmen, darüber, „was die Zeit mit uns macht". Im siebten Kapitel stellt Thomas Mann die weiter reichende Frage, ob man Zeit erzählen könne.

„Kann man die Zeit erzählen, diese selbst, als solche, an und für sich? [...] Es wäre, als wollte man [...] eine Stunde lang ein und denselben Ton oder Akkord aushalten. [...] Die

---

[44] Thomas Mann, a.a.O. S.26

236

Zeit ist das *Element* der Erzählung, wie sie das Element des Lebens ist, - unlösbar damit verbunden wie mit den Körpern im Raum. [...] Die Erzählung [...] hat zweierlei Zeit: ihre eigene erstens [...], die ihren Ablauf [...] bedingt; zweitens aber die ihres Inhalts, die perspektivisch ist.   (S.570) [...] und wenn es zuviel gesagt wäre, man könne „die Zeit erzählen", so ist doch von der Zeit erzählen zu wollen, offenbar kein ganz so absurdes Beginnen." [45]

Hans Castorp verschafft sich keine Rechenschaft über sein Alter, über die Zeit seines Aufenthalts. „[...] obgleich es doch offenbar die schlimmste Gewissenlosigkeit ist, der Zeit nicht zu achten." [46]

[...] diese große Konfusion, „welche die Jahreszeiten vermengte, sie durcheinanderwarf, das Jahr seiner Gliederung beraubte und es dadurch auf eine langweilige Weise kurzweilig oder auf eine kurzweilige Weise langweilig machte". Es ging hier um „die Gefühlsbegriffe oder die Bewusstseinslagen des ‚Noch' und des ‚Schon wieder'. "Es ging um „das wirbelige Nicht-mehr-Unterscheiden vom ‚Noch' und ‚Wieder', deren Vermischung und Verwischung das zeitlose Immer und Ewig ergibt."

„Der Tote ist tot und hat das Zeitliche gesegnet; er hat viel Zeit, das heißt: er hat gar keine, - persönlich genommen." [47]

Die Zeiger der Uhr sind „fühllos gegen Ziele, Abschnitte, Markierungen [...]". Doch an der Art des Fortschreitens, „er-

---

[45] Thomas Mann, a.a.O. Band 2, S.570f.
[46] Thomas Mann, a.a.O. S.573
[47] Thomas Mann, a.a.O. S. 574

kannte man, dass ihm [Hans Castorp] die ganze Bezifferung und Gliederung seines Weges nur *unterlegt* war, und dass es eben nur ging, ging [...]" und so überließ Hans Castorp „die Zeit sich selbst". Doch gibt es ein Untertauchen im Zauber der Zeit etwa bei einem Spaziergang am Meeresstrande oder in den schneebedeckten Berglandschaften der Alpen. Denn „in ungemessener Monotonie des Raumes ertrinkt die Zeit." Dem entgegen steht der „Pflichtgedanke, der Lebensbefehl", der sich in der Taufschale im Schrank des Großvaters von Hans Castorp abbildet. [48]

Über Hans Castorp: Er war „weder ein Genie noch ein Dummkopf. [U]nd wenn wir das Wort ‚mittelmäßig' zu seiner Kennzeichnung vermeiden, so geschieht es aus Gründen, die nicht mit seiner Intelligenz und kaum etwas mit seiner schlichten Person überhaupt zu tun haben, nämlich aus Achtung vor seinem Schicksal, dem wir eine gewisse überpersönliche Bedeutung zuzuschreiben geneigt sind. [...] Der Mensch lebt nicht nur sein persönliches Leben als Einzelwesen, sondern bewusst oder unbewusst, auch das seiner Epoche und Zeitgenossenschaft." Hans Castorp war „mittelmäßig" „in einem recht ehrenwerten Sinn". Er hatte „eine leidenschaftslose Begabung für Mathematik". Was er werden wollte, wusste er lange nicht, und als er sich entschied, „fühlte er wohl, dass er sich ebenso gut anders hätte entscheiden können." [49]

---

[48] Thomas Mann, a.a.O. S.574ff.
[49] Thomas Mann, a.a.O. Band1, S.36f.

Über Sprache und Musik

Über Musik heißt es im „Zauberberg", - es wird Settembrini in den Mund gelegt, der sich die Aufgabe gestellt hat, Hans Castorf in einem guten Sinne zu erziehen – sie sei „das halb Artikulierte, das Zweifelhafte, das Unverantwortliche, das Indifferente. [...] Aber die Literatur muss ihr vorangegangen sein. Musik allein bringt die Welt nicht vorwärts, Musik allein ist gefährlich." [50]

Doch am Schluss des Romans steht ein Lied: „Am Brunnen vor dem Tore / da steht ein Lindenbaum". Wilhelm Müllers [51] Verse mit ihren eingängigen Symbolen und Metaphern sind gute Vorlagen für Vertonungen, indem sie Musik und Sprache verbinden. Thomas Mann zitiert aus dem Lied am Ende des „Zauberbergs", als Hans Castorp in diesem „Weltfest des Todes", dem Ersten Weltkrieg, im Schlamm versinkend „mit erdschweren Füßen, bewusstlos singt: Und sei-ne Zweige rau-uschten, / als rie-fen sie mir zu –„ [sic!]. Und dieses Volkslied ist das Letzte, was Hans Castorp vor sich hin murmelt, und es verbindet den Baum mit dem Menschen. [52]

Vor Jahren habe ich eine Gruppe Japanerinnen dieses Lied vor der Kulisse des Heidelberger Schlosses singen hören. Es war so berührend, ich werde es nicht vergessen.

---

[50] Thomas Mann, a.a.O. S.120
[51] Text: Wilhelm Müller (1794-1827), Melodie: Franz Schubert (1797-1828)
[52] Thomas Mann, a.a.O. S.756f.

„Erfüllte Zeit und Ewigkeit" [53]

Rüdiger Safranski beginnt im letzten Kapitel seines Buches über die Zeit „Erfüllte Zeit und Ewigkeit" mit Platon. Platon sagt über das Ewige, griechisch ‚aion‘, es sei ein Urbild, wovon die Zeit nur ein vermindertes Abbild sei. [54] Hier sehe ich eine Parallele zu Platons berühmtem Höhlengleichnis, das besagen will, dass der Mensch nur die Schattenbilder auf der Höhlenwand sieht und nicht die Urbilder draußen vor der Höhle. Der Mensch als solcher ist nicht imstande, das große Universum von Raum und Zeit aufzunehmen, Transzendenz zu verstehen, so würde man das heute vielleicht ausdrücken. Ludwig Wittgenstein versteht unter Ewigkeit Unzeitlichkeit. Auch er sieht eine weitere Dimension.

Was ist Gegenwart? Nehmen wir sie je wirklich wahr, ist sie nicht stets schon vergangen oder noch nicht da? Für Wittgenstein ist sie das selbst nicht zeitliche Nadelöhr, durch das die Zeit hindurchgezogen wird. Gegenwart ist etwas an den kleinstmöglichen Moment Grenzende, das der Mensch nicht mehr erfassen kann. Ähnlich argumentiert Schopenhauer, wenn er die Gegenwart die Vertikale nennt, welche das horizontale Zeitverstreichen schneidet. Zukunft und Vergangenheit gibt es nur als vergegenwärtigte Zeit.

Was ist Glück? Ich würde Safranski zustimmen, dass dies der als magisch erlebte Augenblick ist, in dem der Mensch ganz bei sich selbst angekommen ist, sich ganz mit einem

---

[53] Rüdiger Safranski: „Zeit – Was sie mit uns macht und was wir mit ihr machen (Frankfurt a.M. 2015)

[54] R. Safranski, a.a.O. S.226

anderen Menschen, einer Sache identisch fühlt. Dann spürt man so etwas wie Zeitvergessenheit. [55]

Aus einem Evidenzerlebnis entwickelt Friedrich Nietzsche seine Lehre von der ewigen Wiederkehr, für die der Augenblick nicht das flüchtige Jetzt ist, sondern eine Ewigkeit in sich enthält, weil alles, was geschieht, schon einmal geschehen ist und wieder geschehen wird. [56] In einer Sendung über das Universum kamen neulich Menschen zu Wort, die spekulierten, dass es unsere Welt mit uns als Individuen mehrfach geben könnte, gegeben habe, geben werde, was schwer vorstellbar ist, da die Bedingungen unserer Erde auf so vielen unglaublichen Zufällen beruhen, die eine Wiederholung schwer vorstellbar machen.

Hofmannsthals „Chandos-Brief' bezweifelt den magische Augenblick da man sich über die Zeit erhaben fühlt und spricht doch recht eigentlich gerade von ihm. Modern daran ist nur, dass solche Transzendenzerfahrung nicht mehr in der Religion, sondern im Ästhetischen gesucht und gefunden wird. [57]

Dass es gerade das Christentum ist, das zur Hochschätzung des Einzelnen führt, indem der Mensch zu einer persönlichen Beziehung zu Gott ermuntert wird. Daraus erwächst, so Safranski, eine eigentümliche Ichbezogenheit, die in asiatische Religionen nicht in derselben Weise geteilt wird.

---

[55] R. Safranski, a.a.O. S.231
[56] R. Safranski, a.a.O. S.232
[57] R. Safranski, a.a.O. S.233f.

Diesem Egozentrismus steht eine zyklische Auffassung vom Leben zugrunde, die sich anlehnt an „die ständige Wiederkehr der Tages- und Jahreszeiten, der Sonnen- und Mondperioden, der Kreisläufe des vegetativen und sonstigen Lebens."

Die zyklische Zeit ist die organische Zeit. Wer sich auf sie einlässt, ist bereits dabei, den individuellen Lebensprozess zu transzendieren, indem er das befristete eigene Leben als Episode eines übergreifenden Lebensprozesses versteht. Das Leben insgesamt regeneriert sich indem die Einzelwesen sterben. […] Der Tod trifft die jeweilige Gestalt, den Zusammenhang, was bedeutet, dass die organische Substanz nicht verschwindet, sondern sich verwandelt und neues Leben hervorbringt." Auch das machen uns die Bäume vor. Und Safranski kommt zu einer schönen Erklärung der Formulierung ‚das Zeitliche segnen'. Dadurch werde zum Ausdruck gebracht, dass man „das Fortleben der Anderen ohne Neid begrüßt." [58]

Uhr ohne Zeiger –
Stillstand oder dreht sich der
Tag auch ohne ihn?
Sichtbarmachen der Zeit, die
du ohnehin in dir trägst.

Dieses Fahrrad stand an einer Brücke über einer Gracht in Amsterdam. An ihm war eine fast unendliche Zahl an Zifferblättern befestigt, manchmal war noch eine Uhrzeit durch Zeiger angegeben. Was wollte der Macher damit sagen?

---

[58] R. Safranski, a.a.O. S.246f.

242

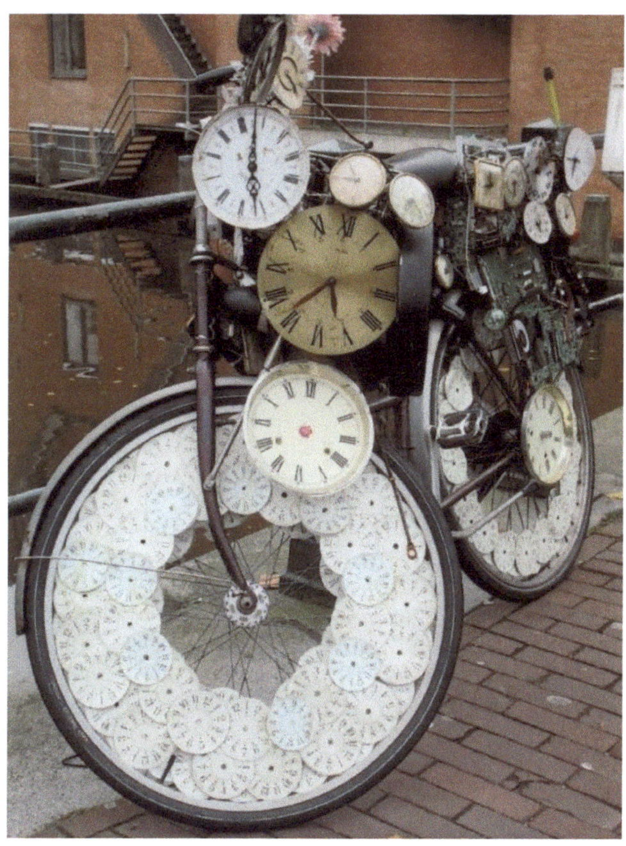

Dass wir alle in anderen Zeitvorstellungen leben, dass unser Zeiterleben sich unterscheidet, dass wir daraus zu dem Schluss kommen sollen, die Zeit nicht so wichtig zu nehmen oder doch wie „Carpe diem!", zu versuchen, den Augenblick als „Kairos" am Schopfe zu packen?

In einer als Hollywood-Bar eingerichteten Kneipe namens „The Original Beanery", die Teil des „Stedelijk-Museums" ist, waren alle Gesichter durch Uhren ersetzt, die auf dieselbe Uhrzeit, 10 nach 10 Uhr, fixiert waren. Das sollte wohl Zeitlosigkeit, Zeitvergessenheit, bewusstes Erleben der eigenen Lebenszeit symbolisieren oder aber ganz banal: „closing-time" des Pub.

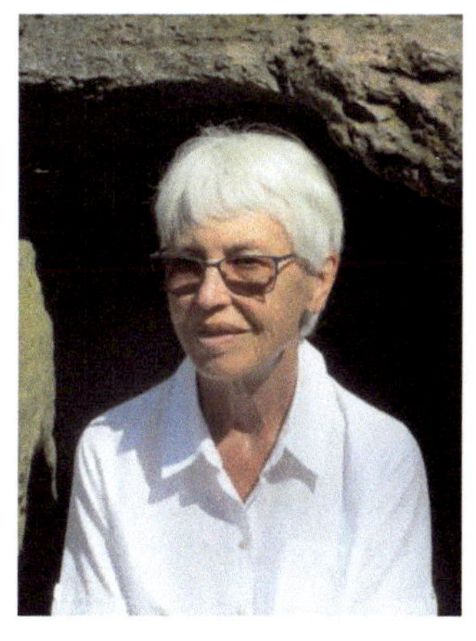

Studium der Germanistik und Anglistik. Nach dem Staatsexamen als Studienrätin tätig. Volkshochschuldozentin in Esslingen: Englische Konversationskurse mit den Schwerpunkten: „Englischsprachige Literatur der Gegenwart", „Kunst und Architektur des 20./21. Jahrhunderts". Freiberufliche Mitarbeit in einer Galerie für zeitgenössische Kunst. Vernissagen, Texte für Kataloge, Lyrik u.a. zu Kunst und Künstlern wie Adolf Hölzel und Paul Klee. Reisebücher.

Veröffentlichungen u.a.:

- „Mental Maps" - Lyrik und Kurzprosa (2003)
  ISBN 3-89906-447-X   € 4,80

- „Das Blau des Himmels aber birgt den Engel" - Lyrik
  (2004) ISBN 3-899906-795-9   € 7,80

- „Traumverwandt die Schatten der Dinge" - Lyrik und
  essayistische Prosa   ISBN 3-89906-597-2 € 8,80

- „Sommerschwer die Vogelbeerdolden" – Lyrik (2005)
  ISBN 3-899906-596-4   € 8,80

- „Die Melodie des Ölbaums und der Palme" – Reisen
  in den Maghreb" (2007)   ISBN 978-3-8334-6807-0
                                               € 11,80

- „Am blauen Rand Europas - Inseln im östlichen Mittelmeer" - Lyrik (2008)
  ISBN 978-3-8379-5744-4   € 11,90

- „Ägyptischer Bilderbogen - Tagebuch einer Ägypten-
  reise" (2009)
  ISBN 978-3-8370-8722-2   € 25,00

- „Es streift eine dunkle Flöte" (2010)
  ISBN 978-3-8391-4233-2   € 14,80

- „Annette von Droste-Hülshoff – eine Annäherung"
  (2010) ISBN 978-3-8391-4670-5   € 14,80

- „Von Wald, Wasser und Wind und einer bewegenden
  Geschichte   Polen - Baltikum - St. Petersburg" (2011)
  ISBN 978-3-8423-4030-5   € 35,90

- „Im Bannkreis Venedigs - Venedig - Kroatien - Korfu"
  (2011)   ISBN 978-3-8423-5850-8   € 24,90

- „Peer Gynt und das menschliche Maß - Gedanken zu
  einer Norwegenreise (2012) ISBN 978-3-8448-1092-9
                                                  € 19,90

- „Spiegel innerer Räume - Lyrik zu Bildern von
  Paul Klee (2012) ISBN 978-3-8448-1601-3 € 11,90

- „Wege in die Abstraktion – Lyrische Betrachtungen
  (2013) ISBN 978-3-7322-3992-4   € 5,90

- „Auch am Rand ist in der Mitte - eine (nicht nur) litera-
  rische Reise durch Irland" (2013)
  ISBN 978-3-7322-3730-2   € 20,90

- „Ikonen der Kunst – Betrachtungen zur Bildtradition
  in Ost und West (2014) ISBN 978-3-7357-2157-01
                                                  € 13,99

- „Distel - dornige Schönheit – Auf Spurensuche in
  Schottland (2015) ISBN 978-3-7347-8050-9 € 19,99

- „Von der Zeit" - Ingeborg Bauer, Lyrik
Peter Magiera, Grafik (2015)
ISBN 978-3-739-224701   € 5,99

- „AugenBlicke Teil I: Augenblicke der Menschheit"
(2016)
ISBN 978-3-741-29301-6   € 12,99

- „AugenBlicke Teil II: Gesicht und Auge – Porträt und
Maske" (2016)
ISBN 978-3-741-29306-1   € 9,99

- „AugenBlicke Teil III: Das Auge in der Moderne"
(2016)   ISBN 978-3-741-29309-2   € 15,99

- „Doris Knapp – Stationen eines Künstlerlebens"
(2017)   ISBN 978-3-7448-8359-7   € 6,99

- „PORTUGAL – Lyrisches Kaleidoskop" (2017) –
ISBN 978-3-7448-9052-6   € 11,99

- „INNENRÄUME – INNERE RÄUME – LEBENSRÄUME –
Interieurs in der Malerei in Nord und Süd" (2018) –
ISBN 978-3-7448-9052-6   € 18,99

- „JAHRESZEITEN – Haikus und Tankas" (2020)
ISBN 978-3-7528-5008-6   € 9,99

- „Der Goldene Schnitt Teil I : Kunst und Architektur –
Geometrie der Frühe" (2020)
ISBN 978-3-7526-6949-7   € 19,99

- „Der Goldene Schnitt Teil II: Kunst und Architektur –
Das Bauhaus, seine Vorläufer, seine Strömungen"
(2020)
ISBN 978-3-7526-7279-4   € 13,99

• „Der Goldene Schnitt Teil III: Kunst vor, am und
nach dem Bauhaus" (2020)
ISBN 978-3-7526-7361-4   € 13,99

• „Skulptur im 20. Jahrhundert – Leere als Tiefe"
(2021)
ISBN 978-3-7543-1309-1   € 19,99

• „Drei Maler und die Ostsee – Otto Niemeyer-
Holstein - Lyonel Feininger – Caspar David Friedrich"
(2022)   ISBN 978-3-7557-4997-4   € 10,99

• „Der Mensch in der Skulptur der Moderne"
(2022)   ISBN 978-3-7562-9289-9   € 21,99

• „Von Steinen, Sand und Sternenstaub"
(2022)   ISBN 978-3-7568-3303-0   € 14,99

• „Vom Leben und Schreiben – Lyrik von 1987-2022
Eine Auswahl" (2023)   ISBN 978-3-7494-6830-0
                                         € 11,99
• „Vom Bauen mit Lehm, Ziegeln und Holz – Die
Handschrift von Architektur" (2023)
ISBN 978-3-7583-2186-3   € 20,99